Willy Potthoff

EINFÜHRUNG IN DIE
REFORMPÄDAGOGIK

Von der klassischen zur aktuellen Reformpädagogik

REFORMPÄDAGOGISCHER VERLAG JÖRG POTTHOFF
FREIBURG

ISBN 3-925416-23-4

© Reformpädagogischer Verlag Jörg Potthoff

Ohne ausdrückliche Genehmigung des Verlages ist es nicht gestattet, das Buch oder Teile daraus auf irgendeinem Wege (fotomechanische Reproduktion, Fotokopie, Mikrokopie, Xerographie, Einspeicherung und Rückgewinnung in Datenverarbeitungsanlagen aller Art u. a.) zu vervielfältigen.
Druck: Druckwerkstatt im Grün, Freiburg

3. aktualisierte und erweiterte Auflage 2000

INHALT

Vorbemerkungen 5

Phasen der reformpädagogischen Bewegung 7

Avantgarde 31

Neue anthropologische Vorstellungen 35

Identität von Wort und Tat 37

Nationale und internationale Tendenzen der Reformpädagogik 39

Reformpädagogik und Faschismus 42

Reformpädagogik und Religion 45

Georg Kerschensteiner 47

Berthold Otto 56

Hugo Gaudig 63

Hermann Lietz 73

Paul Geheeb 80

Maria Montessori 86

Janusz Korczak 94

Alexander Sutherland Neill 101

Peter Petersen 108

Kurt Hahn 119

Célestin Freinet 126

Adolf Reichwein 135

Leipziger Lehrerverein 141

Waldorfpädagogik 150

Projektunterricht 156

Klassische und aktuelle reformpädagogische Schulpläne 162

Freiarbeit - Offener Unterricht 171

Lernwerkstätten 183

Computer und Internet in der Freiarbeit 188

Ergänzendes biographisches Verzeichnis 192

Personenregister 214

Sachregister 218

Vorbemerkungen zur 1. und 2. Auflage

Zunehmend klarer lernen wir die Reformpädagogik der zwanziger Jahre als die Klassik der heutigen Pädagogik verstehen. Dabei hält diese bedeutende pädagogische Epoche, die gegen 1890 beginnt und in Deutschland mit dem Einsetzen der Hitler-Diktatur einen jähen Abbruch erfährt, natürlich keine Patentlösungen für die uns heute bedrängenden pädagogischen, didaktischen und methodischen Fragen bereit, auch wenn einige das in Verkennung der gravierenden gesellschaftlichen Entwicklungen der letzten Jahrzehnte meinen. Wohl aber kann die Rückbesinnung auf anthropologische Erkenntnisse, die um die Jahrhundertwende die Lebens- und Lernbedürfnisse des Kindes in bestechend klarer Weise erfassen, ebenso wie das Begreifen der damaligen didaktisch-methodischen Zugriffe als diskussionswürdige und weiter zu entwickelnde Modelle hilfreich sein.

In jedem Fall aber ist die Ziel- und Sinnebene der Kinder- und Jugendbildung aus heutiger Sicht neu zu definieren - pluralistisch - und demnach nicht von bestellten oder selbsternannten Definierern, sondern von jeder einzelnen Lehrperson und jeder Lehrergruppe selbst. Die heutige Lehrerschaft ist geistig so autonom, dass sie sich nicht zu ausführenden Organen von Bildungspäpsten degradieren lassen muss. Es ist das Kollegium, das der jeweiligen Schule ein geistiges und ein pädagogisches Profil zu geben hat.

Aus diesen Überlegungen ergibt sich die erste Zielsetzung des vorliegenden Buches. Es bietet „pädagogische Bausteine" an, aus denen je nach Schul- und Lebenssituation sowie den individuellen Möglichkeiten und Interessen der Schüler und der Lehrpersonen ein spezifisches Erziehungsprofil sowie schlüssige didaktische Konzeptionen entwickelt werden können. Das mag in einem einzigen kühnen Zugriff auf das gesamte Angebot an „pädagogischen Bausteinen" als umfassender Lösungsversuch erfolgen, eher aber in einer Schritt um Schritt zu entwickelnden und damit beharrlich „Baustein" an „Baustein" zu fügenden Konzeption gelingen. Die „pädagogischen Bausteine" sind im Buch als Schlüsselbegriffe bezeichnet.

Darin deutet sich eine weitere Zielsetzung des Buches an. Jeder Schlüsselbegriff benennt und erläutert einen wichtigen Aspekt der Pädagogik eines Reformpädagogen oder einer reformpädagogisch orientierten Arbeitsgruppe. Das mit dem Schlüsselbegriff vermittelte Grundwissen ermöglicht einen gezielten vertiefenden Zugang zu der jeweiligen pädagogischen Konzeption. Die Schlüsselbegriffe insgesamt sollen einen fundierten Überblick und Einblick in die Denk- und Arbeitsweise eines Reformpädagogen und darüber hinaus die Bestrebungen der klassischen Reformpädagogik und die aktuellen Ansätze auf diesem Gebiet geben.

Sicherlich stellen die Schlüsselbegriffe für Examenskandidaten auch ein gutes Repetitorium dar, wobei zahlreiche Literaturhinweise und häufige Querverweise

auf andere Schlüsselbegriffe sowie Hinweise auf heutige Tendenzen an nahezu jedem Punkt zu einer Vertiefung des Gelesenen anregen werden.
Mit systematischen Darstellungen des Verlaufs und der wichtigsten Tendenzen der reformpädagogischen Bewegung werden die Hintergründe und Zusammenhänge des Geschehens aufgezeigt und Möglichkeiten zur Ortsbestimmung des einzelnen Pädagogen gegeben.
Schließlich können das umfassende Personenregister und der sehr differenzierte Schlagwortkatalog das Buch im Zusammenhang mit den Schlüsselbegriffen zu einem vielfältig zu verwendenden Nachschlagewerk machen.

Vorbemerkungen zur 3. Auflage

Die Renaissance der Reformpädagogik, die sich 1992 beim Erscheinen der „Einführung" bereits andeutete, hat in den vergangenen Jahren enorme Schubkraft erhalten. An mehreren Universitäten und Hochschulen werden in Dissertationen bislang wenig beachtete Entwürfe einzelner Reformpädagogen kritisch gewürdigt oder das aktuelle Angebot der neuen Medien auf Entwürfe der klassischen Reformpädagogik bezogen. Seminare und Fortbildungsveranstaltungen über reformpädagogische Themen sind völlig überlaufen. Die schnell anwachsende Zahl der Lernwerkstätten vermittelt vor allem praktisches Know-how - und am anregendsten sind wohl die Besuche von Lehrer/innen in Klassen, in denen schülergerechter Unterricht gelingt.
Wie zur Zeit der klassischen Reformpädagogik ist auch heute das Spektrum der theoretischen Reflexion und praktischen Arbeit breit und in der Qualität sehr unterschiedlich. Immer wieder wird auch versucht, ideologisches Gedankengut oder esoterische Praktiken als Reformpädagogik zu bezeichnen, obgleich keine Berührungspunkte vorhanden sind.
Die Ministerien und Schulverwaltungen begleiten die reformpädagogischen Schulentwicklungen im Allgemeinen wohlwollend und zum Teil fördernd, sehen sich jedoch nicht in der Lage, befriedigende Rahmenbedingungen zu schaffen: eine gute Unterrichtsversorgung in Klassengrößen, die neben effektivem Unterricht mit begreifbarem Material und neuen technischen Medien auch individuelle Förderung und soziale Betreuung der Schüler/innen ermöglicht. Es stößt auf Unverständnis, wenn Politiker unpopuläre Sparmaßnahmen mit dem Hinweis auf künftige Generationen begründen, die finanziell nicht ungebührlich belastet werden dürfen, zugleich aber die schon geborenen künftigen Generationen in Kindergarten, Schule und Hochschule nicht einmal mit dem Nötigsten für eine optimale Ausbildung versorgen, die in einer hoch technisierten Gesellschaft das wichtigste Kapital jedes Einzelnen sein wird.

PHASEN DER REFORMPÄDAGOGISCHEN BEWEGUNG

I. Latenzphase

Wie alle großen geistigen Strömungen gewinnt auch die um 1890 einsetzende reformpädagogische Bewegung die Fülle ihrer Gedanken nicht ausschließlich aus der Reflexion der aktuellen Schul- und Lebenssituation, sondern ist tief im Geistesleben vergangener Jahrzehnte und Jahrhunderte verwurzelt.
Am augenfälligsten ist das Aufgreifen von Erziehungsvorstellungen, die Jean Jacques Rousseau (1712 - 1778) im Jahre 1762 in seinem Erziehungsroman „Emil oder Über die Erziehung" geäußert hatte. Besonders in dem im Jahre 1900 von der schwedischen Schriftstellerin Ellen Key (1849 - 1926) herausgebrachten Buch „Das Jahrhundert des Kindes" kehren Rousseaus Gedanken wieder: Der Glaube an die Unverderbtheit der Natur; dass „jeder Geist ... seine besondere Form (hat), nach der er geleitet werden muss" (Rousseau 1985, S. 73); der Gedanke der indirekten Erziehung; die Zuversicht auf eine harmonische Entwicklung des Kindes, wenn der Erwachsene sie nicht stört.
Aber auch Rousseau hatte ja nicht außerhalb der abendländischen Geistesgeschichte gedacht und geschrieben. So findet sich z. B. seine Vorstellung von der aktiven Seele, die während der reformpädagogischen Epoche mit Begriffen wie „élan vital", „vitale Kraft", „Strebekraft" umschrieben wird, in der Antike bereits bei Aristoteles mit seinem organologischen Bildungsbegriff. (Vgl. das Kapitel „Neue anthropologische Vorstellungen")
Das ist ein Charakteristikum der großen geistigen Bewegungen: Was längst gewusst, aber vernachlässigt und nur noch latent vorhanden war, wird erinnert, aktualisiert und zusammen mit zahlreichen anderen älteren und neuen Erkenntnissen in eine zeitadäquate Form gebracht.
Rousseau ist weder die einzige Erkenntnisquelle noch die einzige Gelenkstelle für die Überlieferung. Kurt Hahn greift mit seiner Erziehungskonzeption unmittelbar auf Platon zurück. Pestalozzis Menschenbild und seine Tendenz zum Praktischwerden des Gedankens sind in der aufkommenden Reformpädagogik vielfach nachweisbar, am deutlichsten bei Janusz Korczak, den wir wegen seiner vorbehaltlosen Liebe zum Kind gelegentlich den polnischen Pestalozzi nennen.

Als Gelenkstelle zwischen Rousseau und dem reformpädagogischen Aufbruch der Jahrhundertwende hat neben dem bei Herder und Goethe aufkommenden organischen Bildungsbegriff, der dann von Humboldt weiter ausgeprägt wurde, das pädagogische Denken der deutschen Romantik gedient, die Bildung nicht als einen von außen nach innen führenden Vorgang, sondern als ein „Sich-bilden" und „Sich-entfalten" verstand. Ernst Moritz Arndt (1769 - 1860) greift den von Rousseau entwickelten Gedanken der „negativen Erziehung" auf, da Bildung nicht mehr als ein Machen verstanden wird. Und Jean Paul (1763 - 1825) gibt der Ausbildung des Menschen zur Humanität, dem eigentlich Menschlichen, deutlich den Vorrang vor der Ausbildung des „brauchbaren" Bürgers. Johann Gottlieb Fichte (1762 - 1814) schließlich stellt der passiven Freude am Genuss die echte Freude, die aus der geistigen Selbsttätigkeit erwächst, als wichtigstes Moment der sittlichen Erziehung gegenüber. Das alles sind Gedanken, die um die Wende zum 20. Jahrhundert viel von ihrer Aktualität verloren haben, aber noch latent vorhanden sind.

Da, wo es um praktisches pädagogisches Tun und besonders um Unterrichtsmaterialien für die indirekte Erziehung geht, werden wir an Fröbels Erziehungsheim in Keilhau und an seine „Spielgaben" sowie an die Materialien von Itard und Séguin erinnert. Und Friedrich Fröbel (1782 - 1852) hatte, wie auch Jean Paul, betont, dass alle Phasen der Jugend voll durchlebt sein müssen, um ganz Mensch sein zu können und damit den hohen Wert, auch den Eigenwert der Kindheit artikuliert, auf den die Reformpädagogik immer wieder abhebt.

Die Substanz dessen, was zu den Hauptmerkmalen der Reformpädagogik gehören wird, ist in anderen historischen Zusammenhängen vorgedacht und liegt für zeitgerechte neue Konzeptionen latent bereit.

Und natürlich setzt Kulturkritik, mit der die Reformpädagogen gesellschaftliche und Schulzustände geißeln, nicht allererst mit dieser pädagogischen Bewegung, auch nicht mit Rousseau oder Nietzsche ein, sondern ist als Stimulator der kulturellen Entwicklung zu allen Zeiten nachzuweisen.

Lediglich bei einem statischen, wenig differenzierten Gesellschaftszustand, bei dem die Jugend im täglichen praktischen Vollzug unreflektiert in das Vorgegebene hineinwächst, kann Kulturkritik ausbleiben. Je mehr die Jugendbildung institutionalisiert wird und damit Begründungen für die Curriculum-Auswahl erforderlich werden, um so mehr ist Anlass zur kritischen Hinterfragung des zu Bewahrenden gegeben.

Je weniger sich eine Gesellschaft der permanent erforderlichen Kritik öffnet, umso vehementer fällt die Kulturkritik aus. Das war zur Zeit des Sturm und Drang so, als nach der Überbetonung des Rationalen in Folge der Aufklärung die Einengung des Gefühls durch starre Ordnung und die Erstickung des Vitalen beklagt und Freiheit in allen Lebensgebieten, dem künstlerischen, dem persönlichen, aber auch dem gesellschaftlich politischen gefordert wurde. Und das wiederholt sich nun mit Beginn der reformpädagogischen Epoche in wichtigen Punkten ganz ähnlich. Im Sturm und Drang der achtziger Jahre des 18. Jahrhunderts wenden sich die Dichter ebenso wie die pädagogischen Reformer des beginnenden zwanzigsten Jahrhunderts gegen die einseitige Herrschaft fleischloser Begriffe und des abstrakten Verstandes, wobei sich auch ein neues Verhältnis zur Natur und damit verbunden ein neues Lebensgefühl mit der Vorliebe für das Sinnenhafte, das Leidenschaftliche und Schöne und eine Verherrlichung der schöpferischen Kräfte einstellt.

An Rousseau fasziniert die pädagogischen Reformer die krasse Gegenüberstellung von Kultur als Quelle sittlicher Verderbnis und der reinen heilen Natur. Nicht immer wird in ihren Schriften daran gedacht, dass bei Rousseau ebenso wie auch bei Schiller, Burckhardt und Nietzsche keineswegs die Rückkehr in den wirklichen Naturzustand gemeint ist, sondern über eine Besinnung auf einfache Kulturzustände die Erneuerung der bestehenden Kultur.

Nietzsche wird wegen seiner schonungslosen Kritik, die alle Gesellschaftsbereiche trifft, bewundert. Die Wandlungen, die Nietzsches Denken durchmacht, und die überwältigende Fülle seiner Gedanken bringen es allerdings mit sich, dass nahezu jeder sich das Seine als Bestätigung der eigenen Lebensempfindung heraussuchen kann.

Nietzsche geißelt auch das „Schlechtschreiben" der Deutschen und mahnt an, ein Verständnis des Geschriebenen über die Völker hinweg zu ermöglichen. „Besser schreiben aber heißt zugleich auch besser denken; immer Mitteilenswerteres erfinden und es wirklich mitteilen können; übersetzbar werden für die Sprachen der Nachbarn; zugänglich sich dem Verständnis jener Ausländer machen, welche unsere Sprache lernen ..." (Menschliches ..., S. 194 f.)

Das sind Forderungen, wie sie ähnlich von den Deutsch-Didaktikern unter den Reformern erhoben werden, die eine radikale Änderung des Aufsatzunterrichts anstreben.

II. Schwellenphase

Der Vorstoß des latent Vorhandenen in die allgemeine Bewusstheit erfolgt nicht in einem einzigen kühnen Zugriff, wie das 150 Jahre vorher bei Rousseau den Anschein hat, sondern - unter etwas unterschiedlichen Aspekten - an vielen Orten nahezu gleichzeitig.

Im Jahre 1900 tritt die schwedische Schriftstellerin Ellen Key, noch ganz in den Fußstapfen Rousseaus, mit ihrem anklagenden und aufrüttelnden Buch „Das Jahrhundert des Kindes" an die Öffentlichkeit. Und im gleichen Jahr legt der Engländer Cecil Reddie (1858 - 1932) mit seinem Buch „Abbotsholme" die Begründung der kindgemäßen natürlichen Erziehung in seinem 1889 gegründeten Landerziehungsheim vor. In Deutschland bringt Berthold Otto (1859 - 1933) 1901 seinen „Lehrgang der Zukunftsschule" als Buch heraus, den er etwas später an seiner „Hauslehrerschule" in Berlin-Lichterfelde verwirklicht. Und Georg Kerschensteiner schreibt „Staatsbürgerliche Erziehung der deutschen Jugend".

Der Amerikaner Stanley Hall (1846 - 1924) formuliert sein psychogenetisches Grundgesetz, nach dem die Stufen der Entwicklung im Geistleben des Kindes den gesamtmenschlichen Entwicklungsstufen entsprechen. Charles S. Peirce (1839 - 1914), John Dewey (1859 - 1952) mit „The School and Society" (1899), William James u. a. bahnen in Amerika den Pragmatismus an, der die amerikanische Reformpädagogik stark beeinflusst (vgl. das Kapitel „Projektunterricht"), während von Berlin und Leipzig aus etwas später die Gestaltpsychologie die Pädagogik erheblich anregt (vgl. den Schlüsselbegriff „Ganzheit").
Diese knappe Auswahl aus einer Vielzahl der um die Jahrhundertwende herauskommenden Schriften deutet bereits die Breite und die Vielschichtigkeit der in Gang kommenden pädagogischen Bewegung an.

III. Phase der großen Bewegungen

Die um 1900 aufbrechenden und sich bis zum Beginn des 1. Weltkrieges entfaltenden zahlreichen unterschiedlichen reformpädagogischen Aktivitäten lassen sich, wenn auch mit vielen Überschneidungen, fünf großen Richtungen zuordnen:

a) Kunsterziehungsbewegung

Eine Gruppe, als deren geistiger Führer Alfred Lichtwark (1852 - 1914) angesehen werden kann, beklagt den Stilverfall auf künstlerischem Gebiet und zeigt Wege für die Erneuerung auf. Es wird davon ausgegangen, dass Kreativität als Ausgangspunkt des künstlerischen Schaffens nicht nur bei begnadeten Künstlern, sondern allgemein im Kindesalter vorhanden ist. Die naiven kindlichen Darstellungsformen müssen als etwas Eigenes angesehen und bis ins Erwachsenenalter organisch entwickelt werden. Die Hinführung zur Betrachtung von Kunstwerken darf nicht wortreich belehrend erfolgen. Vielmehr müssen Schüler und erwachsene Laien die Methode der Kunstbetrachtung kennen lernen, die auf dem eingehenden Beobachten und Miterleben aufbaut.
Im Sinne der Reformer umfasst Kunsterziehung auch Sprache und Dichtung, Musik und Gymnastik, wie unter „Kunst" überhaupt jede Form der Weltdeutung verstanden wird. (Vgl. das Kapitel „Avantgarde")

Die auf die Schule bezogene Kunsterziehungsbewegung artikuliert ihre Anliegen auf drei Kunsterziehungstagen, die von Carl Götze angeregt und besonders von Alfred Lichtwark gestaltet werden.

1901 1. Kunsterziehungstag in Dresden
Schwerpunkt: Zeichenunterricht
Der Zeichenunterricht muss die schöpferischen Kräfte im Kinde ansprechen und lösen (Götze). Freie Kinderzeichnungen werden prinzipiell als Kunst aufgefasst. - Bei allen Menschen soll der Kunstsinn geweckt und bis zu einem „bewussten Dilettantismus" gefördert werden (im Gegensatz zum kritiklosen Dilettantismus)

1903 2. Kunsterziehungstag in Weimar
unter dem Vorsitz von Georg Kerschensteiner
Schwerpunkt: Sprache und Dichtung
Der Kunsterziehungstag regt zahlreiche kritische Schriften an, z. B.:
Adolf Jensen und Wilhelm Lamszus bringen die polemische Schrift „Unser Schulaufsatz ein verkappter Schundliterat" heraus (1910).
Heinrich Scharrelmann schreibt „Weg zur Kraft" (1904) und Otto Karstädt „Dem Dichter nach! Schaffende Poesiestunden" (1928/29)
Heinrich Wolgast (1860 -1920) fordert:
„Nur unsere echten Dichter sollen unsere Jugendschriftsteller sein."
(Beispiel: Storm, „Pole Poppenspäler")

1905 3. Kunsterziehungstag in Hamburg
unter dem Vorsitz von Alfred Lichtwark
Schwerpunkt: Musik und Gymnastik
Im gesamten musischen Bereich soll die Entfaltung des individuellen Tätigkeitstriebs gefördert werden. Im Rahmen der Leibeserziehung sollen nicht Spitzenleistungen gefördert, sondern über die Pflege der Körperlichkeit nun ein neues Lebensgefühl angebahnt werden. Über die Pflege des musikalischen Ausdrucks soll das Selbst- und Fremdverständnis verbessert werden.

b) Jugendbewegung / Wandervogelbewegung

Die 1901 mit der Gründung des Wandervogel in Gang kommende Jugendbewegung ist gelegentlich als eine rein deutsche Bewegung bezeichnet worden. Das ist nur bedingt richtig. Denn zum einen wird die Wandervogel-Idee bereits im ersten Jahrzehnt des Jahrhunderts in Österreich und in der Schweiz von studentischen Gruppen aufgegriffen, die eigenständige Jugendgruppen gründen. Zum anderen stellen die von Baden-Powell in England gegründeten Boy-Scouts einen völlig anderen Ansatz einer von Erwachsenen geleiteten Jugendarbeit dar, der bis auf den heutigen Tag in der ganzen Welt verbreitet ist.

Die 1901 mit der Gründung des Wandervogel hervortretende Jugendbewegung ist alles andere als homogen. Einig ist man sich nur im Protest gegen die gängelnde Schulerziehung, die bürgerliche Lebensform, die als verkrustet und von der industriellen Entwicklung dominiert empfunden wird, gegen den entpersönlichenden Moloch der Großstädte und die nicht mehr „natürliche" Lebensweise ihrer Bewohner und einig auch in einer Verherrlichung einer bäuerlich-einfachen Lebensordnung. Immer wieder wird auch die „Fahrt" als großes Erlebnis und wichtige soziale Erfahrung empfunden. Insgesamt aber bleiben die Anliegen der Jugendbewegung jedoch diffus und wenig ausgereift. „Im Ganzen vermochte die Jugendbewegung ihre Anliegen nie zur politischen Formel zu konkretisieren. Sie blieb mit ihrem gestaltlosen Konglomerat von sozialistischen und liberalistischen, nationalistischen und weltbürgerlichen, christlichen und antichristlichen Gedanken doch eigentlich außerhalb der wirkenden politischen Kräfte der Zeit", stellt Bracher in seinem Buch über „Die Auflösung der Weimarer Republik" fest. (S. 130)

Das ist nicht zuletzt auf die starke Aufsplitterung der Jugendbewegung in zahllose Bünde zurückzuführen, von denen nur einige enger an die organisatorischen Strukturen und ideologischen Vorstellungen von Parteien oder Institutionen angelehnt sind, wie etwa die sozialistische Arbeiterjugend, die kommunistische Jugendbewegung oder die katholischen Bünde.

Das Unbehagen an der Schule, das als eine der Triebkräfte der Jugendbewegung angesehen werden muss, wird um die Jahrhundertwende keineswegs nur in Deutschland artikuliert. Hier beklagt Gurlitt, Lehrer am Steglitzer Gymnasium in Berlin, von dem der Wandervogel seinen Ausgang nimmt, „dieses ewige Besserwissen, Zurechtweisen, Aburteilen und Schelten, diese greisenhafte Moral und diese zum Prinzip erhobene Ängstlichkeit, diese pharisäische Selbstberäucherung der Alten auf Kosten der Jugend." (Gurlitt 1906, S. 219)

Und Lichtwark, Rilke und viele andere stimmen in die Kritik an der Schule ein. Aber in Russland hatte ja auch Tolstoi angeklagt und auf den Unterschied zwischen den fröhlichen und lernbegierigen Kindern im alltäglichen Leben und den gelangweilten, ermüdeten Kindern in den Schulen hingewiesen.

Das französische Schulwesen wird zu dieser Zeit ebenso heftig kritisiert wie das deutsche. Und H. G. Wells beschreibt englische Schulzustände nicht günstiger: „Das Andenken an die Schule . . . war die Erinnerung an den Weg von Spiel und Sonnenschein und lebendigen Interessen hinein in ein Klassenzimmer mit Zwielicht, schlechter Luft und geheuchelter Begeisterung für abgelebte Dinge." (nach Wilhelm, S. 10)

Bei ihrer Suche nach Möglichkeiten einer Lebensreform greifen Vertreter der Jugendbewegung seit Jahrzehnten bestehende Ansätze auf, ohne sich oftmals dieser Vorbilder bewusst zu sein. Nach Auffassung der Vertreter der „Lebensreform-Bewegung" hat die Mitte des 19. Jahrhunderts einsetzende Industrialisierung in Verbindung mit zunehmender Technisierung eine Abwendung des Menschen von naturhaften Lebensweisen zur Folge. Die unter diesem Aspekt auf-

kommende Naturheilkunde begründet sich zunächst auf einfache Beobachtung und Erfahrung und erhält später in einigen Bereichen wissenschaftliche Fundierung.
Zu den Wegbereitern gehören Vincenz Prießnitz (1799 - 1851) mit seinen Versuchen, bei verschiedenen Krankheiten kaltes Wasser zur Heilung anzuwenden, der katholische Pfarrer Sebastian Kneipp (1821 - 1897), der eine umfassende Heil- und Abhärtungsmethode auf der Basis von Wasseranwendungen entwickelt, und Heinrich Lahmann (1860 -1905), der die Naturheilkunde auf eine wissenschaftliche Basis stellt und ein Gesamtprogramm für eine gesunde Lebensführung entwickelt. Neben den Forderungen nach Vollwerternährung, Rohkost, Meidung von Nikotin und Alkohol werden von verschiedenen Vertretern dieser Richtung Wandern, Sport und Gymnastik propagiert oder auch angemessene Kleidung, Hygiene und biologisch-dynamische Düngung verlangt. Forderungen der Jugendbewegung basieren ebenso auf diesen Ansätzen wie manche der später von Rudolf Steiner vertretenen Ansichten. Eine institutionalisierte Form finden die Ansätze der Lebensreform-Bewegung, nun schon in der reformpädagogischen Epoche und durch die Jugendbewegung und die Landerziehungsheimbewegung beeinflusst, in der von Louise Langaard und Hedwig von Rohden zunächst in Kassel gegründeten und dann in der Rhön realisierten Loheland-Schule. Die auf Frauenbildung ausgerichtete Loheland-Methode vereinigt Landarbeit mit gymnastischer Bewegungserziehung, naturgemäßer Ernährung und Gestaltung der Kleidung zu einer selbstverantworteten Form des Lebens.
Trotz mancher Vorläufer ist es ein wichtiges Ereignis, als der 21-jährige Student Hermann Hoffmann (Hoffmann-Fölkersamb) 1896 mit den Teilnehmern eines Arbeitskreises für Kurzschrift, den er am Gymnasium in Berlin-Steglitz durchführt, kleinere Wanderungen und Fahrten unternimmt. Als diese Fahrten attraktiver werden und eine größere Teilnehmerzahl finden, kommt es - nunmehr auf Initiative von Karl Fischer - 1901 in Steglitz zur Gründung des Vereins „Wandervogel, Ausschuss für Schülerfahrten", der von einem Eltern- und Freundeskreis beraten wird.
Größeren Einfluss auf die Entwicklung nehmen Ludwig Gurlitt, aus dessen Klassen sich die ersten Wandervögel rekrutieren und der selbst 1902 dem Wandervogel beitritt, sowie später Gustav Wyneken.
Im Wandervogel bildet sich eine hierarchische Struktur aus, die z. B. an den aus der mittelalterlichen Überlieferung der Scholaren genommenen Bezeichnungen Scholaren, Burschen, Bachanten (Fischer ist Oberbachant und macht sich später zum Großbachanten) sichtbar wird. Die Titel werden jeweils nach der Bewährung auf den Fahrten verliehen.
Die schnelle Entwicklung der Jugendbewegung ist durch zahlreiche Sezessionen und Neugründungen gekennzeichnet, die in der ersten Phase vor allem in drei Bünden zusammengefasst sind.

> **Jugendbünde der 1. Phase**
>
> Wandervogel
>
> Pfadfinder
>
> Freideutsche Jugend

Bis zum Beginn des 1. Weltkrieges kommen weitere Bünde, aber auch mehrere akademische Vereinigungen wie z. B. der „Sera-Kreis" in Jena, dem Wilhelm Flitner zu dieser Zeit angehört, hinzu.

> **Weitere bekannte Jugendbünde vor dem l. Weltkrieg**
>
> Freischar
>
> Wandervogel-DeutscherBund
>
> Magdeburger Wanderriegen
>
> Jungwandervogel

Einen Höhepunkt erlebt die Jugendbewegung mit ihrem Fest auf dem Hohen Meißner. Es ist zunächst als Kontrastveranstaltung der Jugend zu den offiziellen Feiern der Gesellschaft zum hundertsten Jahrestag der Völkerschlacht bei Leipzig gedacht. Andererseits soll es nach Ansicht vieler Gruppen auch eine Veranstaltung gegen den Alkoholismus sein. Nach langen Vorgesprächen zwischen den verschiedenen Bünden gelingt dann am 13. Oktober 1913 eine Veranstaltung ohne nationales Pathos. Es ist eine Selbstdarstellung der Jugend, die das Gemeinsame in der sogenannten Meißner-Formel zu fassen versucht, die wegen der unterschiedlichen Ausrichtung der Bünde allerdings sehr allgemein bleiben muss, um von allen akzeptiert werden zu können.

Die Freideutsche Jugend will nach eigener Bestimmung vor eigener Verantwortung mit innerer Wahrhaftigkeit ihr Leben gestalten. Für diese innere Freiheit tritt sie unter allen Umstanden geschlossen ein. So lautet die Meißner-Formel, und als zusätzlicher Hinweis wird festgelegt: **Alle qemeinschaftlichen Veranstaltungen der Freideutschen Jugend sind alkohol- und nikotinfrei.**

In seiner Festrede versucht Gustav Wyneken die geistigen Grundlagen der Jugendbewegung bewusst zu machen und die Struktur einer eigenen Jugendkultur aufzuzeigen, wie er sie in dem von ihm mitgegründeten und mitgestalteten Landerziehungsheim Wickersdorf bereits exemplarisch verwirklicht sieht, ohne auf dem Hohen Meißner dafür jedoch breitere Zustimmung zu finden. Insgesamt bringt das Meißner-Fest keine dauerhafte Annäherung der untereinander zerstrittenen Jugendbünde, wenn auch alle zum Schluss der Veranstaltung in den Chor „Freude, schöner Götterfunken ..." einstimmen.

Einen zweiten - tragischen - Höhepunkt erfährt die Jugendbewegung 1914 bei Langemarck in Westflandern, wo Gymnasiasten und Studenten als Freiwillige des 1. Weltkrieges anstelle der Fahrterlebnisse das erschütternde Kriegserlebnis und in großer Zahl den Tod finden.

Die Jugendbewegung der Nachkriegsjahre zeigt ein anderes Gepräge. Von der Gründer-Generation übernehmen viele, die den Krieg überlebt haben, verantwortungsvolle Aufgaben in der Gesellschaft als Lehrer, in der Erwachsenenbildung, der Jugendfürsorge, bei den Volksbibliotheken. Von hier aus und wegen des engen Kontakts der geistigen Elite der jüngeren Generation zur Jugendbewegung ist die große Breitenwirkung zu verstehen, die von der Jugendbewegung in diesen Jahrzehnten ausgeht, obgleich sie ihre Mitgliederzahl bewusst klein hält.

Wechselseitige Anregungen erfolgen zwischen der Jugendbewegung und

- **den Landerziehungsheimen** (besonders Freie Schule Wickersdorf und Landschulheim am Solling)

- **der Anthroposophie** Rudolf Steiners

- **der Jugendmusikbewegung** (Hans Breuer, Fritz Jöde)

- **der Lehrerbildung** (A. Reichwein, H. Kittel).

- Zahlreiche Mitglieder von Organisationen der Jugendbewegung arbeiten in Bereichen der aufkommenden **Sozialpädagogik** mit.

Anfänge der Sozialpädagogik in Deutschland

1911 Jugendfürsorge in Preußen als wirtschaftliche, gesundheitliche und geistig-seelische Hilfe für Minderjährige begründet

1920 Beginn einer Theoriebildung der Sozialpädagogik durch Herman Nohl

1922 Reichsjugendwohlfahrtgesetz

1922 Erste Einrichtung von Jugendämtern

1922 Einrichtung „Sozialer Fachschulen"

1927 Herman Nohl: „Jugendwohlfahrt", Leipzig 1927

1929 Gertrud Bäumer, Die historischen und sozialen Voraussetzungen der Sozialpädagogik und die Entwicklung ihrer Theorie, in: Nohl / Pallat, Handbuch der Pädagogik, Langensalza 1929

Literatur:
Baden-Powell, Scouting for Boys, London 1908
Blüher, H., Geschichte einer Jugendbewegung, 1. Teil, Heimat und Aufgang, Prien 1920
Bracher, K. D., Die Auflösung der Weimarer Republik, Stuttgart und Düsseldorf 1957
Copalle, S. und Ahrens, H., Chronik der Freien deutschen Jugendbewegung, Bad Godesberg 1954
Gerber, W., Zur Entstehungsgeschichte der deutschen Wandervogelbewegung, Bielefeld 1957
Gurlitt, L., Der Deutsche und seine Schule, Berlin 1906
Heidenreich, A., Jugendbewegung und Anthroposophie, Stuttgart 1922
Tolstoi, L. N., Ausgewählte pädagogische Schriften, Paderborn 1960
Wilhelm, Th., Pädagogik der Gegenwart, Stuttgart 1963

Stationen der Volkshochschulbewegung

Die deutsche Volkshochschulbewegung greift bei ihrem Entstehen auf englische und deutsche Ansätze der Volksbildungsbewegung zurück, die sich in den letzten Jahrzehnten vor 1900 mit den Zielen geistiger und politischer Mündigkeit breiter Bevölkerungsschichten entwickeln (Johannes Tews), besonders aber auf Grundtvigs Gründungen von Heimvolkshochschulen, die seit den 70er Jahren des 19. Jahrhunderts von Dänemark aus über Norwegen und Finnland Verbreitung finden.
Der entscheidende Durchbruch zu einer Volkshochschularbeit mit dem Anspruch einer ganzheitlichen Allgemeinbildung erfolgt nach dem 1. Weltkrieg in Form freier, kirchlicher oder politisch orientierter Arbeit und wird entscheidend von Kräften aus der Jugendbewegung geprägt.

1914 Errichtung der „Deutschen Zentralstelle für volkstümliches Büchereiwesen" in Leipzig

1916 „Ausschuss der deutschen Volksbildungsvereinigungen"

1918 Gründung der „World Association for Adult Education"

1919 Einrichtung eines Referats für Volksbildung im Preußischen Ministerium für Wissenschaft, Kunst und Volksbildung

1919 Gründung der Volkshochschule Jena (Nohl, Rein, Weinel)

ab 1923 berät der Hohenrodter Bund über Ziele, Methoden und Probleme der Volksbildung und beeinflusst das pädagogische Denken in starkem Maße (W. Flitner, R. v. Erdberg u. a.)

1926 Reichwein gründet und leitet das Volkshochschulheim am Beuthenberg bei Jena

1928 Erster deutscher Volkshochschultag in Dresden

1929 Internationale Konferenz über Probleme der Erwachsenenbildung in Cambridge

c) Landerziehungsheimbewegung

Die Landerziehungsheimbewegung kommt 1889 in England mit der Heimgründung von Cecil Reddie in Abbotsholme in Gang und breitet sich schnell in verschiedene europäische Länder aus. Tragend ist der Gedanke, junge Menschen von den negativen Einflüssen der scharf kritisierten Zivilisation, d. h. „Masseneindrücke" sowie „Hässliches und Schädliches der Stadt" (Lietz), fernzuhalten und ihnen eine gesunde, naturgemäße und vernünftige Lebensweise sowie ein Lernen zu ermöglichen, bei dem die körperlichen und seelischen Kräfte in gleicher Weise angesprochen und gefördert werden wie die intellektuellen.

Bei jeder neuen Heimgründung werden besondere Erziehungsschwerpunkte gesetzt und eigentümliche Ausprägungen des Lebens in der Schulgemeinde vorgesehen. Der größte Teil der Anfang des 20. Jahrhunderts gegründeten Landerziehungsheime arbeitet auch heute noch auf der Basis der ursprünglichen Ideen.

DEUTSCHE LANDERZIEHUNGSHEIME 1999

Schule Birklehof, 79856 Hinterzarten
Landerziehungsheim Honneroth e. V., 57610 Altenkirchen / Ww.
Hermann-Lietz-Schulen
      Schloss Buchenau, 36132 Eiterfeld 6 bei Bad Hersfeld
      Schloss Hohenwehrda, 36166 Haunetal
      Schloss Bieberstein, 36145 Hofbieber bei Fulda
      Spiekeroog, 26474 Spiekeroog / Nordsee
      Haubinda, 98663 Haubinda
      Schloss Gebesee, 99189 Gebesee
Landerziehungsheim Stiftung Louisenlund, 24357 Güby
Schule Marienau, 21368 Marienau über Dahlenburg
Schloss Neubeuern, 83115 Neubeuern
Landschulheim Burg Nordeck, 35469 Allendorf / Lumda
Odenwaldschule, 64646 Heppenheim / Ober-Hambach
Landerziehungsheim Reichersbeuern. Max-Rill-Schule
83677 Reichersbeuern, Schlossweg 1
Schule Schloss Salem, 88682 Salem
      Schule Hohenfels (Junioren), 78355 Hohenfels 6
      Schule Spetzgart (Kollegstufe), 88662 Überlingen
Stiftung Landerziehungsheim Schondorf am Ammersee, 86938 Schondorf
Stiftung Landschulheim am Solling, 37603 Holzminden
Landschulheim Stein an der Traun, 83371 Stein an der Traun
Urspringschule, 89601 Schelklingen
Schloss-Schule Kirchberg, 74592 Kirchberg a.d. Jagst
Landschulheim Steinmühle, Steinmühlenweg, 35043 Marburg
Landschulheim Grovesmühle, 38871 Veckenstedt
Zinzendorfschule der Herrnhuter Brüdergemeine, 78126 Königsfeld / Schwarzwald

d) Arbeitsschulbewegung

Die Arbeitsschulbewegung zeigt, wie Otto Scheibner (1877 - 1961) feststellt, „vier typische Physiognomien" (Scheibner, S. 24).
1. Die Schule mit wirtschaftlicher Bedarfsarbeit mit dem Bildungsideal des sozial brauchbaren Menschen. Hier gilt: „Der pädagogische Wert der vom arbeitenden Kinde zu vollbringenden Leistung wächst mit deren ökonomischem Ertrage." (a. a. O., S. 24)
Dieser Richtung sind z. B. Pawel Petrowitsch Blonskij, Paul Oestreich und Robert Seidel zuzuordnen. Eine Weiterentwicklung erfahren die frühen reformpädagogischen Ansätze in der Sowjetschule und im Polytechnischen Unterricht der ehem. DDR.
2. Die Schule mit handwerklich gerichteter Arbeit. Bekanntester Repräsentant dieser bürgerlich arbeitspädagogischen Richtung ist Georg Kerschensteiner (s. dort), der besonderen Wert auf die Erstellung von in sich vollendeten Werkstücken legt, bei deren Bearbeitung der Schüler in die Zucht der Sache genommen wird und sittliche Willensbildung erfährt. Kerschensteiner weist in seinen Schriften immer wieder auf die enge Verbindung des praktischen Tuns mit geistigen Akten hin und weitet den Arbeitsbegriff auf die Arbeit an den Lehrstoffen der verschiedenen Unterrichtsfächer aus.
3. Die Schule des schaffenden Lernens
Die Leipziger Reformer, Erdkundler, Biologen etc. beziehen zahlreiche manuelle Tätigkeiten in den Unterricht ein, um über das praktische Tun die ganzheitliche Entfaltung aller geistigen, seelischen und leiblichen Kräfte im Kinde anzuregen.
So will auch der Schweizer Adolphe Ferrière (1879 - 1960) in seiner „Ecole active" das Denken des Kindes auf das Konkrete beziehen und immer wieder von sichtbaren und greifbaren Gegenständen ausgehen und „den Kindern Gelegenheit geben, mit ihrem Körper und ihren Händen zu arbeiten." (Ferrière in Reble, S. 131) Die Handarbeit wird von ihm für Kinder zwischen sieben und zwölf Jahren geradezu als „Grundstein" der Erziehung bezeichnet.
4. Freie geistige Arbeit
Bei Hugo Gaudig und seinen Mitarbeitern ist der Lehrstoff aller Unterrichtsfächer der Arbeitsstoff, um den sich der Schüler in selbstständiger freier Arbeit bemüht. Die freie geistige Schularbeit ist der Weg, auf dem die Individualitäten zu Persönlichkeiten heranreifen können.
Lit.: Ferrière, Adolphe, Schule der Selbsttätigkeit oder Tatschule, Weimar 1928
Leipziger Lehrerverein (Hg.), Die Arbeitsschule, Leipzig 1909
Oestreich, Paul, Die elastische Einheitsschule, Berlin 1923[2]
Reble, Albert (Hg.), Die Arbeitsschule, Bad Heilbrunn 1979[4]
Scheibner, Otto, Arbeitsschule in Idee und Gestaltung, Heidelberg 1962[5]
(Vgl. die Kapitel „Hugo Gaudig" und „Georg Kerschensteiner")

KONZEPTIONEN DER ARBEITSSCHULE
A: Vorläufer

Bezeichnung	Pädagogen	Zielstellung	Schüleraktivitäten
Industrieschule	Ferdinand Kindermann (1740 - 1801)	Heranbildung geschickter Arbeiter / Armut lindern	Obstbau, Molkerei, Bienenzucht, Spinnen, Korbflechten, Stricken
Bildung durch manuelle Arbeit	J. J. Rousseau (1712 - 1778)	Arbeit als Annäherung an den Naturzustand / Durch handwerkliche Arbeit den Geist schulen / Handarbeit lässt keinen Irrtum zu	Tischlerhandwerk Ackerbau
	Heusinger (1767 - 1837)		
Bastelschule	Salzmann (1744 - 1811)	Freizeit sinnvoll verbinden / Beschäftigung	Papier- und Papparbeiten
Arbeitsschule als Erziehungsschule	Pestalozzi (1746 - 1827)	Anlagen von Kopf, Herz und Hand durch Tätigkeiten in der Individuallage ausbilden / Irrtum als Selbstkontrolle	Nähen, Holzarbeiten

KONZEPTIONEN DER ARBEITSSCHULE
B: Klassische Reformpädagogik

Bezeichnung	Pädagogen	Zielstellung	Schüleraktivitäten
Arbeitsschule mit wirtschaftlicher Bedarfsarbeit (Produktionsschule)	P. P. Blonskij (1884 - 1941) Paul Oestreich (1878 - 1959)	der sozial brauchbare Mensch / Erziehung durch das wirkliche Leben	Feldbestellung, Industrie, Geldwesen, Feier etc. (Schulfarm)
Arbeitsschule mit handwerklich gerichteter Arbeit	Georg Kerschensteiner (1854 - 1932)	der sachliche Mensch als brauchbarer Staatsbürger / sittliche Willensbildung	handwerkliches Tun in Schulwerkstätten / Verbindung praktischer u. intellektueller Arbeit
Arbeitsschule schultümlicher Werktätigkeit	Leipziger Lehrerverein Grundschule	„Schaffendes Lernen" soll geistige Aktivität auslösen und eine ganzheitliche Bildung unterstützen.	Formen mit Plastillin, Papier, Pappe etc.
Arbeitsschule mit freier geistiger Arbeit	Hugo Gaudig (1860 - 1923)	Bildung der Persönlichkeit durch Selbsttätigkeit / Schüler als geistiger Arbeiter	Entscheidend ist bei jeder Unterrichtssache der selbsttätige Arbeitsvorgang.

e) Bewegung „Vom Kinde aus"

Eine große Gruppe von Pädagogen mit Berthold Otto, Ellen Key, Maria Montessori, Ludwig Gurlitt, Heinrich Scharrelmann und Fritz Gansberg wendet sich um die Jahrhundertwende entschieden gegen einen Unterricht in formalen Stufen, wie ihn die Herbartianer propagiert hatten, bei dem Lernen bei richtiger Aufbereitung und Anordnung des Stoffes als machbar verstanden wird. Sie kritisieren an der zu einseitig am Lernstoff orientierten Pädagogik, dass der Erziehungs- und Bildungsprozess als ein von außen nach innen führender Vorgang verstanden wird, bei dem der Lehrer sich als „Ingenieur der Mechanik des Geistes" versteht und die Erziehung aufdrängt und Erziehen ausschließlich als ein Führen verstanden wird.

<u>Direkte Erziehung:</u>
Lernen ist bei Berücksichtigung der Altersstufe der Lerner und bei richtiger Aufbereitung des Stoffes machbar.
Der Lernprozess führt von außen nach innen.
Die Lehrkraft gibt. - Die Lerner nehmen auf.
Lehren heißt: - eine Gruppe von Schülern motivieren,
- sie systematisch in neue Stoffbereiche einführen,
- neues Wissen mit dem bekannten Wissen verbinden und einüben.

Die Reformer erinnern an Rousseau, der die Seele wieder als etwas Tätiges und Hervorbringendes sieht, und gehen von einem von Anfang an im Kinde bestehenden Kraftzentrum aus, das seine Entwicklung vorantreibt, ohne dass äußere Einwirkungen erfolgen müssen. Erziehen meint nun in erster Linie Wachsenlassen, für das der Erzieher lediglich Freiräume bereitstellen und Hindernisse aus dem Weg räumen muss. (Vgl. dazu die Kapitel „Neue anthropologische Vorstellungen", „Berthold Otto" und „Maria Montessori")

<u>Indirekte Erziehung:</u>
Lernen kann angeregt werden.
Vitale schöpferische Kräfte drängen aus dem Innern des Kindes heraus.
Die inneren organischen Kräfte richten sich instinktiv auf jene Dinge der Umwelt, die der natürlichen Entwicklung des Individuums förderlich sind.
Erziehung räumt Hindernisse weg und verhütet negative Einflüsse.
Unterricht muss an den individuellen Bedürfnissen des Kindes orientiert sein.
Lehren heißt:
- eine anregende Lernumgebung schaffen, die für die spezifischen Lernbedürfnisse jedes einzelnen Kindes geeignetes Material für den selbstständigen Wissenserwerb bietet.

IV. Integrationsphase

Während der Zeit der Weimarer Republik finden viele der frühen reformpädagogischen Ansätze Ergänzung und Vertiefung.
In der bildenden Kunst stellt Gustav Britsch (1879 - 1923) Verwandtschaften zwischen den freien Kinderzeichnungen und den frühen Kulturstufen fest. Er unterstreicht den bereits bei der Avantgarde der Künstler vertretenen Gedanken, dass Kunst ein Medium des Lebens- und Weltverständnisses ist. Deshalb - und weil Kunst den ganzen Menschen anspricht - wird sie zunehmend zur integrierenden Mitte der gesamten Reformbewegung.
Den ganzen Menschen ansprechen wollen aber auch andere reformpädagogische Richtungen, besonders die Landerziehungsheimbewegung und nun auch Schulkonzeptionen, die unterschiedliche Denkansätze integrieren und durch Ausgewogenheit überzeugen. Das trifft etwa für Peter Petersens seit 1923 entwickelten Jena-Plan zu, in dem Führen und Freigeben, Hilfe und Selbstbestimmung sich sinnvoll ergänzen und die „Urformen des Lernens und Sich-Bildens" (s. dort) Gespräch - Unterhaltung, Arbeit, Spiel und Feier gleichberechtigt nebeneinander stehen.
Die Schulentwürfe dieser Phase, besonders auch Freinets Ansatz (s. dort), überzeugen nicht in erster Linie durch völlig neue Ideen, sondern durch die Integration des in unterschiedlichen Zusammenhängen Erprobten in neue Schulprofile, die offen und entwicklungsfähig gehalten werden. Der Trend zu integrierenden Ansätzen in der Reformpädagogik wird durch zahlreiche Begegnungen der im Weltbund für Erneuerung der Erziehung (New Education Fellowship) zusammengeschlossenen Reformer verstärkt. Andererseits ist die Phase von 1919 bis 1932 auch die Zeit zunehmender Kritik an den Einseitigkeiten mancher Entwürfe. Persönlichkeiten wie Martin Buber (1878 - 1965) beziehen vermittelnd und klärend Position. In seinem Grundsatzreferat auf dem 3. Internationalen Kongress des Weltbundes für Erneuerung der Erziehung stellt Buber 1925 den pragmatischen Entwicklungsglauben der frühen Reformpädagogik in Frage und weist auf die religiöse Dimension aller Erziehungsakte hin.
Ein weiterer Trend zeichnet sich ab. Die Generation der frühen Jugendbewegung tritt nach Schulzeit, Studium und Kriegserfahrung in das Erwerbsleben ein, so dass nun weniger pauschale Kritik an der Gesellschaft als vielmehr konkrete Arbeit vor Ort ansteht. Viele dieser Generation bringen ihren immer noch vorhandenen Idealismus als Lehrer in die Schularbeit ein und sorgen für eine weitflächige Verbreitung einzelner reformpädagogischer Ideen. Andere werden an Volkshochschulen in der Erwachsenenbildung tätig, wenngleich dabei lediglich die Einbeziehung einzelner reformpädagogischer Elemente gelingt (Fahrt, Gruppenarbeit, Gesprächsführung / Vgl. auch S. 17).
Starke Einflüsse werden im sozialerzieherischen Bereich bei der Erziehung benachteiligter, behinderter und verhaltensauffälliger Kinder wirksam, wo beson-

ders die Arbeiten von Maria Montessori, Janusz Korczak und Ovide Décroly beeindrucken, die alle drei den Weg von der Medizin zur Pädagogik wählen. Décroly (1871 - 1932) führt die Kinder in seiner Brüsseler „Ecole pour la vie par la vie" an typische Lebenserscheinungen der allgemeinen Erfahrungsbereiche heran, in denen die Urbedürfnisse der Menschheit nach Nahrung, nach Schutz vor Witterungsunbilden, nach Verteidigung gegenüber Gefahren und nach Tätigkeit schlechthin ganzheitlich erfahren und verarbeitet werden können. Makarenkos eigenständiger Ansatz bei der Arbeit mit verwahrlosten Jugendlichen im Jugendkollektiv zeigt für die Sozialpädagogik ganz neue Wege auf. Anton Semjonowitsch Makarenko (1888 - 1939) versucht 1920 in der Gorkij-Kolonie und später in der Arbeitskommune Feliks Dzerzynskij an die Einsicht der straffällig gewordenen Jugendlichen zu appellieren und sie von der Fremddisziplin zur Selbstdisziplin und zunehmend zur Selbstbestimmung zu führen, allerdings immer im Horizont der Idee von einer sozialistischen Persönlichkeit.

Die neue Einstellung zur Jugend zeigt sich auch in einer veränderten Jugendgerichtsbarkeit, die hinter der Tat nach ihren Ursachen fragt und die Bewährung des Täters als entscheidendes Anliegen nimmt (Deutsches Jugendgerichtsgesetz von 1923 / Vgl. auch S. 16).

V. Emigrationsphase

Die faschistischen Regime setzen den reformpädagogischen Bestrebungen ein jähes Ende. Die freien Jugendbünde werden aufgelöst und zahlreiche reformpädagogisch orientierte Schulen geschlossen (Montessorischulen, Waldorfschulen 1938). Andere Schulen - wie die meisten Landerziehungsheime - unterliegen starkem politischem Druck, der reformpädagogische Arbeit, die auf die Bildung des freien, sich selbst bestimmenden Menschen ausgelegt ist, unmöglich macht oder doch stark erschwert. Den Pädagogen, die sich der verordneten neuen politischen Richtung nicht anpassen wollen, bleibt nur die Wahl zwischen der Emigration ins Ausland (vgl. das Kapitel „Reformpädagogik und Faschismus") und der inneren Emigration mit der Hoffnung, im Stillen und Verborgenen an den alten Idealen festhalten zu können.

Um nur einige Beispiele von vielen zu nennen: Paul und Edith Geheeb verlassen die Odenwaldschule und gründen in der Schweiz die Ecole d'Humanité. Fritz Karsen (1885 - 1951), der von Berlin aus einen Arbeitskreis von weltlichen Schulen („Lebensgemeinschaftsschulen") organisiert, an denen Eltern, Lehrer und Schüler gemeinsam neue Unterrichtsformen realisieren, der auch den Entwurf einer differenzierten Einheitsschule vom Kindergartenalter bis zum 19. Lebensjahr vorlegt, an der auch Arbeiter-Abiturientenkurse vorgesehen sind, flüchtet 1933 in die Schweiz und von dort aus über Frankreich nach Südamerika. Karsen ist ab 1938 Prof. der Germanistik und der Pädagogik in New York und erwirbt die amerikanische Staatsbürgerschaft.

Minna Specht geht 1933 mit den vom Terror bedrohten Schüler/innen des Landerziehungsheims Walkenmühle nach Dänemark und anschließend nach England ins Exil, wo sie unter den zeitbedingt schwierigen Umständen die in der Walkenmühle begonnene sozialistisch orientierte Erziehung fortsetzt.

Martin Buber, der wohlwollend kritische Begleiter der pädagogischen Bewegung in Deutschland, wandert 1933 nach Palästina aus.

Alice Salomon (1872 - 1948), die in Berlin zum Gründerkreis der „Mädchen- und Frauengruppen für soziale Hilfsarbeit" gehört und 1929 Vorsitzende der „Internationalen Vereinigung Sozialer Schulen" wird, löst nach der Machtergreifung der Nationalsozialisten die Deutsche Akademie für soziale und pädagogische Frauenarbeit selbst auf und emigriert 1937 in die USA.

Während dieser Phase sind wegen des 2. Weltkrieges auch die Möglichkeiten der Reformpädagogen in den demokratischen Staaten begrenzt.

VI. Restaurationsphase

Nach Beendigung der Diktatur versuchen die Schulverwaltungen in den Ländern der Bundesrepublik an das Schulwesen der Weimarer Republik und damit auch an reformpädagogische Ansätze anzuknüpfen. Die Richtlinien der meisten Bundesländer nehmen einzelne reformpädagogische Forderungen auf, ohne jedoch dem reformpädagogischen Gedanken in Erziehung und Unterricht zum Durchbruch zu verhelfen.

Hans Windekilde Jannasch nimmt 1946 in einer kleinen Schrift zur „Unterrichtspraxis in der Volksschule" auf die Tätigkeit Hamburger und Leipziger Reformlehrer, die Kunsterziehungsbewegung, die Erlebnispädagogik und die Arbeitsschulbewegung Bezug. (S. 25) Kerschensteiners und Gaudigs Beiträge, Petersens Jenaplan, B. Ottos Pädagogik, aber auch der Daltonplan, der Winnetkaplan sowie die Methoden Décrolys und Montessoris werden als „wohlbegründete" Möglichkeiten genannt, aus deren „Reichtum" der „verantwortungsbewusste Lehrer zu wählen und seine Lehrweise von Fall zu Fall zu wechseln" hat. (S. 26)

In Niedersachsen wird die Lehrerbildung nach 1945 besonders durch den Ministerialrat Otto Haase wieder aufgebaut, der vor 1933 als Lehrer an Hermann-Lietz-Schulen gearbeitet hatte und von 1930 - 1933 Professor und Direktor der Pädagogischen Akademie Frankfurt/Oder gewesen war. Haase gibt Kretschmanns Buch „Natürlicher Unterricht" neu heraus, in dem u. a. Formen des Gesamtunterrichts und der Ablauf von Vorhaben beschrieben werden.

Der Stuttgarter Oberschulrat Dietz schreibt 1959: „Wenn wir auch keine Jenaplanschulen in organisatorischer Hinsicht haben, so haben wir doch viele Lehrer und auch ganze Schulen, die im Geiste Petersens arbeiten und sich bemühen,

seine Ideen zeitgemäß und den örtlichen Verhältnissen entsprechend zu verwirklichen. Überall, wo man sich um die neue Schule müht, ist Petersens Geist lebendig, auch wenn man das nicht weiß oder sagt." (Brief an Müller-Petersen, zitiert nach: Jenaplanschule, Ort der Begegnung mit der Welt, Nr. 1, S. 9)
Die Schwäbische Lehrergilde, die 1924 im Anschluss an eine musikpädagogische Woche gegründet wurde, die in Nagold unter der Leitung von Fritz Jöde stand, beginnt nach Beendigung der Diktatur 1948 wieder mit ihrer Tätigkeit.
An der Pädagogischen Hochschule Osnabrück baut Ilse Rother (Lichtenstein-Rother) mit ihren Mitarbeitern ein Institut für Arbeitsmittel auf. Ihr Buch „Schulanfang", das 1954 erscheint und bis in die Gegenwart hinein zahlreiche Auflagen erfährt, enthält sehr viel reformpädagogisches Gedankengut.
In den 50er Jahren bringt Franz Kade in Verbindung mit dem „Arbeitskreis für das aktivierende und individualisierende Bildungsverfahren" zahlreiche Arbeitsmittel heraus. Auf demselben Gebiet arbeitet zu dieser Zeit der Finken-Verlag, dessen Lektor Wilhelm Krick Student an der Universitätsschule Jena und Hörer von Peter Petersen war und als Gründer und Leiter einer Peter-Petersen-Schule in Frankfurt am Main bekannt wurde.
1955 stellt Herbert Chiout fest: „Es gibt heute kaum eine tragende und beständige Erneuerungsarbeit in der Volksschule, die nicht in irgendeiner, meist sehr bemerkenswerten Weise mit dem Jenaplan konform geht. Es nehmen daher auch die meisten Schulen, mit denen wir in Verbindung standen, Bezug auf Peter Petersen und seine Schule. In den Gesprächen, den Auseinandersetzungen und in der Korrespondenz wurde es ganz deutlich, welche beachtliche Streuwirkung diese fruchtbaren Gedanken gehabt haben. Die Begründung für diese Tatsache liegt zweifellos darin, dass Peter Petersen mit seinen Gedanken Wesentliches, vielleicht das Wesentliche über die Schule der Gegenwart und der nahen Zukunft ausgesagt hat und dass seine Konzeption der Schule, eben der Jenaplan - abgesehen von einzelnen Erscheinungsformen, über die man verschiedener Meinung sein kann - Modell für eine Schulerneuerung sein kann." (Herbert Chiout, Schulversuche in der Bundesrepublik Deutschland, Dortmund 1955, S. 165 f.)
Am eindrucksvollsten zeigt sich die Infiltration reformpädagogischer Gedanken in neue, zeitgemäße Erziehungskonzepte beim Kampf gegen die Stofffülle. In Zeitschriftenaufsätzen wird schon bald nach 1945 eine Leistungssteigerung der Schulen gefordert, aber zugleich davor gewarnt, das Denken durch die Fülle des Stoffes zu ersticken. Einen Höhepunkt erfahren diese Bestrebungen 1951 in den Tübinger Beschlüssen der Vertreter von Höheren Schulen und Hochschulen. Dort heißt es u. a.: „Leistung ist nicht möglich ohne Gründlichkeit, und Gründlichkeit nicht ohne Selbstbeschränkung. Arbeiten-Können ist mehr als Vielwisserei." Das sind Aussagen, die an Forderungen der Arbeitsschulpädagogen anknüpfen. Hatte doch Kerschensteiner etwa gesagt: „Der Sinn der Arbeitsschule ist, mit einem Minimum an Wissensstoff ein Maximum von Fertigkeiten, Fähigkeiten und Arbeitsfreude ... auszulösen." Aber mit der Hinwendung zum exem-

plarischen Prinzip, das von Wilhelm Flitner, Eduard Spranger, C. W. von Weizsäcker u. a. mit der Tübinger Resolution angesprochen wird und das die Didaktik der folgenden Jahrzehnte entscheidend prägt, sind implizit auch die reformpädagogischen Forderungen nach selbstständiger Schülerarbeit, fächerübergreifendem Denken und Arbeiten sowie nach Partner- und Gruppenarbeit aufgegriffen.
(Einzelne Grundformen des Exemplarischen werden bei den biographischen Notizen über Martin Wagenschein, Wilhelm Flitner, Eduard Spranger und Wolfgang Klafki angesprochen).

Die während der Hitler-Diktatur verbotenen Schulen werden neu gegründet und erhalten viel Zulauf. Es gelingt jedoch zu wenig, die aufgegriffene Tradition den veränderten gesellschaftlichen Bedingungen und dem neuen Lebensgefühl der Menschen anzupassen.
Die Schulen in freier Trägerschaft schließen sich zur „Arbeitsgemeinschaft Freier Schulen" zusammen. (Vgl. „Freie Schulen")
In anderen europäischen Ländern gewinnen die reformpädagogischen Ansätze größere Schubkraft. In Frankreich schließen sich Freinet-Lehrer in großer Zahl zur „Coopérative Scolaire" zusammen. In den Niederlanden entstehen zahlreiche Petersen- und Montessori-Schulen. Die Waldorfpädagogik erlebt eine große Nachfrage.
Nachdem es in der Schweiz 1944 einen Aufruf zum Bau eines Kinderdorfes für Waisenkinder gegeben hatte, kommt es 1946 zum Bau des Pestalozzi-Dorfes Trogen, dem in der ganzen Welt zahlreiche Kinderdörfer folgen.

Nach dem Ende der Hitler-Diktatur mit ihrer Gleichschaltung der gesamten Jugendarbeit entstehen die meisten Jugendbünde mit ihren alten Idealen neu. Die Pfadfinderinnen und Pfadfinder schließen sich als 7- bis 14-Jährige wieder als Wölflinge, im Alter von 12 bis 15 Jahren als Pfadfinder und über 16 als Ranger/Rover zusammen. Zu den gegenwärtigen Aktivitäten gehört der Einsatz für Umweltbelange, der Einsatz für Ausländer in der Gesellschaft und nach wie vor das Engagement für alte und behinderte Mitmenschen.
Die Pfadfinder/innen sind in Stämmen und darüber hinaus in Landesverbänden zusammengeschlossen. Zu den großen Pfadfindergruppen im deutschsprachigen Raum gehören:
  Bund der Pfadfinderinnen und Pfadfinder (BdP)
  Deutsche Pfadfinderschaft St. Georg (DPSG)
  Verband Christlicher Pfadfinderinnen und Pfadfinder (VCP)
  Pfadfinder in der Schweiz
  Pfadfinder in Östreich (PPÖ)

Die Pfadfinder-Idee spricht auch heute noch zahlreiche Jugendliche in aller Welt an. Das zeigt sich etwa an der Jahreswende 1998/99 beim 19. Weltpfadfin-

dertreffen unter dem Motto „Building Peace Together" in den chilenischen Anden, an dem 28000 Pfadfinderinnen und Pfadfinder aus 160 Ländern teilnehmen.
Neben den Pfadfindergruppen entstehen wieder zahlreiche kirchliche, sportliche oder an politische Parteien angeschlossene Jugendgruppen, die insgesamt, wie zur Zeit der klassischen Jugendbewegung, nur einen geringen Teil der Jugendlichen erreichen, jedoch richtungsweisend wirken.
Zu diesen Gruppen gehören u. a.:

> Marianische Jugendbewegung (MJB) - Katholische Gebets- und Arbeitskreise
> Arbeitsgemeinschaft der Evangelischen Jugend in der BRD (aej)
> Bund der Deutschen Katholischen Jugend (BDKJ)
> Arbeiter-Samariter-Jugend (ASB-ASJ)
> Jugendrotkreuz
> Internationale Jugendgemeinschaftsdienste (ijgd)
> Jugend im Bund für Umwelt und Naturschutz (BUNDjugend)
> Schüler Helfen Leben (Neumünster)
> TANDEM - Koordinierungszentrum für Deutsch-Tschechischen Jugendaustausch

VII. Demokratisierungsphase

Die gegenwärtige Phase der pädagogischen Reformbewegung greift wieder weit über die Schule hinaus und erfasst dabei große Teile der Eltern- und Erzieherschaft. Sie korrespondiert mit der Ökologiebewegung und sieht sich im Rahmen von Emanzipationsbestrebungen. In Begriffen wie „Offener Unterricht", „Freiarbeit", „Wochenplanunterricht" oder „Lernzirkel" deuten sich die tiefgreifenden Veränderungen nur oberflächlich an, die als große Emanzipationsbewegung gesehen werden müssen und in der Schule zunehmend einen demokratischen Pluralismus verwirklichen.
Die wegen des Zusammenrückens der Länder und der zunehmend multikultureller erscheinenden Gesellschaft notwendig werdende „Interkulturelle Pädagogik", die neue, wieder ganzheitliche Sicht der Schöpfung, der Wille zur Integration Behinderter in das gesellschaftliche Leben, der Ruf der Wirtschaft nach dem kreativen Mitarbeiter, der teamfähig ist und Verantwortung übernehmen kann, das Drängen des Einzelnen nach Selbstverwirklichung unter Einbeziehung möglichst vieler seiner Anlagen, der drängende Wunsch aber auch nach Sinngebung des eigenen Lebens lassen die traditionelle Reformpädagogik zu einer Klassik werden, die eine erstaunlich große Zahl an Mustern und Anregungen bereithält, die nun in eine zeit- und situationsgerechte Form gebracht werden müssen.

Der stille Protest der Lehrerschaft richtet sich gegen jede Bevormundung, gerade auch die aus ideologischen und wissenschaftlichen Feldern. Die neue Eigenständigkeit der Lehrerschaft drückt sich darin aus, dass die großen Theorien, mit denen sie befasst wird, mit äußerster Skepsis beurteilt und auch verurteilt werden. Die Lehrerschaft hat begriffen, was Dilthey, Jaspers u. a. deutlich formuliert haben, dass jede Theorie nur einen Aspekt des Seins abbilden kann und es dem Menschen nicht möglich ist, die ganze „Wahrheit" zu umgreifen. Sie hat sich darauf eingerichtet, in einer offenen Gesellschaft mit einer Pluralität an Theorien und Modellen zu leben und selbst situationsgerechte Schulprofile zu gestalten.

Die emanzipierte Lehrerschaft hält aber auch Schüler, Eltern, Schulaufsicht und andere an der Erziehung Interessierte fähig zum qualifizierten Diskurs, so dass an die Stelle von hierarchischen Kompetenzen zunehmend eine „Interaktive Schule" tritt, in der auch der Erziehungswissenschaftler eine wichtige, aber keine dominierende Position vertritt.

Neben freien Schulen in kirchlicher Trägerschaft, die eine weiterentwickelte Montessori-Pädagogik realisieren (s. Marchtaler-Plan), entstehen einzelne freie „Schülerschulen", die von Eltern und Lehrern gemeinsam verantwortet werden. Kennzeichnend für die gegenwärtige Entwicklungsphase sind jedoch die zahlreichen öffentlichen Schulen, in denen Lehrergruppen oder ganze Kollegien reformpädagogische Elemente im Sinne einer integrierten Reformpädagogik auf die heutige Lebens- und Schulsituation beziehen und dabei nicht nur von der Elternschaft, sondern inzwischen auch von zahlreichen Schulverwaltungen unterstützt werden.

Eine besondere Herausforderung stellen gegenwärtig die neuen technischen Medien dar, die vehement Eingang in den Schulunterricht finden, ohne dass ihr pädagogischer Wert und ihr didaktischer Ort ausgelotet sind. Es gibt zwar keinen grundsätzlichen Widerspruch zwischen reformpädagogischen Prinzipien und dem Einsatz von Computer und Internet im Unterricht. Freinet z. B. hat jedes technische Medium, das Lernhilfe sein konnte, ganz selbstverständlich in die Schularbeit einbezogen, aber stets als Hilfsmittel für die optimale Entfaltung der menschlichen Anlagen. (s. „Gaudig" und „Computer und Internet in der Freiarbeit")

Literatur:
Buber, M., Reden über Erziehung, Heidelberg 1953
Dietrich, Th. (Hg.), Die pädagogische Bewegung „Vom Kinde aus", Bad Heilbrunn 1982[4]
Dietrich, Th. (Hg.), Die Landerziehungsheimbewegung, Bad Heilbrunn 1967
Flitner, W., Die drei Phasen der pädagogischen Reformbewegung, in: Theorie des pädagogischen Weges und der Methode, Weinheim 1951
Flitner, W., Kudritzki, G. (Hg.), Die deutsche Reformpädagogik, 2 Bde., Düsseldorf u. München 1962

Key, E., Das Jahrhundert des Kindes, Berlin 1902²
Lorenzen, H. (Hg.), Die Kunsterziehungsbewegung, Bad Heilbrunn 1966
Nohl, H., Die pädagogische Bewegung in Deutschland und ihre Theorie, Frankfurt a. M. 1949³
Oelkers, J., Reformpädagogik (Juventa) 1996
Reble, A, (Hg.), Die Arbeitsschule, Bad Heilbrunn 1979⁴
Röhrs, H., Die Reformpädagogik. Ursprung und Verlauf in Europa, Hannover 1980
Röhrs, H. (Hg.), Die Reformpädagogik des Auslands, Düsseldorf, München 1965
Rousseau, J. J., Emil oder Über die Erziehung, Paderborn u. a. 1985⁷
Scheibe, W., Die Reformpädagogische Bewegung 1900 - 1932. Eine einführende Darstellung, Weinheim 1971²
Scheibner, O., Die typischen Ausprägungen des Arbeitsschulgedankens, in: A. Reble (Hg.), Die Arbeitsschule, Bad Heilbrunn 1979⁴

AVANTGARDE

Die Avantgarde der tiefgreifenden Umwälzungen bilden die Künstler. „Kunst" wird während der Epoche in einem sehr umfassenden Sinn verstanden. Jeder, der sich von einer Sache, auch der Welt als Ganzem, ein Bild macht, ist ein Künstler. Nach diesem Verständnis ist der Philosoph Künstler, ist Politik Kunst und Religion Kunst.
In ihrem Streben nach absoluter Wahrheit, meint Langbehn, beschreibt Wissenschaft die Welt und gerät dabei immer mehr in Spezialismus hinein, von dem aus Weltverständnis nicht möglich ist. Die Wissenschaft bedarf deshalb einer mehr philosophischen (und das meint hier: künstlerischen) Behandlung, „welche die Einzelfächer der Forschung in eine direkte Verbindung zum Weltganzen einerseits und zur menschlichen Natur andererseits setzt." (Langbehn in Lorenzen, S. 14) Es kommt darauf an, sich von dem Ganzen der Welt eine innere Anschauung zu machen. Sich mit den vordergründig feststellbaren Details zu begnügen, wie Wissenschaft das zunehmend tut, ist völlig ungenügend.
Solche kritischen Äußerungen gegenüber der Wissenschaft als Wissenschaftsfeindlichkeit zu werten, ist verfehlt. Es geht um den Versuch, der Wissenschaft ihren legitimen Ort zuzuweisen und vor einer Wissenschaftshybris zu warnen.
Solche Warnungen finden sich etwas später auch bei Karl Jaspers. In seiner Rede zur 500-Jahr-Feier der Universität Basel sagt er: „Wissenschaftliche Sacherkenntnis ist nicht Seinserkenntnis. Denn alle Wissenschaft ist partikular, auf bestimmte Gegenstände und Aspekte, nicht auf das Sein selbst gerichtet. Wissenschaftliche Erkenntnis vermag keine Ziele für das Leben zu geben. Je klarer sie über sich selbst wird, umso entschiedener verweist sie auf einen ihr unzugänglichen anderen Ursprung, auf unsere Freiheit." (Jaspers I, S. 618)
Für Jaspers ist wissenschaftliches Erkennen stets ein „Heraustreten aus dem Ganzen" (a. a. O.), und er weiß sich darin mit führenden Wissenschaftlern einig. „Fast jeder Fortschritt der Naturwissenschaft ist mit einem Verzicht erkauft worden", zitiert er Heisenberg, „die Ansprüche der Naturforscher auf ein Verständnis der Welt werden immer geringer." (a. a. O.)
Für Jaspers ist es die Philosophie, die das durch den wissenschaftlichen Zugriff Vereinzelte wieder zusammenfasst und die gesamte Fülle umgreift. „Die Wissenschaft hat zwar befreit von Magie und Dämonen, hat aber auch die Gegenwärtigkeit des übersinnlichen Grundes verlorengehen lassen. Die Philosophie stellt das verworfene, geschichtlich Überlieferte wieder her als ein Reich der Chiffren, dieser Schöpfungen des Menschengeistes, in denen die Wirklichkeit

des Übersinnlichen aufgefangen wurde, oder in denen der Mensch die Sprache dieser umgreifenden Wirklichkeit vernahm in Symbolen, Mythen, philosophischen Spekulationen." (Jaspers I, S. 620) Im Sinne des reformpädagogischen Denkens ist solche Philosophie mehr als Wissenschaft, ist „Kunst". Das Unbehagen an der Dominanz der vereinzelten wissenschaftlichen Disziplinen im gesellschaftlichen Leben ist heute so ausgeprägt wie um die Jahrhundertwende.
Die Pädagogik steht wie alle Geisteswissenschaften in der Gefahr, naturwissenschaftliche Methoden naiv zu übernehmen und dadurch pseudowissenschaftlich zu werden. In den Naturwissenschaften führt die Reduktion der verwirrenden Fülle auf ein oder wenige sie bestimmende Gesetze zu Ergebnissen, auf denen logisch-exakt aufgebaut werden kann. In den Humanwissenschaften ist mit dem Herausarbeiten weniger Strukturmerkmale, wenn sie denn überhaupt generalisierbar sind, im Grunde nur ein Fingerzeig gegeben. Das Wissen um jedes zusätzliche Detail bringt größere Genauigkeit.
In der späteren Diskussion um das exemplarische Prinzip ist dieser Sachverhalt im Zusammenhang mit der Frage nach den Repräsentationsformen des Exemplarischen gründlich erörtert worden. (Vgl. z. B. Hans Scheuerl)
Auch heute noch verfehlt ein sehr großer Teil der sogenannten wissenschaftlichen Untersuchungen in der Pädagogik den Menschen. Ebenso unheilvoll ist der Trend der Wissenschaften vom Menschen, Teilwahrheiten als die ganze Wahrheit zu proklamieren, wie es in extremer und verhängnisvoller Weise im Marxismus und der Rassentheorie der Nationalsozialisten erfolgt (vgl. Jaspers, Psychologie der Weltanschauungen), auf niederer Ebene aber auch mit manchen kleineren empirischen Untersuchungen geschieht, die ohne Beachtung des Kontextes eilfertig generalisiert werden. Jaspers wendet sich entschieden gegen die Verdinglichung des Menschen, gegen das bloße Resultatsein, das die Fülle der spontanen Möglichkeiten des Menschseins völlig außer Acht lässt und wegen des fragmentarischen Charakters der dahinter stehenden Theorien auch gar nicht fassen kann.
Die Reformpädagogen der Jahrhundertwende versuchen dem Dilemma dadurch zu entgehen, dass sie die Wissenschaft lediglich als Vorstufe zu dem verstehen, was erst in der „Kunst" seine momentane Gültigkeit erhält.
Auf den Lehrberuf bezogen wird gefordert: „Unser Wirken sei ein untrennbares Ineinander von Wissenschaft und Kunst!" (Münch, S. 47) Das ist bei dem Beruf des Arztes nicht anders, wo es nicht einfach um die Anwendung ärztlicher Praktiken und Techniken geht, sondern um das, „was sich zwischen Arzt und Pflegling gleichsam in der Tiefe abspielt" (a. a. O.) und die ärztliche Kunst ausmacht. Eine so verstandene Kunst erschöpft sich im Unterricht nicht mit dem Aufhängen und Betrachten von Bildern, sondern muss „unter der Oberfläche des Unterrichts" in allen Fächern wirksam sein. „Kunst ist die Kraft, die immer Wert und Scheinwert scheidet und den Wesenskern der Dinge erfasst. Kunst ist das Glück innerlicher Bereicherung, Kunst ist der Inhalt jener Augenblicke, in denen sich Rezeptives in produktive Kräfte umwertet und Erfahrungen zu Willensimpulsen

werden. Kunst ist also für uns nicht zuerst die Summe der Künste, sondern Kunst ist Kraft!" (Münch, S. 50 f.)

Von zahlreichen an der Kunsterziehung orientierten Reformpädagogen wird der Bildungsprozess im Spannungsfeld von Eindruck und Ausdruck gesehen. Dem Kind wird durch das Bekanntmachen mit dem bildnerischen, musischen und sprachlichen Kunstwerk die Möglichkeit des „inneren Schauens", zum Aufnehmen der Stimmungen, zum Spüren der Rhythmen und damit zum Durchstoßen des oberflächlich Wahrnehmbaren gegeben. Der Wunsch des Kindes und die dazu gegebene Möglichkeit, das Aufgenommene wiederzugeben, weiterzuspinnen und dabei in den unterschiedlichsten Darstellungsformen - im Wort, im Spiel, im Bild, in Tonfolgen oder Tänzen - zu gestalten, führt zu geistiger Durchdringung. Je mehr dem Kind die Darstellungsform freigelassen wird, umso mehr Eigenes wird in den Ausdruck einfließen - umso intensiver der Bildungsprozess ablaufen

Die Forderung nach dem Spannungsfeld Eindruck-Ausdruck finden wir z. B. bei Otto Karstädt im Vorwort zu seiner Schrift „Dem Dichter nach" formuliert, aber vorher bereits im Ansatz von Scharrelmann und Gansberg und auch von den Reformern der Leipziger Grundschulen impliziert. Etwas später treten ganz ähnliche Vorstellungen in der Freinet-Pädagogik auf.

Wie sehr alle diese Vorstellungen am Vorbild der Maler jener Zeit orientiert sind, macht Münch deutlich. Er weist darauf hin, dass die Kunst der Impressionisten die Malerei aus ihren alten Gleisen drängte. Nun soll die neue Auffassung von Kunst auch die Pädagogik aus ihren ausgefahrenen Spuren drängen. „Um auch die Aufsatzkunst aus den Fesseln alter Überlieferungen zu lösen," (Münch, S. 97) und das gilt für die anderen Unterrichtsbereiche ebenso, wird der Impressionismus in die Schulen kommen müssen. Und folgerichtig macht Münch mit seinen Schülern impressionistische Aufsatzübungen.

Doch erst der Schritt zum Expressionismus, findet Münch, bringt die volle Befreiung, die neue Tiefe, das Schöpferische voll zur Geltung.

Tatsächlich überwinden denn auch die Maler der Zeit wie Wassily Kandinsky, Franz Marc oder Paul Klee die naturalistische Oberfläche, die eindimensionale Wirklichkeit in der Überzeugung, „dass das Sichtbare im Verhältnis zum Weltganzen nur isoliertes Beispiel ist und dass andere Wahrheiten latent in der Überzahl sind." (Klee in Grohmann, S. 17) Damit wenden sie sich - wie Gleichgesinnte auf anderen Bereichen - vom Geist der bürgerlichen Gesellschaft ab.

Der Gegenstand offenbart einen ungeahnten Reichtum, indem er durch den Künstler in sein Inneres und seine Lebensfunktionen, in die Gesetze seines Lebens sowie die irdische und kosmische Weltverbundenheit erweitert wird. (Vgl. Grohmann, S. 27) So erst wird Kunst wirklich schöpferisch und wird von Marc und Klee geradezu als Nachempfinden des göttlichen Schöpfungsaktes beschrieben, wobei sich das Ewig-Objektive im Zeitlich-Subjektiven äußert. Auf die metaphysische und religiöse Bedeutung der expressionistischen Kunst haben Karl Barth und besonders Paul Tillich in ihren Schriften hingewiesen.

Vorbilder für den Ausdruck des tiefen elementaren Erlebens einer seelisch erfahrbaren Wirklichkeit werden zu dieser Zeit in der Kunst der Primitiven, der Kunst des Mittelalters und in der Buntheit der Volkskunst gesehen.
Die Zahl der Künstler, die zur Avantgarde zu zählen sind, ist groß. Cézanne, van Gogh, Gauguin und Matisse weisen den Weg zum Expressionismus. In Deutschland schließen sich 1905 Kirchner, Heckel und Schmidt-Rottluff zur „Brücke" und damit zum Kampf gegen Bürgertum und Naturalismus zusammen. Emil Nolde und andere Maler kommen hinzu. 1911 gründen Kandinsky und Marc die Künstlervereinigung „Blauer Reiter", der deutsche und russische Maler, aber auch Musiker und Tänzer angehören, mit dem gemeinsamen Ziel einer Erneuerung der Kunst aus dem Geiste.
Zum Umfeld der auf Schule und Erwachsenenbildung bezogenen Kunsterziehungsbewegung gehört auch der etwas später - nach Vorläufern wie Wedekind (Frühlingserwachen) und Strindberg - einsetzende Expressionismus in der Literatur. Auch hier zeigt sich Umformung des oberflächlich Wahrgenommenen durch innere Bildkraft, Vergeistigung, Typisierung und Symbolisierung wie bei den Malern. Hier geht es um Erneuerung im geistig-seelischen und im sozialen Bereich, um Anklage gegen das Bürgertum und um das Bild des neuen Menschen wie in der Jugendbewegung. Auch das Pathos dieser Richtung findet sich ganz ähnlich in der Jugendbewegung.
In der Lyrik gehören etwa Trakl, Werfel, Lasker-Schüler und der späte Rilke zu dieser Richtung, als Dramatiker Sternheim und Barlach und in der Prosa Gottfried Benn, Alfred Döblin und Heinrich Mann neben anderen.
In der Musik entwickeln sich unabhängig zwei Strömungen. In Europa finden die Wiederbelebung des Volksliedes (Fritz Jöde, Martin Luserke) und die rhythmische Musikerziehung von Emile Jacques Dalcroze und seinem Schüler Rudolf Bode wie auch die Spielscharen (Georg Götsch) große Resonanz.
In Amerika gehören die Jazz-Musiker zur Avantgarde des Aufbruchs. Die Improvisation, die eigene unverwechselbare Tonbildung, der Rhythmus als Ordnungsfaktor der Musik entsprechen ganz der allgemeinen Stimmungslage, in der das Spontane, Kreative und Individuelle sehr geschätzt wird, aber auch das Gefühlsbetonte - wie z. B. im Spiritual - beliebt ist.
Literatur: Berendt, J. E., Das Jazzbuch, Frankfurt a. M. 1953
Grohmann, W., Der Maler Paul Klee, Köln 1977
Jaspers, K., Mitverantwortlich. Ein philosophisch politisches Lesebuch, Gütersloh o. J. (Jaspers I)
Jaspers, K., Psychologie der Weltanschauungen, Berlin (1919) 1960
Langbehn, A. J., Rembrandt als Erzieher, in: Lorenzen, H. (Hg.), Die Kunsterziehungsbewegung, Bad Heilbrunn 1966
Münch, P. G., Rund ums rote Tintenfass. Essays über den Schüleraufsatz, Leipzig 1908
Scheuerl, H., Die exemplarische Lehre. Sinn und Grenzen eines didaktischen Prinzips, Tübingen 1958

NEUE ANTHROPOLOGISCHE VORSTELLUNGEN

1922 spricht Gustav Friedrich Hartlaub vom „Genius im Kinde" und meint Fähigkeiten im Erwerb von Sprachen und in der Sprachschöpferkraft, das phänomenale Gedächtnis, besonders das optische, das Fragen und Forschen, wie es später fast nur noch im Genie wirkt. Für Hartlaub ist das eine Naturkraft des „Naiven", die Erziehung bewahren muss, indem sie dem Tun, Sagen und Bilden des Kindes Möglichkeiten bereitstellt und einen kindlichen Stil fördert.
Hartlaub knüpft mit seinen Aussagen an Vorstellungen an, die um die Jahrhundertwende von Pädagogen, Psychologen und Philosophen geäußert werden. Es muss ein naturgegebenes Kraftzentrum im Kind angenommen werden, wenn ihm Spontaneität möglich ist, wenn es schöpferisch tätig werden kann, wenn es im frühen Alter zur Selbstständigkeit im Stande ist, falls es sich nur möglichst ungehindert entwickeln darf.
Ellen Key findet, das Kind wisse aus seinem „inneren Lebenstrieb" heraus, was seiner Entwicklung dienlich sei. Berthold Otto meint, es gebe eine „innere organische Zielstrebigkeit", die dem Kind eine instinktsichere Entfaltung garantiere, und Maria Montessori sagt: „Im Individuum ist eine vitale Kraft tätig, die es zu seiner Entfaltung führt." (Montessori, S. 77)
Die Selbstentfaltung zur Individualität und darüber hinaus zur Persönlichkeit meint die harmonische Ausbildung aller Kräfte, wie Humboldt das bereits gesehen hatte, und führt von einer unentfalteten zu einer entfalteten Ganzheit. Es ist auch der von Pestalozzi vertretene Gedanke, die Kinder nicht nach dem eigenen Bilde zu formen, sondern nur Handreichung zu geben, damit das von der „Natur", dem „Göttlichen" Gewollte sich Bahn breche.
Zurückführen lässt sich diese Gedankenrichtung auf Aristoteles. Nach dessen organologischem Bildungsbegriff hat der Mensch seine Wesensform von Geburt an als natürliche „Anlage" in sich, nicht als eine neutrale, sondern von vornherein auf den Endzweck gerichtete Anlage, und deshalb strebt der Mensch in spontaner Aktivität nach Selbstverwirklichung.
Wir können Thomae folgen, wenn er feststellt: „Im Personalismus von W. Stern entstand schließlich eine philosophische Psychologie, welche sowohl aristotelische Denkprinzipien wie anthropologische Konzeptionen der deutschen Klassik (Herder, Goethe) aufgriff und die Selbstentfaltung, den Imperativ des 'Werde der du bist' zum 'innersten Kern' des Verhaltens machte. In gleicher Richtung

liegen in der Gegenwart Intentionen von K. Goldstein, C. Rogers, A. Maslow u. a.." (Thomae in: Handbuch der Psychologie, hrsgg. von K. Gottschaldt u. a., Bd. VI, S. 417)

Psychische Aktivität als Reaktivität, wie Herbart das gelehrt hatte, kann nun nicht mehr Richtschnur für den Unterricht sein. Es gilt vielmehr, im Sinne Rousseaus, einen Rahmen zu schaffen, in dem sich das Kind bei seiner Entwicklung frei bewegen kann, eine „kindgerechte Umwelt" (Korczak), eine „vorbereitete Umgebung" (Montessori), eine „pädagogische Situation" (Petersen). Die vornehmste Aufgabe des Erziehers ist nun nicht mehr zu lehren, sondern das Kind möglichst „in Frieden" zu lassen (Key), auf die Fragen der Kinder zu antworten (Rousseau, Otto, Gaudig), Möglichkeiten für selbstverantwortetes Arbeiten zu schaffen (Korczak, Freinet, Petersen), zu beobachten (Montessori, Korczak), die Individualität des Schülers anzunehmen, zu verzeihen, zu lieben, tolerant zu sein (Korczak, Otto).

Die z. T. sehr unterschiedlichen Ausprägungen dieser Grundüberzeugungen in der praktischen Schularbeit sind in den Kapiteln über die betreffenden Pädagogen dargestellt.

Die in Gang gekommenen reformpädagogischen Veränderungen erhalten ab etwa 1910 neue Impulse durch die Gestaltpädagogen der „Berliner Schule", die sich 1933 fast alle gezwungen sehen, in die USA zu emigrieren. Am Beginn der Gestaltpsychologie stehen Untersuchungen, die Max Wertheimer (1880 - 1943) durchführt. Es werden optische und akustische Wahrnehmungsgestalten, aber auch bei Denkverläufen u. dgl. Gestalten gefunden, die sich als gegliederte Ganze aus einem diffusen Grund abheben und stets mehr als die Summe ihrer Teile sind. Neben Wertheimer prägen Kurt Koffka und Wolfgang Köhler (Primärformen produktiven Denkens bei Schimpansen) die Gestaltpsychologie, deren Erkenntnisse z. B. zu einem neuen methodischen Denken beim Lesenlernen, in der Mathematik und in anderen Fächern führen.

Die Arbeiten der Berliner Schule und der Gestaltpsychologen der Leipziger Schule um Felix Krueger (1874 - 1948) basieren u.a. auf einer Abhandlung über Gestaltqualitäten, die Christian von Ehrenfels (1859 - 1932) bereits 1890 vorgelegt hatte, und finden in Deutschland ihre Fortführung mit Arbeiten von Wolfgang Metzger und Edwin Rauch.

Literatur:
Wertheimer, M., Produktives Denken, Frankfurt 1957

Metzger, W., Schöpferische Freiheit, Frankfurt 1962

IDENTITÄT VON WORT UND TAT

Die Reformpädagogik der Jahrhundertwende erschöpft sich keineswegs im Aufgreifen und Ausdifferenzieren Rousseauscher Gedankengänge, wenn das bei Ellen Key auch noch den Anschein haben mag. Dann aber bleibt die Reformpädagogik gerade nicht bei unverbindlichen Gedankenspielen und fiktiven Beispielen stehen, sondern wird überall Pädagogik der Tat und formt sich unter den aus der Erziehungswirklichkeit kommenden Anforderungen neu. Darin steht sie Fröbel und Pestalozzi nahe - und gerade nicht Rousseau. Dieses Praktisch-Werden des Gedankens - und damit auch das „Denken und Tun" im Goetheschen Sinne - entwickelt sich während der reformpädagogischen Epoche zu einem ihrer Hauptmerkmale.

Am ausgeprägtesten meinen viele Reformpädagogen das Streben nach Identität von Wort und Tat bei Leo Tolstoi (1828 - 1910) vorzufinden, dessen Werke und vor allem dessen Persönlichkeit auf die heraufkommende Reformpädagogik ebenso wirken wie auf die Kunst des ausgehenden 19. und des beginnenden 20. Jahrhunderts. Auch Rilke erhält über eine Begegnung mit Tolstoi entscheidende Impulse für die Entwicklung seiner Persönlichkeit, was sich besonders in seinem „Stundenbuch" niederschlägt.

Die Reformpädagogen spricht an, dass Tolstoi mit schonungsloser Ehrlichkeit das Unechte und Scheinhafte bloßstellt, das einfache Leben verherrlicht, die sozialen Ungerechtigkeiten beklagt und die gesellschaftlichen Konventionen seiner Zeit als verlogen hinstellt. Seine Übertreibungen stören sie nicht, glauben sie doch selbst, das verkrustete gesellschaftliche Gefüge nur durch Überpointierung erschüttern und positiv verändern zu können.

Das Streben nach Identität von Wort und Tat aber bleibt das Entscheidende. Bereits Lichtwark redet und schreibt nicht nur über die Betrachtung von Kunstwerken, sondern geht mit Schülern „vor Ort" in die Hamburger Kunsthalle. Nohl und Flitner bleiben nicht bei Vorlesungen über Erwachsenenbildung stehen, sondern gründen Volkshochschulen. Montessori bringt ihre Pädagogik im Casa dei Bambini zur Bewährung, Petersen seinen Jena-Plan in der Universitätsschule in den praktischen Vollzug. Dewey ist Erziehungsphilosoph, Anreger schulpraktischer Umgestaltungen und empirischer Forscher in einer Person. Kerschensteiner gestaltet die Berufsschule neu, und Gaudig setzt seine freie geistige Schularbeit nicht nur in ihrem theoretischen Ansatz, sondern auch in ihrem praktischen Vollzug in der Schulstube der Kritik aus. Reichwein und Otto, Freinet und Decroly gewinnen ihre Einsichten in ständiger Interdependenz von Theorie und Praxis. Ganz zu schweigen von den Landerziehungsheimen und der Jugendbewegung, wo eine nur theoretische Reflexion des Erzieherischen als blanker Unsinn verstanden würde.

Die gesamte reformpädagogisch orientierte Pädagogenschaft dieser Epoche, ob der jeweilige Arbeitsschwerpunkt mehr in der Universität oder der Schule liegt, ist sich darin einig, Theorie und Praxis so sehr als eine unauflösbare Einheit zu verstehen, dass ein Tätigwerden in diesem Bereich immer auch ein Tätigwerden in Theorie und Praxis bedeutet und die eigene Person als Ganzes in den Prozess einzubringen ist.

Diese reformpädagogische Grundhaltung bestimmt in Deutschland auch die Restaurationsphase nach 1945 und den pädagogischen Aufbruch der Gegenwart. Das zeigt bereits die in den 50er und 60er Jahren auf hohem Niveau geführte Diskussion um die Reichweite des exemplarischen Lernens (vgl. Wilhelm Flitner, Martin Wagenschein). Im universitären Bereich entstehen vielerlei „Arbeitsstellen" (für Ausländerpädagogik, Schule - Wirtschaft, Reformpädagogische Arbeitsstellen, Laborschule) und bilden zusammen mit Lernwerkstätten, pädagogischen Werkstätten und Werkstätten für spezielle Wissenschaftsbereiche die Aktionsbasen für Handlungsforschung und Lehr-Lern-Forschung, deren Ergebnisse das wissenschaftliche Fundament der Pädagogik zunehmend verbreitern und festigen.

In den Lehrplänen mehrerer Bundesländer werden die in den Präambeln traditionell sehr allgemein formulierten Erziehungsziele neuerdings konkretisiert, so dass die Identität von Wort und Tat wahrscheinlicher wird.

NATIONALE UND INTERNATIONALE TENDENZEN DER REFORMPÄDAGOGIK

In den Schriften, die an der Schwelle zur Reformpädagogik veröffentlicht werden, findet sich ein deutlicher Trend für eine nationale Erziehung. Zeigt sich das bereits im häufigen Bezug auf Fichtes „Reden an die deutsche Nation", so wird diese Tendenz mit August Julius Langbehns Schrift „Rembrandt als Erzieher", die 1889 erscheint und hohe Auflagen erzielt, besonders deutlich. Langbehns Kulturkritik und sein Plädoyer für eine Rückbesinnung auf schöpferisches Menschentum sowie seine Forderung nach echter Kunst sind ganz auf die Erziehung des Deutschen gerichtet. Das ist bei Alfred Lichtwark nicht anders, der 1901 in einer Rede auf dem 1. Kunsterziehungstag der Frage nachgeht, welche Charaktereigenschaften, Kräfte und Fähigkeiten für den Deutschen der Zukunft angestrebt werden müssen.
Ausgeprägt findet sich der nationale Gedanke auch bei Hermann Lietz, der in seinem Buch „Deutsche Land-Erziehungs-Heime" u. a. fordert: „Erziehung zu nationaler Gesinnung und Tat als der selbstverständlichen Voraussetzung und Grundlage unseres Lebens." (S. 4)
Die Betonung des nationalen Gedankens entwickelt sich natürlich nicht erst durch die Reformpädagogik, sondern hat eine lange Tradition. Ausgeprägtes Nationalbewusstsein finden wir im europäischen Raum bereits im Mittelalter, besonders in Frankreich. Und auch der Humanismus entwickelt nicht nur weltbürgerliche, sondern auch nationale Ideen. Auf die Reformpädagogik wirkt sicherlich das über die Einigungsbewegungen in Deutschland und Italien aktivierte Nationalbewusstsein.
Andererseits ist das Deutschland der Kaiserzeit in mancher Weise weltoffen. So unternehmen viele deutsche Maler Auslandsreisen. Nolde begegnet 1888 während eines längeren Aufenthaltes in Paris Signac. Karl Hofer hält sich mehrmals in Montparnasse auf. Paula Modersohn-Becker ist 1900 und 1906 in Paris. Rilke knüpft enge Kontakte zu Rodin, um nur einige zu nennen.
Bereits um 1900 erwerben die größten deutschen Museen Bilder ausländischer Impressionisten. Und vor dem 1. Weltkrieg gibt es in Deutschland bereits mehrere Ausstellungen der Maler der neuen Kunstrichtungen.
Lietz reist zu Reddie nach Schottland, um zu lernen. Und Reddie erhält Anregungen von Rein in Jena. Es wäre „sehr falsch", schreibt Golo Mann in seinem Werk „Deutsche Geschichte des 19. und 20. Jahrhunderts", „sich das öffentliche

Leben unter Wilhelm II. als eine dauernde Krise vorzustellen. Es lebte sich bequem unter des Kaisers persönlichem Regimente. ... Bewundernswertes in der Förderung des Gesunden und Schönen leistete die Selbstverwaltung der Kommunen. Von weither kamen die Fremden, die in der geistreichen Arbeitswelt Berlins, in der behaglich freieren, gastlichen Atmosphäre Münchens oder Dresdens zu leben wünschten. Auf die Errungenschaften des liberalen Zeitalters war Verlass. Mochte das Beamtentum raubeinig sein, es kannte seine Pflichten und die Rechte der Bürger. Eben dies gab Wilhelms Cäsarengesten den Anschein harmloser Lächerlichkeit. Wie bedrohlich er sich auch vernehmen ließ gegen 'Schwarzseher und Reichsfeinde, gegen die rote Rotte der Sozialdemokratie', gegen impressionistische Malerei und naturalistisches Theater, er kam doch nicht an gegen die festgefügten Sicherungen des Rechtsstaates und wollte gar nicht ernsthaft dagegen ankommen. Der Geist war frei." (S. 498 f.)

Nationale Erziehung wird vielfach, wie schon von Herder mit seiner Lehre von der Individualität der Völker, die sich in ihrer Sprache kundtut, und von Nietzsche als der Ausgangspunkt für ein übernationales Denken betrachtet. Wer in der Kultur des eigenen Volkes tief verwurzelt ist, kann allererst andere Kulturformen in ihrer Größe erkennen und muss sie respektieren und vielleicht sogar schätzen lernen.

Der Gedanke einer übernationalen Erziehung wird in Paul Geheebs Landerziehungsheimen eindrucksvoll gelebt. Wohl ist der Kreis der „Schutzpatrone" seiner Odenwaldschule auf deutsche Geistesgrößen wie Fichte, Herder, Humboldt, Goethe, Schiller beschränkt, nach denen auch einzelne Häuser benannt sind. Freies geistiges Leben kennt für Geheeb aber keine nationale Enge. Ihm geht es um Menschenbildung schlechthin, bei der unterschiedliche Hautfarben, nationale, rassische oder Religionszugehörigkeiten keine Grenzen bilden. In seiner Ecole d´Humanité im schweizerischen Goldern leben die einzelnen Kulturgemeinschaften in eigenen Häusern, um dann bei praktischen Arbeiten und in zahlreichen Kursen mannigfache Kontakte miteinander zu haben.

Eine ebenso große Internationalität zeichnet das pädagogische Konzept des Kurt Hahn aus, der die internationale Verständigung als den wichtigsten Orientierungspunkt seiner Pädagogik versteht und dem durch die Einrichtung der Atlantic Colleges (siehe dort) die Realisierung dieses Gedankens gelungen ist.

Hier wird eine Linie verfolgt, die bei den meisten Reformpädagogen nachweisbar ist. Die Unterschiedlichkeit der Kinder in allem wird bei Ellen Key, Berthold Otto, Maria Montessori, Janusz Korczak, Peter Petersen, um nur einige zu nennen, nicht als etwas Defizitäres begriffen, das mit allen nur erdenklichen pädagogischen Mitteln auf die gleiche Norm eines idealen Menschenbildes gehoben werden müsste, sondern als eigentlicher Reichtum des Lebens, als Chance, Menschsein sich in den unterschiedlichsten Ausprägungen entfalten zu lassen, solange die Rechte anderer nicht verletzt werden und dabei die anderen respektiert und geachtet werden.

Bei einer solchen Sichtweise des Menschen kann es Leistungsvergleiche in einzelnen schulischen Bereichen, aber keine Vergleiche zwischen den verschiedenen Individuen geben, die auf ein Besser oder Schlechter hinauslaufen, sondern immer kann nur das Anderssein festgestellt und als Bereicherung für alle empfunden werden, wodurch Hass und Neid weitgehend ihre Basis verlieren.

Wer das Anderssein der einzelnen Individuen zutiefst begrüßt, wird auch das Anderssein der verschiedenen Völker als natürlich und prinzipiell begrüßenswert empfinden und die im Kleinen eingeübte Toleranz auf das Zusammenleben der Völker übertragen. Hier wird Reformpädagogik Friedenspädagogik.

Die Reformpädagogik tendiert im Verlaufe ihrer Entwicklung immer stärker zur Internationalität hin. Das belegen die zahlreichen wechselseitigen Besuche der Pädagogen über die Landesgrenzen hinweg ebenso wie die wechselseitige Antizipation des Gedankengutes über Schriften und internationale Konferenzen. Motor dieser Entwicklung sind nicht zuletzt die Aktivitäten des Weltbundes für Erneuerung der Erziehung (New Education Fellowship), der seit den zwanziger Jahren nicht nur in Europa, sondern auch in Nordamerika, Afrika, Australien, Indien, China und Japan tätig ist.

REFORMPÄDAGOGIK UND FASCHISMUS

Wenn wir bereits die Wandervogelbewegung als in sich nicht homogen bezeichnen mussten, gilt das in weit stärkerem Maße für die reformpädagogischen Strömungen dieser Zeit insgesamt mit ihren unterschiedlichen weltanschaulichen Hintergründen, spezifischen Zielstellungen und internationalen Verflechtungen, die das Verbindende der neuen Sicht des Lernens und des Menschseins überhaupt in vielen Fällen stark überlagern. Wir verzichten deshalb auf pauschale Beurteilungen und fragen lieber nach dem Verhalten und dem Schicksal einzelner Männer und Frauen in dieser Zeit.

Zu der Gruppe, welche die Gefahren des heraufkommenden Nationalsozialismus bereits früh deutlich sieht, gehört Adolf Reichwein. Reichwein sieht sich nach zehnjähriger Mitarbeit in der Jugendbewegung als Volksbildner. In Vorträgen für Jungarbeiter, als Dozent in der Volkshochschularbeit und als Leiter der Volkshochschule Jena versucht er, Bildung auf eine breite Basis zu stellen und dabei „eine soziale und geistige Gemeinschaft zwischen Arbeitern und Akademikern, zwischen Proletariat und Bürgern" zu stiften (Miller, S. 25). Er selbst rechnet sich zur Gruppe der religiösen Sozialisten. Lange zögert er, einer politischen Partei beizutreten. Aber nach den alarmierenden Erfolgen der Nationalsozialisten bei den Wahlen tritt er 1930 der SPD bei.

Mit Hitlers Machtübernahme verliert Reichwein seine Professur an der Pädagogischen Hochschule Halle, die er seit 1930 inne hat. Zu dieser Zeit erhält er den Ruf auf eine Professur in der Türkei, lehnt jedoch ab und nimmt statt dessen die Rückstufung auf das Amt eines Dorfschullehrers in Kauf. Er nimmt wohl an, der braune Spuk werde schnell vorübergehen. Sodann glaubt er, wie viele andere auch, diese Zeit unbeschadet überstehen zu können, ohne sich dem Regime zu beugen. Manches deutet darauf hin, dass er zu jenen aus der Jugendbewegung kommenden Persönlichkeiten gehört, die während der ersten Zeit der Nazi-Herrschaft glauben, das neue Regime von innen her humanisieren zu können. Die neuen Machthaber bedienen sich ja tatsächlich teilweise ihrer Begrifflichkeit. Viele erkennen erst später, dass die ihnen vertrauten Begriffe und Lebensformen unter dem neuen inhumanen rassistischen Sinnhorizont eine nicht zu akzeptierende Bedeutung und einen völlig neuen Stellenwert erhalten und sie zu diesem Zeitpunkt dem brutalen Vorgehen der Machthaber bereits völlig ausgeliefert sind.

So ist auch die Begrifflichkeit in Reichweins Schriften aus dieser Zeit keine Anbiederung an das neue Regime, sondern Tradition, die von den Nazis bedenkenlos unterhöhlt wird. - Zum Verbleib in Deutschland veranlassen Reichwein wohl auch familiäre Gründe. Nach weitgehender politischer Abstinenz bis 1939 knüpft Reichwein, besonders nachdem er Leiter der Abteilung „Schule und Museum" im Volkskundemuseum Berlin geworden ist, alte Bekanntschaften neu, mit Sozialdemokraten, die qualvolle Zeiten in Gefängnissen und Konzentrationslagern verbracht haben. Und bald wird sein Büro Treffpunkt für Gegner des Regimes und Reichwein, bei seinen zahlreichen Verbindungen zu Persönlichkeiten in den verschiedenen Schichten der Bevölkerung, wichtige Kontaktperson, bis er von der Gestapo verhaftet, in einem Schauprozess durch Freisler angeklagt und in Plötzensee hingerichtet wird.

1942 bringen Nazi-Schergen den großen polnischen Reformpädagogen Janusz Korczak, den „polnischen Pestalozzi", zusammen mit seinen Waisenkindern im Vernichtungslager Treblinka um.

In Deutschland wird neben vielen anderen Aloys Fischer, der sich besonders um die wissenschaftliche Klärung reformpädagogischer Begriffe verdient gemacht hat, 1937 zwangsemeritiert. Seine jüdische Frau kommt im Konzentrationslager Theresienstadt um, und Fischer stirbt völlig zerbrochen ein Jahr später.

Zahlreiche Reformpädagogen gehen in die Emigration und versuchen, dort weiter im Sinne ihres reformpädagogischen Denkens zu arbeiten. So verwirklicht Paul Geheeb, der Schulgründer der Landerziehungsheime Wickersdorf und Odenwaldschule seine Idee der Gewaltlosigkeit und des Vertrauens auf den Menschen in der „Ecole d'Humanité" in der Schweiz. Kurt Hahn, der Salemgründer, sieht sich 1934 zur Emigration gezwungen, nachdem er die Alt-Salemer aufgefordert hatte, ihr Treueverhältnis zu Hitler oder zu Salem zu lösen und als Jude in sogenannte „Schutzhaft" genommen wurde. Ihm gelingt im schottischen Gordonstoun die Fortführung seiner reformerischen Ideen.

Anna Essinger, die Gründerin des Landerziehungsheims Herrlingen b. Ulm, emigriert 1933 nach England und gründet dort „New Herrlingen" (Bunce Court School). Max Bondy, der 1920 ein Landerziehungsheim bei Bad Brückenau gründet, das nach Bad Gandersheim und schließlich 1928 nach Marienau bei Hamburg übersiedelt, sieht sich 1936 zur Emigration gezwungen. Fridolin Moritz Max Friedmann, der Leiter des jüdischen Landschulheims Caputh bei Potsdam, emigriert 1939 nach England. (Einen umfassenden Überblick über die von den Nationalsozialisten verdrängten Pädagogen gibt Hildegard Feidel-Mertz in ihrem Buch „Schulen im Exil. Die verdrängte Pädagogik nach 1933".)

Zu den Reformpädagogen, die das totalitäre, menschenverachtende Regime des Faschismus spät durchschauen, gehört Maria Montessori. Als Mussolini 1922 seinen Marsch auf Rom unternimmt, hat sich die Montessori-Pädagogik bereits in zahlreichen Ländern der ganzen Welt ausgebreitet, in Italien selbst aber nur mäßige Beachtung gefunden. Darauf weist Montessori den neuen italienischen Staatschef Mussolini im Winter 1923/24 in einem Brief hin. „Die daraufhin erfolgende Begegnung führte zur ersten offiziellen Anerkennung und verbreiteten Einführung des Montessorischen Systems durch die italienische Regierung - ein bemerkenswert ironischer Umstand, wenn man das Wesen dieses Systems und jener Regierung bedenkt." (Kramer, S. 338) Was kann Maria Montessori zu diesem Zeitpunkt bewegen, einen derartigen Pakt einzugehen? Zunächst gehört Montessori wohl zu jener Gruppe von Intellektuellen, die glaubt, das Regime von innen her unterwandern und human gestalten zu können. Sie ist so sehr von der Wirkung ihrer Methode überzeugt, dass sie die rigoros gehandhabte Macht des totalitären politischen Systems völlig unterschätzt. Mussolini, so vermutet Rita Kramer, fühlt sich von dem angezogen, was Maria Montessori „Ordnung" und „Disziplin" nennt (S. 339), ohne das im Sinne Montessoris zu verstehen. Denn wenn Montessori die Entwicklung des Einzelnen anregen will, ihn dabei zu einer aus seinem Inneren kommenden Ordnung und Disziplin bringen und die Kinder zu selbstständigen und selbstbewussten Persönlichkeiten führen will, hat Mussolini äußere, befohlene Ordnung und blinden Gehorsam im Sinn. Wie so oft in dieser Zeit wird unter dem gleichen Begriff Unterschiedliches und völlig Kontroverses verstanden. Natürlich mag Montessori auch vor manchem, was sich auf Italiens Straßen abspielt, die Augen verschließen, um die Ausbreitung ihrer Methode nicht zu gefährden, die sie euphorisch und mit Sendungsbewusstsein betreibt. Immerhin bleibt es erstaunlich, dass es bis 1934, also mehr als 10 Jahre, dauert, bis Montessori den Bruch mit dem faschistischen Regime vollzieht. Nun allerdings ist der Bruch endgültig, und die italienische Regierung schließt alle Montessori-Schulen des Landes, während Maria Montessori ihr pädagogisches Werk in Spanien und später in Indien fortführt.

In Deutschland erleiden zahlreiche reformpädagogisch orientierte Schulen ebenfalls das Schicksal der Schließung. Einige Landerziehungsheime arbeiten unter erschwerten Bedingungen weiter und bewegen sich auf dem schmalen Grat zwischen äußerlicher Akzeptanz der politischen Gegebenheiten und der Bewahrung des christlich-humanistischen Menschenbildes reformpädagogischer Tradition. Für die reformpädagogische Bewegung ist nicht nur das Verbot ihrer Jugendbünde und die Schließung oder „Gleichschaltung" zahlreicher reformpädagogisch orientierter Schulen verhängnisvoll, sondern auch die Zerstörung ihres geistigen Umfeldes oder doch die völlige Abschottung davon. Maler und Schriftsteller, die zu diesem anregenden Umfeld gehören, werden als „entartet" diffamiert und mit Berufsverbot belegt, die Bücher verbrannt. So trocknen die erhalten gebliebenen Schulen zunehmend geistig aus und haben alle Mühe, die Schüler vor den einseitigen Sichtweisen der Machthaber zu schützen.

Literatur: Feidel-Mertz, H., Schulen im Exil. Die verdrängte Pädagogik nach 1933, Reinbek bei Hamburg 1983

Kramer, R., Maria Montessori, Frankfurt a. M. 1983

Miller, S., Adolf Reichwein - seine Bedeutung im antifaschistischen Widerstand, in: Max-Traeger-Stiftung (Hg.), Schafft eine lebendige Schule. Adolf Reichwein 1898 - 1944, Heidelberg 1985

REFORMPÄDAGOGIK UND RELIGION

Wer die Reformpädagogik als eine von zahlreichen unterschiedlichen Impulsen beeinflusste und alle Schichten der Bevölkerung durchziehende breite Bewegung begreift, wird keine einheitliche Haltung der während dieser Zeit wirkenden Pädagogen gegenüber der Religion erwarten.
Einen engen Bezug zur Religion finden wir bei mehreren Gründern von Landerziehungsheimen. Schon bei Cecil Reddie findet sich mit der „Chapel" und den dort stattfindenden Morgen- und Abendgottesdiensten ein meditativer christlich orientierter Mittelpunkt des Lebens, der im gesamten Leben des Hauses eine Entsprechung finden soll. Andererseits sind die Stunden in der Chapel nicht nur auf Bibel und Gebetbuch gestützt, sondern auch offen für Lesungen aus den Werken großer Dichter.
Lietz und Geheeb, beide mit einem absolvierten Theologiestudium, schließen mit ihrer „Kapelle" bzw. den „Andachten" hier an. Dabei handelt es sich um eine überkonfessionelle Religiosität, die bei Geheeb immer wieder in eine Klarheit verschaffende Meditation einmündet. Bernhard Hell schließlich gründet 1930 mit der Urspringschule ein Landerziehungsheim als „Evangelische Schulgemeinde", die Rousseaus Ideal der Natur ebenso wie den Idealismus im Sinne Fichtes durch Orientierung am Christentum überwinden soll. (Hell, S. 30 ff.)
Am christlichen Glauben orientiert sind auch die Schulentwürfe von Petersen und Montessori. Petersen macht besonders in seinen Schriften „Der Ursprung der Pädagogik" (Leipzig 1931) und „Führungslehre des Unterrichts" (Braunschweig 1959[6]) den engen Bezug seines Denkens zur christlichen Religion deutlich. Maria Montessori wendet sich im Verlaufe ihres pädagogischen Wirkens zunehmend den Lehren der katholischen Kirche zu, nimmt Wendungen aus der religiösen Sprache auf und legt religionspädagogische Schriften vor.
Bei den genannten Pädagogen treten zu den theologischen Begründungen der Erziehungskonzeption auch philosophische. Eine ausgesprochen philosophische Fundierung der Erziehung erfolgt bei Kurt Hahn, der sich auf Platon bezieht.
Gegen Ende des 19. Jahrhunderts sieht sich das Schulfach Religion heftiger Kritik ausgesetzt, die sich auf die Auswahl der Inhalte ebenso bezieht wie auf die angewendete Methode der Katechese. Es wird gefordert, den Religionsunterricht an den Schulen grundlegend zu verändern, aber auch, ihn ganz abzuschaffen. Ein Vorstoß der Bremer Lehrer Scharrelmann und Gansberg wendet sich gegen die dogmatische Verengung des Religionsunterrichts und zielt darauf ab,

religiöse Elemente in einen Moralunterricht einzubeziehen. Scharrelmann plädiert, entsprechend seiner erlebnisbetonten pädagogischen Einstellung, für einen religiösen Gelegenheitsunterricht, der den gesamten Unterricht durchziehen und nicht in erster Linie Wissen, sondern ein Gefühl der Geborgenheit in Gott vermitteln soll.
1908 veröffentlichen religionspädagogische Reformer das „Zwickauer Manifest", und 1912 legt der „Bund für die Reform des Religionsunterrichts" ein weiteres Papier vor. In beiden Papieren wird eine veränderte Stoffanordnung und für die Unterstufe eine möglichst freie Stoffauswahl gefordert. Es wird Lebensnähe des Religionsunterrichts und seine Orientierung am Kind angemahnt.
Während im Denken dieser Reformer das Herbart-Zillersche Formalstufendenken noch nicht überwunden wird, gibt Hugo Gaudig, selbst studierter Theologe und ein der Kirche nahe stehender Protestant, der Methode des Religionsunterrichts entscheidende Impulse. Gaudig, der sich in seiner Zeit für Konfessionsschulen, aber gegen die kirchliche Schulaufsicht ausspricht, wendet das von ihm entwickelte Prinzip der freien geistigen Schularbeit voll auf den Religionsunterricht an. Sein Unterricht berücksichtigt die Motivations- und Interessenlage der Schüler und versucht, auf die jeweilige Individualität einzugehen. In großer Selbstständigkeit führen bei ihm z. B. Schülerinnen anhand vorgegebener Bilder oder Texte „freie Unterrichtsgespräche", bei denen sich der Lehrer nahezu völlig zurücknimmt. Die Gaudig-Schule führt ihre Schüler im Religionsunterricht auch zum weitgehend selbstständigen Quellenstudium.
Die Kunst des Erzählens biblischer Geschichten erhält durch Heinrich Scharrelmanns Arbeiten gute Anregungen, wenngleich seine an den Vorstellungen der Erlebnispädagogik orientierte Erzählweise in der Gefahr steht, die Sachverhalte zugunsten einer unbedingten Orientierung an der kindlichen Interessenlage und Aufnahmefähigkeit zu verfälschen. Auch Scharrelmann wendet sich, wie zahlreiche Lehrer seiner Zeit, scharf gegen jede Form kirchlicher Schulaufsicht.
Freinet findet in Frankreich eine völlig andere Situation vor. Durch ein Gesetz aus dem Jahre 1882 ist jeglicher Religionsunterricht an den staatlichen Schulen Frankreichs abgeschafft. Freinet hält einen Moralunterricht für erforderlich, der aber aufgrund seiner eigenen Einstellung zum Christentum kein religiöses Fundament hat. Ellen Key, die Schwedin, möchte das Kind zum religiösen Freidenker erziehen und stellt alles unter ihr Prinzip einer Erziehung „durch Menschlichkeit zur Menschlichkeit". Dewey geht in Amerika noch einen Schritt weiter und lehnt auch jede Art von Moralunterricht ab.
Literatur: Gaudig, H. (Hg.), Freie geistige Schularbeit in Theorie und Praxis, Breslau 1922; darin Vorträge und Unterrichtsskizzen zum Thema
Hell, B., Die evangelische Schulgemeinde. Versuch zur Gestaltung eines evangelischen Landerziehungsheims; Kassel 1930
Montessori, M., Kinder, die in der Kirche leben. Die religionspädagogischen Schriften von Maria Montessori, hrsgg. von Helene Helming, Freiburg, Basel, Wien 1964

GEORG KERSCHENSTEINER
1854-1932

1854	in München geboren
1866	Präparandenschule
1869	Lehrerseminar
1871	Schulgehilfe
1877	Abitur
	Studium der Mathematik und Physik
1883	Promotion in München
1890	Gymnasiallehrer in Schweinfurt
	und ab
1893	in München
1895	Stadtschulrat von München
1900	Neugestaltung des Fortbildungsschulwesens
1903	Vorsitzender des 2. Kunsterziehungstages
	Reisen nach Schottland, England,
	USA, Ungarn, Schweden, Russland
1911	Diskussion mit Gaudig in Dresden
1918	Honorarprofessor (Uni), Dr. h. c. (TH)
1919	aus gesundheitl. Gründen aus dem
	Amt des Stadtschulrats ausgeschieden
1920	Ruf als Prof. für Pädagogik in Leipzig
	ausgeschlagen
1928	Dr. h. c. der TH Dresden
1932	in München gestorben

Erziehungsziel

„Der Zweck ... des ... Staates ist ein zweifacher: zunächst ein egoistischer, nämlich die Fürsorge um den inneren und äußeren Schutz und die leibliche und geistige Wohlfahrt seiner Staatsangehörigen; dann aber ein altruistischer, die allmähliche Herbeiführung des Reiches der Humanität in der menschlichen Gesellschaft durch seine eigene Entwicklung zu einem sittlichen Gemeinwesen und die Betätigung seiner Kräfte in der Gemeinschaft der Kultur- und Rechtsstaaten ...
Indem ich dann den Menschen, der dem gegebenen Staat nur in stetem Hinblick auf diese doppelte Aufgabe dient, einen brauchbaren Staatsbürger nenne, bezeichne ich in aller Kürze als Zweck der öffentlichen Schule des Staates und als Zweck der Erziehung überhaupt, brauchbare Staatsbürger zu erziehen."
(Begriff der Arbeitsschule, S. 16 u. 17 f.)

AUSWAHLBIBLIOGRAPHIE

Betrachtungen zur Theorie des Lehrplans, München 1899
Staatsbürgerliche Erziehung der deutschen Jugend, Erfurt 1901
Grundfragen der Schulorganisation, Leipzig 1907
Begriff der Arbeitsschule, Leipzig, Berlin 1912
Wesen und Wert des naturwissenschaftlichen Unterrichts, Leipzig und Berlin 1914
Das Grundaxiom des Bildungsprozesses und seine Folgerungen für die Schulorganisation, Berlin 1917
Die Seele des Erziehers und das Problem der Lehrerbildung, Leipzig und Berlin 1921

Kerschensteiner, M., Georg Kerschensteiner. Der Lebensweg eines Schulreformers, München, Berlin (1939) 1954
Georg Kerschensteiner. Ausgewählte pädagogische Schriften, besorgt von G. Wehle, 2 Bde., Paderborn 1968 (darin ausführliche Bibliographie)
Reble, A. (Hg.), Die Arbeitsschule. Texte zur Arbeitsschulbewegung, Bad Heilbrunn 1979

SCHLÜSSELBEGRIFFE

Arbeit im pädagogischen Sinne

Kerschensteiner wendet sich gegen jene Pädagogen, welche die Arbeitsschule zur Bastelschule verkommen lassen. Mit Hugo Gaudig streitet er darüber, ob die Arbeitsschule durch geistige oder durch körperliche Arbeit bestimmt sein muss, und kommt letztendlich zu dem Schluss, alle Arbeit sei körperlich und geistig zugleich. Der Ursprung des Denkenwollens liege aber im praktischen Tun. Keineswegs hat alle Arbeit Bildungswirkung, sondern: „Bildungswert hat jede Arbeit, die in ihren objektiven Gestaltungen der Vollendungstendenz gehorcht und damit in stetem Selbstprüfungsvollzug immer mehr zur sachlichen Einstellung zu führen imstande ist." (Kerschensteiner 1928, S. 76) Eine derartige Arbeit nennt Kerschensteiner „Arbeit im pädagogischen Sinne".
Literatur:
Kerschensteiner, G., Begriff der Arbeitsschule, (1911) 1928

Außenschau und Innenschau

Der Schüler muss befähigt werden, die einzelnen Akte seines Denkprozesses auf ihre Richtigkeit zu überprüfen. Diese Selbstprüfung können auch bereits jüngere oder schwächere Schüler leisten, wenn das Denken mit dem praktischen Tun verbunden ist. Dann kann mit den Sinnen überprüft werden, was die Gedanken vorgeben oder nachvollziehen. Kerschensteiner nennt diese Art der Prüfung „Außenschau" oder „empirische Selbstprüfung". „Diese Außenschau muss ... den Grund zu den Gewohnheiten der Selbstprüfung legen. Und weil geistigmanuelle Arbeit diese Außenschau so leicht ermöglicht - und soweit sie sie ermöglicht - darum ist sie auch ein so wertvolles Unterrichtsmittel in der zur Arbeitsschule auszugestaltenden Volksschule." (Kerschensteiner 1928, S. 83)
Während die Außenschau lediglich danach fragt, was und wie etwas getan wurde, prüft die „logische Selbstprüfung", die „Innenschau", warum etwas getan wurde. „Die wertvolle Arbeitsschule sorgt dafür, dass der Schüler in dem, was er tut, auch in der Lage ist zu prüfen, ob das, was er getan hat, mit den Vorstellungen von dem 'Wie' des Gedachten und dem 'Warum' des Gedachten übereinstimmt." (Kerschensteiner 1928, S. 84)
Kerschensteiner weist darauf hin, dass hier auch die Grenzen der Arbeitsschule liegen; denn manche Werte lassen sich nur „erleben", aber nicht rational erarbeiten und sind deshalb weder der empirischen Außenschau noch der logisch durchzuführenden Innenschau zugänglich.

Literatur:
Kerschensteiner, G., Begriff der Arbeitsschule, (1911) Leipzig, Berlin 1928
Potthoff, W., u. Potthoff, J., Schulung des Intellekts durch didaktische Materialien, in: Potthoff, W., Freies Lernen - verantwortliches Handeln. Der Freiburger Ansatz der Integrierten Reformpädagogik, Freiburg 1990

Bildung

Kerschensteiner sieht jeden Menschen als eine besonders geartete Individualität an, die mit einer je einzigartigen Reaktionsweise und Spontaneität und deshalb mit nur ihr eigenen Entwicklungsmöglichkeiten ausgestattet ist. Aus dieser besonderen Individualverfassung entspringt das endogene Interesse eines Menschen.
Soll der Mensch gebildet werden, muss auf den Interessenkreis und die Entwicklungsmöglichkeiten eingegangen werden, die über eine gewisse Entwicklungsbreite - Bildsamkeit - verfügen.
Der in die Kulturgemeinschaft hineingestellte Mensch erlebt, je nach seiner Individuallage unterschiedlich nuanciert, an dinglichen und personalen Gütern geistige Werte. In dem Maße, wie intensiv sie erlebt werden, wird das Individuum „in den Dienst" dieser Werte gezwungen. Damit ist die Möglichkeit zur Erzeugung eines geistigen Seins im Individuum gegeben, das den Menschen über das rein animalische Sein erhebt und ihn erst zum eigentlichen Menschen macht. Dieser Weg zur Menschenbildung vollzieht sich an den Kulturgütern.
Die Kulturgüter, die sich uns als rein gegenständliche Sachverhalte darstellen und die in der Schule als Bildungsgüter betrachtet werden, sind „Objektivationen eines bestimmten Geistes" und tragen jeweils das Gepräge des Individuums oder der Gemeinschaft an sich, denen sie entstammen. In jedem Kulturgut ist die psychische Energie, die sein Erzeuger aufgewendet hat, latent vorhanden. Es kommt nun im Hinblick auf Unterricht und Bildung darauf an, diese latent gewordene Energie in eine kinetische zurückzuverwandeln. Denn wer imstande ist, ein Kulturgut wieder neu aus sich zu erzeugen, erfährt dessen Bildungswert. Diese Rückverwandlung, die „Wiederverlebendigung des objektiven Geistes in immer neuen Individuen" (Kerschensteiner 1931, S. 15) kann nur in Menschen vor sich gehen, deren Seelenverfassung der Seelenstruktur des Erzeugers des Kulturgutes verwandt ist. Wenn diese Rückverwandlung in einem Individuum geschieht, wird das Kulturgut für dieses Individuum zum Bildungsgut.
Nicht durch das umfassende Wissen um die Dinge seiner Welt, das von Fall zu Fall natürlich sehr wertvoll sein mag, ist der Mensch also schon gebildet, sondern erst, wenn der individuelle Geist in seinem Sein an dem Reich der geistigen Werte Anteil genommen hat und damit selbst Teil des überindividuellen Reiches des Geistes geworden ist.

Die Teilhabe der Einzelnen am Reiche des Geistes muss wegen der unterschiedlichen Individualverfassungen verschiedener Art sein. Die Menschen werden sich den verschiedensten Kulturgütern zuwenden müssen, um an ihnen Bildung zu erfahren. Denn „damit ein Kulturgut Bildungsgut für eine Individualität werden kann, muss die geistige Struktur dieses Kulturgutes ganz oder teilweise der geistigen Struktur der Individualität adäquat sein." (a. a. O.)
Es wäre unsinnig, wegen dieser unterschiedlichen Bildungswege von höher oder niedriger Gebildeten zu sprechen; denn es ist nicht entscheidend, an welchem Kulturgut die Bildung erworben wurde, sondern wie weit es dem Menschen gelingt, „den ihm möglichen Wertsinn der Vollendung" nahe zu bringen, da „Bildung ... ein durch die Kulturgüter geweckter, individuell organisierter Wertsinn von individuell möglicher Weite und Tiefe" ist. (Kerschensteiner 1968, I. S. 17)
Wer also in seinem Lebenskreis die Bedeutung und den Sinn der vielfältigen Wertbeziehungen der Dinge und der Menschen erfasst hat und dementsprechend zu handeln vermag, trägt die entscheidenden Merkmale der Bildung an sich.

Literatur:
Kerschensteiner, G., Das Grundaxiom des Bildungsprozesses und seine Folgerungen für die Schulorganisation, (1917) Berlin 1931
Kerschensteiner, G., Ausgewählte pädagogische Schriften, besorgt von G. Wehle, Bd. I, Paderborn 1968

Erziehung zur Selbstständigkeit

Die Erziehung zur Selbstständigkeit erfolgt bei Kerschensteiner über die Erziehung zur Sachlichkeit. Sachlich handelt ein Mensch, „der ohne alle Rücksicht auf sich auf unbedingt geltende Werte eingestellt ist." (Kerschensteiner 1912, S. 68) Solche Sachlichkeit ist für Kerschensteiner zugleich Sittlichkeit; denn Sittlichkeit meint auch nichts anderes, „als den unbedingt geltenden Wert immer über den bedingt geltenden Wert (zu) setzen." (a. a. O., S. 70) Arbeit, bei der sich ein Schüler sachlich verhält, hat demnach pädagogischen Wert. Das Grundmotiv des Handelns ist dann, „den Wert der Sache so gut als möglich zu verwirklichen." (a. a. O., S. 69) Dabei kann der Schüler sein Handeln im Wege der empirischen Selbstprüfung (mit seinen Sinnen) ständig überprüfen. Er unterwirft sich aus eigenem Wollen der „Zucht des Gegenstands".
Heutige Schulen, die ihren Schülern mit dem Abitursabschluss zugleich die Gesellenprüfung ermöglichen oder handwerkliche Tätigkeiten wenigstens in starkem Maße in ihr Ausbildungsprogramm einbeziehen, berichten übereinstimmend vom positiven Einfluss einer „Erziehung durch die Gesetzmäßigkeiten der Sache" auf den gesamten Bildungsprozess.

Literatur:
Kerschensteiner, G., Begriff der Arbeitsschule, Berlin 1928
Rist, G. und Schneider, P., Die Hibernia-Schule. Von der Lehrwerkstatt zur Gesamtschule: Eine Waldorfschule integriert berufliches und allgemeines Lernen, Reinbek bei Hamburg 1977
Fauser, P., Fintelmann, K. J., Flitner, A.(Hg.), Lernen mit Kopf und Hand. Berichte und Anstöße zum praktischen Lernen in der Schule, Weinheim und Basel 1983

Praktische Arbeit

Immer wieder ist Kerschensteiner unterstellt worden, er vernachlässige in seiner Erziehungskonzeption die geistige Arbeit. Tatsächlich aber hält er gerade die innige Verflechtung von praktischer und geistiger Arbeit für besonders bildungswirksam.
Kinder wollen, das sieht Freinet später ebenso, „richtige Arbeit" tun wie die Erwachsenen. Das hält Kerschensteiner im vernünftigen Rahmen durchaus für sinnvoll und möglich. Sie können Zäune zimmern, Gräben ziehen und bei der Pflege von Anlagen helfen. Unter Kerschensteiners Anleitung werden um die Jahrhundertwende in München „in allen Schulen, deren Schulhöfe es gestatteten, Schulgärten eingerichtet" und „Aquarien, Terrarien, Volieren und Raupenkästen" in den Schulen aufgestellt. „Hier wachen auch jene auf, die hinter den Schulbänken für faul, dumm oder nachlässig gegolten haben", schreibt Kerschensteiner. „Und hier kommt es nicht selten vor, dass solche Schmerzenskinder ihre mit besserem Gedächtnis ausgerüsteten Mitschüler weit übertreffen ..." (Kerschensteiner 1968, S. 32 f.)
Kerschensteiners Vorschläge sind, ohne dass in der Regel auf ihn Bezug genommen wird, von zahlreichen Schulklassen aufgegriffen worden, die Biotope und Waldlehrpfade anlegen, Bachpatenschaften übernehmen oder ähnliche Projekte durchführen. Die gegenwärtig entstehenden „Schülerfirmen" (siehe dort) stehen ganz in der Tradition der Arbeitsschule.

Arbeitsschule

Georg Kerschensteiner hält 1908 zum 162. Geburtstag Pestalozzis unter dem Thema „Die Schule der Zukunft im Geiste Pestalozzis" eine vielbeachtete Rede, die er unter dem veränderten Titel „Die Schule der Zukunft eine Arbeitsschule" in sein Buch „Grundfragen der Schulorganisation" aufnimmt. Diese Schrift trägt in der Folgezeit erheblich dazu bei, dass der Begriff „Arbeitsschule" zu einem der meist gebrauchten, aber unterschiedlich definierten Begriffe der reformpädagogischen Epoche wird.
Der Begriff „Arbeitsschule" ist aber keineswegs zuerst von Kerschensteiner ge-

prägt. Im 18. Jahrhundert versteht man unter einer Arbeitsschule eine Institution, in der die Kinder wirtschaftliche Arbeitsprodukte herstellen, um damit ihre Unterkunft und ihren Lebensunterhalt zu sichern. Die Fähigkeiten des Spinnens, Webens etc. sollen ihnen zudem in ihrem späteren Leben zur Absicherung ihrer wirtschaftlichen Existenz verhelfen. Das Lernen in den Unterrichtsfächern wird von dieser Arbeitsschultätigkeit nicht berührt.

Während der reformpädagogischen Epoche streben sozialistische Ansätze Schulfarmen oder Schulwerkstätten an. In solchen Produktionsschulen soll z. B. in Russland bei Blonskij oder auch bei den entschiedenen Schulreformern wie Paul Oestreich ein produktiver Beitrag für die Gesellschaft geleistet werden. (siehe „Biographisches Verzeichnis")

Pawel Petrowitsch Blonskij sieht für das Kind eine Arbeitserziehung vor, damit es lernt, die Natur in den Dienst des Menschen zu zwingen. Indem er die Arbeit des Kindes als einen Teil der allgemeinen Kollektivarbeit sieht, erhält seine Arbeitserziehung einen gesellschaftlichen Aspekt. Blonskij kritisiert Kerschensteiners „Handwerks-Arbeitsschule" als veraltet für die Epoche der Maschinenindustrie und bezweifelt, ob der an praktischer Handarbeit orientierte Unterricht Kerschensteiners zu allgemeiner Bildung führen kann.

Eine Weiterentwicklung dieser Ansätze führt zum polytechnischen Unterricht, mit dem besonders in sozialistisch orientierten Ländern versucht wird, Unterricht und produktive Arbeit zu verbinden sowie Technik und Produktion zu „didaktisieren". Eine ähnliche Entwicklung führte in der Gegenwart zum Produktionstag an hessischen Gesamtschulen.

Aus ganz anderer Sicht wird die Arbeitsschule seit der Wende zum 20. Jahrhundert als eine ideale Möglichkeit betrachtet, die schöpferischen Kräfte im Kinde zu wecken, zu entfalten und zu formen, wie das etwa im Gesamtunterricht des Leipziger Lehrervereins erfolgt. (siehe dort)

Hugo Gaudig stellt die Arbeitsschule unter das Prinzip der Selbsttätigkeit bei der freien geistigen Schularbeit, die bei ihm ganz im Dienste der werdenden Persönlichkeit steht. (vgl. die Schlüsselbegriffe „Freie geistige Schularbeit" und „Selbsttätigkeit" bei Hugo Gaudig.)

Kerschensteiner schließlich führt in der Schule einerseits fachlichen Arbeitsunterricht ein und stellt andererseits den Arbeitsschulgedanken in den Dienst der Charakterbildung.
(vergleiche S. 20 - 21)

Literatur:
Kerschensteiner, G., Grundfragen der Schulorganisation, Leipzig 1931
Reble, A. (Hg.), Die Arbeitsschule, Bad Heilbrunn 1979
Oestreich, P., Die elastische Einheitsschule, Lebens- und Produktionsschule, Berlin 1923

PRAKTISCHE SCHULENTWICKLUNG DURCH GEORG KERSCHENSTEINER IN MÜNCHEN

1896 Einführung von Schulküchenunterricht an den Münchner Volksschulen

1896 Angebote für freiwillige Arbeitsgemeinschaften mit dem Ziel der Entwicklung von Verantwortlichkeit

um 1900 Einrichtung von Schulgärten für ältere Schüler
Pflege von Topfblumen durch jüngere Schüler

um 1900 Empfehlung zur Einrichtung von Aquarien, Terrarien, Volieren, Raupenkästen

Verteilung von jährlich 10 000 Blumenzwiebeln an die 3. und 4. Klassen

1900 Holz- und Metallverarbeitung in allen acht Jungenklassen

1903 Nach ausgedehnten Untersuchungen Kerschensteiners von Kinderzeichnungen Reform des Zeichenunterrichts

Laboratoriumsunterricht für Physik und Chemie in allen acht Klassen eingeführt. Der Schüler lernt „beobachten, vergleichen, schließen, objektiv urteilen, vorsichtig prüfen, selbstständig handeln, ... Ausdauer, Geduld, Sorgfalt, Ordnung, Reinlichkeit..." (Kerschensteiner 1968, S. 34)

Kleingruppenarbeit im naturwissenschaftlichen Unterricht

Geometrieunterricht im Freien

STANDORTBESTIMMUNG

Bei Georg Kerschensteiner zeigt sich besonders deutlich, was für jeden reformpädagogischen Ansatz der zwanziger Jahre gilt: Das Gesamtkonzept ist durch die gesellschaftliche und die geistesgeschichtliche Entwicklung in manchen Punkten überholt. Es ist deshalb nach jenen Elementen zu fahnden, die noch Bestand haben und als „pädagogische Bausteine" in ein gegenwartsbezogenes Theorie-Praxis-System einbezogen werden können und dem System Qualität verleihen.

Indem Kerschensteiner seine Überlegungen nicht nur auf den Bildungsgang des Schülers richtet, sondern den zu versittlichenden Staat als Zielpunkt wählt, ist die rasche Überholbarkeit mancher Gedanken vorprogrammiert. Die freiheitliche Demokratie, die pluralistische Gesellschaft und das moderne Arbeitsleben liegen noch nicht ausreichend in seinem Verstehenshorizont.

Trotzdem sind Kerschensteiners Leistungen auch aus heutiger Sicht bemerkenswert und die von ihm um die Jahrhundertwende in München geschaffenen Einrichtungen auch heute noch nicht überall verwirklicht, wie der Schlüsselbegriff „Praktische Schulentwicklung" zeigt.

Für die aktuellen reformpädagogischen Bemühungen, mit denen die wichtigsten Elemente der klassischen Reformpädagogik zu einer zeitgemäßen Integration gebracht werden sollen, ist aber besonders Kerschensteiners Bemühen um eine enge Verzahnung von praktischer und geistiger Arbeit von Bedeutung. So ist die bei Kerschensteiner in fast idealer Weise gelungene Verbindung von praktischer und theoretischer Arbeit in der Gegenwart bei der Entwicklung von qualitativ wertvollem Freiarbeitsmaterial wichtig, bei dem nicht nur das Endergebnis, sondern auch die einzelnen Arbeitsschritte von den Schüler/innen empirisch überprüft werden können und sie dabei nicht nur sehen, dass etwas falsch ist, sondern am Material selbst die präzise Korrektur ihres Gedankenganges erfahren. Eine bessere Form der Hinführung zu mehr Selbstständigkeit und Eigenverantwortung ist kaum möglich.

Ebenso müssten Kerschensteiners Vorstellungen von der Qualität der Arbeit, der Wichtigkeit, begonnene Arbeiten zu vollenden, und sein Anmahnen der Tugenden Sorgfalt, Gewissenhaftigkeit, Beharrlichkeit, Geduld und Selbstbeherrschung bei der Arbeit beachtet werden, wenn das heutige freiere Arbeiten der Schüler nicht zu bloßer Geschäftigkeit verkommen soll.

BERTHOLD OTTO
1859-1933

1859	in Schlesien geboren
1864	Umzug der Familie nach Flensburg
1878	Abitur als Klassenprimus in Schleswig
1878-1879	Studium in Kiel: klass. Philologie, semitische Sprachen, Philosophie
1879-1882	Studium in Berlin: besonders Politik, Volkswirtschaft u. Pädagogik / Einfluss der Sprachforscher Steinthal und Lazarus
1883	Hauslehrer in Herne
1884	Hauslehrer in Berlin
1890-1902	Redakteur am Brockhauslexikon in Leipzig
1901	Gründung der Zeitschrift „Der Hauslehrer"
1902	Umzug nach Berlin-Lichterfelde (großzügiges Angebot des Preuß. Kultusministeriums)
1906	Otto gründet die „Hauslehrerschule" in Berlin-Lichterfelde
1933	in Berlin gestorben

Bildungsziel

Berthold Otto bestimmt den Erkenntnistrieb des Kindes zur Grundlage des Unterrichts. So kann das Kind seine Anlagen in bestmöglicher Weise entwickeln und zu einer eigenständigen und toleranten Persönlichkeit heranwachsen. Das Interesse (und damit der Bildungsgang) des Kindes ist nach Ottos Ansicht jedoch tief in dem Gefüge von Familie, Heimat und Volkstum verwurzelt. Somit erhält das subjektive Bedürfnis des Einzelnen nach ganzheitlicher Ausbildung aller Kräfte eine auf die Gemeinschaft bezogene Ausrichtung.

AUSWAHLBIBLIOGRAPHIE

Der Lehrgang der Zukunftsschule, Leipzig 1901
Beiträge zur Psychologie des Unterrichts, Leipzig 1903
Geistiger Verkehr mit Schülern im Gesamtunterricht.
Unterrichtsprotokolle, Leipzig 1907
Gesamtunterricht, Berlin 1913
Volksorganisches Denken. Vorübungen zur Neubegründung der Geisteswissenschaften, 4 Bde., Berlin 1925 - 1926
Berthold Otto, Ausgewählte pädagogische Schriften, besorgt von Karl Kreitmair, Paderborn 1963 (darin umfassende Auswahlbibliographie)

Zeitschriften:
Die Deutsche Schulreform. Wochenschrift für psychologische Politik und Pädagogik, Jahrgang 1898 von B. Otto herausgegeben
Der Hauslehrer, Wochenschrift für den geistigen Verkehr mit Kindern
(1901 - 1916)
Deutscher Volksgeist. Wochenschrift zur Verständigung zwischen allen Schichten des deutschen Volkes (1917 - 1933)

Kreitmair, Karl, Berthold Ottos Leben und sein pädagogisches Wirken, in: B. Otto, Ausgewählte pädagogische Schriften (s. o.)

SCHLÜSSELBEGRIFFE

Natürlicher Unterricht

Otto erinnert daran, dass das Kind bei seinem Schuleintritt einen sehr großen Teil dessen, was es überhaupt zu lernen hat, bereits beherrscht, ohne dass es Unterrichtsstunden bekommen hätte oder eine der gängigen pädagogischen Methoden angewendet worden wäre. Der Erfolg dieses frühen Lernens ist nach seiner Ansicht darauf zurückzuführen, dass das Kind die Dinge seiner Umwelt selbst erforschen kann und zusätzliche Informationen immer im richtigen Augenblick bekommt, wenn es nämlich danach fragt. Mit dem Kind wird bei diesem natürlichen Unterricht ständig gesprochen, und es werden ihm Angebote gemacht, aber niemand ist sonderlich enttäuscht, wenn das Kind darauf nur kurz oder gar nicht eingeht. Es kann seinen Erkenntnistrieb betätigen, muss die angebotene Gelegenheit aber nicht unbedingt nutzen.

Während das Kind in der Vorschulzeit nur das lernt, wofür es Interesse hat, und die Erkenntnisse deshalb in dem für sie günstigsten Augenblick entstehen, werden in der Schule Antworten gegeben, noch ehe beim Kind die Fragen aufgekommen sind, und alles Lernen erfolgt in der Schule in der Form eines mehrstündigen „Arrests", bei dem die Bewegungsfreiheit des Kindes völlig eingeschränkt ist.

Die Zukunftsschule muss nach Ottos Ansicht die natürliche Methode des häuslichen Wissenserwerbs der Vorschulzeit übernehmen und dazu auch durch die Anlage von Gärten, Rasen- und Sandplätzen, durch Bereitstellen von Laboratorien, Geräten, Herbarien und Sammlungen aller Art die äußeren Voraussetzungen schaffen. Nichts wird dem Lernenden aufgedrängt. Vielmehr muss aller Wissenserwerb vom Kind aus erfolgen.

Die heutigen „Freien Schulen" (siehe dort) folgen ganz ähnlichen Grundsätzen.

Literatur:
Otto, B., Der Lehrgang der Zukunftsschule, Leipzig 1901
Otto, B., Ausgewählte pädagogische Schriften, besorgt von K. Kreitmair, Paderborn 1963
Behr, M. (Hg.), Schulen ohne Zwang. Wenn Eltern in Deutschland Schulen gründen, München 1984

Hauslehrerschule

Berthold Otto versteht seine 1906 in Berlin-Lichterfelde gegründete Schule als Hauslehrerschule, die das in der Familie gegebene Miteinander verschiedener Lebensalter, das Tischgespräch und den ungezwungenen Bildungserwerb mit

den wechselseitigen Anregungen der unterschiedlich alten Kinder übernimmt und weiterführt.
Die Eltern werden intensiv in das Schulleben einbezogen. Damit sie in der Lage sind, ihren in der Vorschulzeit intuitiv richtigen Umgang mit den Kindern über dieses Alter hinaus weiterführen zu können, wendet sich Otto mit der Zeitschrift „Der Hauslehrer" an sie.

Toleranz

Berthold Otto sagt 1925 über seine Schule: „Meine Schule war und ist, wie ich ohne Übertreibung sagen kann, die freiheitlichste der Welt. Ich zwinge die Schüler zu nichts, vor allem zu keiner Meinung. Ich selbst bin und bleibe evangelischer Christ und Monarchist. In meiner Schule aber hat der gläubige Katholik, der gläubige Jude, der Atheist, und hatte schon unter der Monarchie der Sozialdemokrat, der Kommunist, der Anarchist das vollkommen unbeschränkte Recht, seine Meinung zu äußern und zu begründen, ohne dass ich versuchte, ihn zu bekehren. Ich achte nur darauf, dass dabei Andersdenkende nicht verletzt werden und suche - und zwar immer mit Erfolg - es dahin zu bringen, dass jeder zu der Meinung kommt: Der andere kann eine ganz andere Meinung haben, aber ein ebenso vernünftiger Mensch sein wie ich." (Otto 1963, S. 266 f.)
Ottos tolerante Haltung wird durch Unterrichtsprotokolle aus seiner Schule vielfach belegt. Mit dieser unbedingten Toleranz steht er in der Tradition der Aufklärung, die den modernen Toleranzbegriff geprägt hatte. Indem Otto auch dem Atheisten und dem politisch Andersdenkenden Toleranz entgegenbringt, geht sein Toleranzbegriff über John Locke (1632 - 1704) hinaus und ist bereits durch die heute noch gültigen Idealvorstellungen eines toleranten Verhaltens geprägt. Eine im Schulunterricht derart selbstverständlich praktizierte Toleranz finden wir auch heute noch nicht ausreichend realisiert. Sie ist aber für das friedliche Zusammenleben der unterschiedlichen politischen, religiösen und ethnischen Gruppen in unserer Gesellschaft unverzichtbar.

Vgl. „Interkulturelle Pädagogik" bei Geheeb.

Gesamtunterricht

Der Gesamtunterricht Berthold Ottos ist ein Gesprächsunterricht ohne Begrenzung auf einzelne Fächer, in dem die Kinder der altersgemischten Klasse (oder der gesamten kleinen Schule) alle sie interessierenden Fragen aus der Gesamtheit der Welt und persönliche Probleme zur Sprache bringen können. Jedes Thema wird solange besprochen wie das Interesse der Kinder daran wach ist, so dass während einer Schulstunde 3 - 6 unterschiedliche Themen behandelt werden. Stets erhalten die jüngeren Kinder vor den älteren und dem Lehrer das

Wort. Der Lehrer erläutert und erklärt in solchen Stunden durchaus, aber nur, wenn der Erkenntnistrieb der Kinder danach verlangt, und sagt ohne Umschweife, wenn sein Wissen zu einem Gesprächspunkt nicht ausreicht, dass er nachschlagen oder sich anderweitig erkundigen will. Diese Lehrerhaltung regt natürlich auch die Schüler zu einem ähnlichen Verhalten beim Wissenserwerb an.

Aus den Gesprächen des Gesamtunterrichts, mit deren Hilfe sich das Kind nach Ottos Ansicht sein Weltbild aufbaut, ergeben sich oftmals Fragestellungen, die im Fachunterricht und in Arbeitsgemeinschaften systematisch weiterbearbeitet werden.

Das erfolgt noch ausgeprägter bei J. Kretschmann, einem Schüler Berthold Ottos, der den Gesamtunterricht an seiner Dorfschule als Basis des gesamten Unterrichts einführt und insbesondere „Vorhaben" daraus ableitet. (Vgl. den Schlüsselbegriff „Vorhaben" bei Reichwein.)

Einen Gesprächsunterricht, bei dem die Schüler wie bei Berthold Otto selbst die Themen sowie den Verlauf und die Dauer des Gesprächs bestimmen können, bezeichnen wir heute als „freies Unterrichtsgespräch". Es ist einerseits von den „themengebundenen freien Gesprächen" der Gaudig-Schule (s. dort) und andererseits besonders deutlich von den „Lehrer-Schüler-Gesprächen" der heutigen Schule abzugrenzen, bei denen die Schüler in der Regel zum Hinterherdenken gezwungen sind, weil der Lehrer den Gedankengang vorgibt.

Literatur:
Otto, B., Gesamtunterricht, Berlin 1913
Otto, B., Ausgewählte pädagogische Schriften, besorgt von K. Kreitmair, Paderborn 1963
Kretschmann, J., Haase, O., Natürlicher Unterricht, Wolfenbüttel, Hannover 1948
Fischer, H., Das freie Unterrichtsgespräch, Braunschweig, Berlin 1955
Höller, E., Theorie und Praxis des Schülergesprächs, Wien, München 1913
Joost, L., Das Unterrichtsgespräch, Braunschweig 1954
Spanhel, D., Schülersprache und Lernprozesse, Düsseldorf 1973

Altersmundarten

Im Gesamtunterricht, an dem Schüler verschiedenen Alters teilnehmen, beobachtet Berthold Otto, wie Sprache und „Weltenaufbau" des Kindes sich wechselseitig bedingen. In Ottos Unterricht spricht jedes Kind in seiner „Altersmundart" wie es will und wird grundsätzlich nicht korrigiert, wenn das, was es sagt, richtig ist. Bei der Besprechung einer Schülerfrage nimmt der jüngere Schüler aber wahr, wie ältere Schüler das Problem sprachlich angehen und wächst zwanglos in die nächsten Stufen von Sachentwicklung und Sprachent-

wicklung und damit in die folgende Altersmundart hinein. Otto erreicht mit der „negativen Spracherziehung", dass Denkinhalt und Sprachform sich in festem Verhältnis zueinander entwickeln und leere Sprachhülsen ausbleiben.
Ottos Vorstellungen von den Altersmundarten rufen zahlreiche Gegner dieser Theorie auf den Plan, regen aber auch zu empirischen Untersuchungen des Sprachverhaltens von Schulkindern an. So legt Hans Deußing eine interessante Untersuchung vor:
Deußing, H., Der sprachliche Ausdruck des Schulkindes. Statistische und experimentelle Untersuchungen zur Entwicklungspsychologie der Sprache, in: Jenaer Beiträge zur Jugend- und Erziehungspsychologie 3, 1927
Dieser Aufsatz ist wieder abgedruckt in dem Buch:
Helmers, H. (Hg.), Zur Sprache des Kindes, Darmstadt 1969, das einen Überblick über die Forschungsansätze zum Problem der Kindersprache vermittelt.
Die Sprachtheorie des „volksorganischen Denkens" übernimmt Berthold Otto von Moritz Lazarus und Hajim Steinthal. Danach leben alle Mitglieder einer Sprachgemeinschaft in einer geistig-seelisch mannigfach vorgeprägten Welt, so dass man von einem „Volksgeist" ausgehen kann, der sich in der gemeinsamen Sprache verkörpert, und aus dem das Denken jedes Einzelnen organisch herauswächst und seine individuelle Formung erfährt.
Da die Lebensverhältnisse vieler Menschen eines Volkes gleich oder sehr ähnlich sind, werden die Menschen auch gleiche oder ähnliche Gedanken entwickeln, wenn die ererbten Triebe und Neigungen einander ähneln. In einem Volke sind deshalb immer geistige Bewegungen (Trends) festzustellen, die auch den Schulunterricht bestimmen, wenn man den Schülern zur Artikulation ihrer Fragen und Meinungen genügend Freiraum lässt. Alle die Gesellschaft wirklich bewegenden Fragen werden somit Gegenstand des freien Gesamtunterrichts, der damit in Ottos Augen keineswegs einer Beliebigkeit anheim gegeben ist.
Vgl. dazu den Schlüsselbegriff „Absorbierender Geist" bei Montessori.

Literatur:
Volksorganisches Denken, in: B. Otto, Ausgewählte pädagogische Schriften ..., Paderborn 1963
Otto, B., Volksorganisches Denken. Vorübungen zur Neubegründung der Geisteswissenschaften, 4 Bde., Berlin 1925 - 1926

STANDORTBESTIMMUNG

Wie kaum ein anderer Pädagoge geht Berthold Otto bei seiner Unterrichtskonzeption vom Lernwillen und von den Lernbedürfnissen des Kindes aus. Jedoch ist die Fülle seiner Gedanken und Anregungen und die Vielfalt seiner praktischen Versuche viel größer, als dass er sich ausschließlich der reformpädagogischen Bewegung „Vom Kinde aus" zurechnen ließe. Gesellschaftspolitische Fragen greift er in seinen Schriften ebenso auf wie weltwirtschaftliche.

Berthold Otto gehört wohl zu den besonders umfassend gebildeten Persönlichkeiten seiner Zeit und bleibt dabei ohne jede Eitelkeit. Er versteht sich selbst als Monarchist und verkörpert doch zugleich eine selten erreichte Liberalität des Denkens. Darin ist er unbedingtes Vorbild für jeden heutigen Erzieher, einen eigenen politischen Standort zu haben und doch jedem anderen Standpunkt innerhalb seines Lebenskreises zur Artikulation zu verhelfen und ihn zu tolerieren.

Am eindeutigsten ist bei Berthold Otto der Gedanke des „natürlichen Unterrichts" und der „natürlichen Methode" ausgeprägt. Hier steht er in der langen Reihe der Pädagogen, die von Comenius über Rousseau und Pestalozzi in die Reformpädagogik reicht und in unserer Zeit natürliches Lernen im selbstbestimmten Lernen zu überhöhen sucht. Nach Ottos Ansicht darf der Erzieher von einer geistigen Wachheit und einem großen Aktivitätsdrang der Kinder und einem prinzipiell guten Kern im Menschen ausgehen. Die Unterrichtsmethode muss dann stets an die natürliche Begabung und die natürlichen Interessen des Kindes anknüpfen und so beschaffen sein, dass sich die individuellen Gedankengänge ohne Zwang von außen entwickeln können.

Die heutige Schule kann bei ihrem Bemühen um fächerübergreifende Unterrichtsgestaltung von Berthold Ottos Gedanken des Gesamtunterrichts partizipieren und auch Grundzüge der Gesprächsführung mit der Beachtung des unbedingten Fragerechts der Kinder von ihm übernehmen.

HUGO GAUDIG
1860 - 1923

1860   in Stöckey (Harz) geboren
Studium mit dem Schwerpunkt Theologie

1896   Direktor der Höheren Mädchenschule mit Lehrerinnenseminar der Franckeschen Stiftungen in Halle

1900   Direktor der Höheren Mädchenschule mit Lehrerinnenseminar in Leipzig

1904   „Didaktische Ketzereien"

1911   Kontroverse mit Kerschensteiner auf dem Kongress des „Bundes für Schulreform" in Dresden

1917   Hauptwerk „Die Schule im Dienste der werdenden Persönlichkeit"

1921   „Pädagogische Woche" in Leipzig als Darstellung der Gaudig-Schule

1922   Bericht der Gaudig-Schule: „Freie geistige Schularbeit in Theorie und Praxis"

1923   in Leipzig gestorben

Erziehungsziel

Gaudig bestimmt das Herausbilden der Persönlichkeit als höchstes Ziel der Erziehung. Die Persönlichkeit muss von jedem Einzelnen durch Selbstsetzung gewonnen werden. Das erfolgt, wenn sich das Individuum mit den in seinen Lebensgebieten herrschenden Normen auseinandersetzt und dabei das Ideal seiner Individualität entwickelt. In der Annäherung an dieses Ideal bildet sich zunehmend die Persönlichkeit heraus.

Daraus ergeben sich für die methodische Arbeit in der Schule folgende Aufgaben:
1. In der Arbeit und durch die Arbeit muss und kann die Persönlichkeit immer weiter ausreifen, wenn das Bemühen „nicht auf ein Wissen als Wissen, auch nicht auf ein Können als Können, sondern auf einen Gesamtzustand, auf die bleibende Disposition gerichtet (ist), die sich als die Gesinnung, Kraft und Technik der Selbstbetätigung offenbart." (Die Schule ..., S. 88)
2. An konkretem Stoff sind Kräfte zu entwickeln, „die zur Bewältigung formalwissenschaftlich gleichartigen Stoffes befähigen." (a. a. O., S. 90)

AUSWAHLBIBLIOGRAPHIE

Didaktische Ketzereien, Leipzig, Berlin 1904
Didaktische Präludien, Leipzig, Berlin 1909
Die Schule im Dienste der werdenden Persönlichkeit, 2 Bde., Leipzig 1917
Elternhaus und Schule als Erziehungsgemeinschaft, Leipzig 1920
Freie geistige Schularbeit in Theorie und Praxis, (Hrsg.), Breslau 1922
Die Idee der Persönlichkeit und ihre Bedeutung für die Pädagogik, Leipzig 1923, Heidelberg 1965[2]

Die Schule der Selbsttätigkeit (Auswahl aus Gaudigs Schriften),
hrsgg. von Lotte Müller, Bad Heilbrunn 1969

Müller, L., Umstellung auf freie geistige Schularbeit, Bad Heilbrunn 1951 (zuerst 1924)
Müller, L., Vom Deutschunterricht in der Arbeitsschule, Leipzig 1921; jetzt: Der Deutschunterricht, Bad Heilbrunn 1961
Scheibner, O., Zwanzig Jahre Arbeitsschule in Idee und Gestaltung, Leipzig 1928; jetzt (gekürzt): Arbeitsschule in Idee und Gestaltung, Heidelberg 1962[5]

SCHLÜSSELBEGRIFFE

Freie geistige Tätigkeit

Gaudig findet, das von ihm vertretene Prinzip der freien geistigen Tätigkeit sei ein Natur-Prinzip; denn die freie geistige Tätigkeit breche aus jedem sich selbst behauptenden Menschen von selbst hervor. Gaudig definiert dann: „Freie geistige Tätigkeit ist Eigentätigkeit, ist Selbsttätigkeit. Es handelt sich beim freien geistigen Tun um ein Handeln aus eigenem Antrieb, mit eigenen Kräften, auf selbstgewählten Bahnen, zu freigewählten Zielen." (Freie geistige Schularbeit ..., S. 33)

Literatur:
Gaudig, Hugo, Die Schule im Dienste der werdenden Persönlichkeit,
1. Band, Leipzig 1917 / zitiert nach der 2. Auflage 1922
Gaudig, Hugo (Hg.), Freie geistige Schularbeit Breslau 1922

Selbsttätigkeit

Im weiteren Sinne lässt sich der Begriff auf die *autopraxia* bei Comenius zurückführen. Bei Comenius (1592 - 1670) bezeichnet die *autopraxia* jedoch nicht eine Spontaneität aus dem Menschen heraus, sondern ein Vermögen aus dem göttlichen Ganzen der Welt, über das der Mensch verfügt, wenn er mit Gott im Einklang ist.
Der Begriff Selbsttätigkeit als Selbstvollzug des Menschen bei seiner Selbstentfaltung, wie er in der Reformpädagogik verstanden wird, geht auf Herder und Rousseau zurück und tritt auch in Pestalozzis Pädagogik auf. Selbstentfaltung wird bei Rousseau - und in seinem Gefolge bei Ellen Key, Maria Montessori, Ludwig Gurlitt - biologisch-organologisch aufgefasst. Wilhelm von Humboldt begreift den gesamten Bildungsvorgang als die harmonische Entfaltung aller Kräfte des Individuums aufgrund des Wechselspiels von Rezeptivität und Spontaneität, und die Psychologen und Pädagogen der Wende zum 20. Jahrhundert gehen fast alle von einem spontanen Zentrum im Menschen aus, das als „vitale Kraft", „élan vital" (Bergson) „horme" (Percy Nunn) o. ä. bezeichnet wird.
Selbsttätigkeit wird von den Arbeitsschulpädagogen als ein „Tun des Selbst, aus ihm, für es" (A. Fischer) verstanden. Für Gaudig steht Selbsttätigkeit dabei nicht nur im Dienste der Wissensaneignung, sondern ganz „im Dienste der werdenden Persönlichkeit". Damit wird für Gaudig der Begriff Selbsttätigkeit zum zentralen Begriff seiner Pädagogik. Selbsttätigkeit will er bis in die einzelnen Phasen des Arbeitsvorgangs verwirklicht sehen: „Beim Zielsetzen, beim Ordnen der Arbeitsgänge, bei der Fortbewegung zum Ziel, bei den Entscheidungen an

kritischen Punkten, bei der Kontrolle des Arbeitsganges und des Ergebnisses, bei der Korrektur, bei der Beurteilung soll der Schüler freitätig sein." (Die Schule ..., S. 93)
Selbsttätigkeit soll dann, so sehen es auch Montessori, Parkhurst, Petersen u. a., zur Selbstständigkeit führen, so dass Fremdbestimmung des Kindes weitgehend vermieden werden kann.
(Gaudig verwendet die Begriffe „Selbsttätigkeit" und „Eigentätigkeit" synonym.)

Methode des Schülers

Wenn der Schüler zu selbstständiger Arbeit befähigt werden soll, muss er - wie jeder Wissenschaftler auch - die Techniken und Methoden kennen und handhaben lernen, mit denen sich die Inhalte erschließen lassen. Deshalb schult Gaudig die Schüler in die verschiedensten Techniken der geistigen Arbeit ein. Das erfolgt, indem sich die Schüler zunächst probierend mit den Sachverhalten auseinandersetzen, dabei vielleicht Irrwege gehen und selbst unterschiedliche Zugangsweisen herausfinden und reflektieren. In manchen Fällen wird es aber nicht ohne das „Vormachen" und „Handführen" gehen können, wobei der Schüler die Technik aus der werdenden Arbeit abliest und „den Sinn und die Zweckmäßigkeit der ... Arbeitsweise erkennt." „Alles 'gebundene' Arbeiten muss geradewegs zu freier Arbeit führen. Gebundene Form, wenn durchaus nötig; freie Form, wenn irgend möglich." (Die Schule ..., S. 95 f.) Wichtig ist das Einüben der Arbeitstechniken im praktischen Vollzug und mehr noch der völlig selbst verantwortete Einsatz verschiedener Techniken in unterschiedlichen Situationen, das freie Arbeiten, das für Gaudig der „krönende Abschluss" ist. Gaudigs Forderung gipfelt in dem Satz: „Der Schüler muss Methode haben." (a. a. O., S. 94) Die daran anschließende Forderung ist auch heute noch nur in Ansätzen eingelöst: „Dem Lehrer aber muss die Methode, seinen Schüler zur Methode zu führen, eigen sein." (a. a. O.)
In den heutigen Lehr- und Bildungsplänen werden einzelne Techniken geistiger Arbeit genannt, die der Schüler erwerben soll. Allerdings erscheinen diese Hinweise inmitten der stofflichen Forderungen eher als Randbemerkungen. Tatsächlich aber müssten sich die aufgewendeten Unterrichtszeiten für die Stoffaneignung und die Methodenaneignung in einer Zeit, in der die Erfolge der Schüler in ihren künftigen Berufen mehr von der Beherrschung der Techniken geistiger Arbeit als vom schnell veraltenden Faktenwissen abhängen werden, in etwa die Waage halten.
Die endlose Diskussion um die Frage nach der Übertragbarkeit der in einem Bereich erworbenen Methode auf andere Arbeitsfelder hat zu einer großen Verunsicherung in den Schulen geführt. Die Lehrpläne sollten die wichtigsten Methoden geistiger Arbeit bei jedem Fach aufführen, also Doppelungen nicht scheuen.

Die Lehrer würden bald erkennen, dass viele der in einem Fach erworbenen Methoden von den Schülern mit geringer Hilfe auf andere Fächer übertragen werden können, wenn das erste „Anpassen" der erworbenen Methode auf den neuen Gegenstandsbereich vom Lehrer begleitet wird.

Lehrerfrage

Hugo Gaudig plädiert im Sinne seiner Erziehung zur Selbstständigkeit für eine sparsamere Verwendung der Lehrerfrage im Unterricht und schreibt: „Die Kunst der Frage ist ein schönes und notwendiges Stück der Lehrkunst. Aber es gibt auch einen Fragekult, der dem Schulzweck höchst gefährlich wird. Unter der Despotie der Frage leidet unsere deutsche Schule in allen ihren Zweigen. Bei der Frage wird das D e n k z i e l vom Lehrer gegeben, nicht vom Schüler gefunden. Dass das Denkziel vom Lehrer gegeben wird, ist aber nur so lange und so weit berechtigt, als der Schüler es nicht selbst finden k a n n . Zweitens erfolgt beim Fragen die Anregung zur geistigen Arbeit durch Stoß von außen, nicht durch Trieb von innen. Eine Frage d a , wo die Geistesbewegung des Schülers von selbst (spontan) erfolgen kann, ist eine didaktische Sünde. Drittens geschieht beim Frageverfahren der F o r t s c h r i t t von Gedanken zu Gedanken durch einen neuen Fragestoß, nicht durch spontane Bewegung. Durch die fragende Unterrichtsweise lernt nie ein Schüler seine Gedanken auf ein Ziel hin zu lenken, geschweige dass sich bei ihm jene triebartig wirkende Zielstrebigkeit des Denkens entwickelte, die die Folge fortgesetzter Ü b u n g in der willkürlichen Lenkung der Gedanken ist." (Didaktische Ketzereien, S. 10 f.)

In neuerer Zeit hat Christian Salzmann der Lehrerfrage ihren angemessenen Platz im Unterricht zugewiesen und sie dabei unter einem weitgefassten Impulsbegriff subsumiert. Nach Salzmann kommt es darauf an, „offene und weittragende" Impulse zu setzen, damit die Gängelung der Schüler möglichst vermieden wird, und Impulssetzung, die natürlich immer Fremdbestimmung bleibt, zunehmend überflüssig zu machen.

Literatur:
Gaudig, Hugo, Didaktische Ketzereien, Leipzig und Berlin 1904
Salzmann, Christian, Impuls - Denkanstoß - Lehrerfrage. Zum Problem der Aufgabenstellung im Unterricht, Essen 1970[2]

Schülerfrage

Im krassen Gegensatz zu einem lehrerzentrierten Unterricht, bei dem der Lernfortschritt durch gekonnte Fragetechnik angeregt und gelenkt wird, fordert Hugo Gaudig einen Unterricht, der von der Schülerfrage ausgeht. „Die Schülerfra-

ge ist ein sehr wertvolles meist nicht genügend ausgenutztes Unterrichtsmittel. Der fragende Schüler beweist, dass er einen D e n k r e i z empfunden und sich über das, was er wissen will, klar geworden ist. 'Denkreiz!' Ein gut Stück Didaktik in einem Wort. Denn es ist m. E. eines der wertvollsten Z i e l e aller Unterrichtsarbeit, dass der Schüler bei dem, was ihm vorgelegt wird, u n m i t t e l b a r den Reiz zu geistiger Arbeit empfindet. Die Stufe geistiger Ausbildung, bei der diese Unmittelbarkeit besteht, ist höher und wertvoller als die, auf der der Lehrer durch die F r a g e zum Denken reizt. Die Reaktion auf den unmittelbaren Denkreiz soll die Gestalt der F r a g e haben; in dieser vom S c h ü l e r geformten Frage wird der vom Objekt ausgehende Denkreiz verarbeitet und damit geklärt." (Didaktische Ketzereien..., S. 12 f.)
Bei der Frage handelt es sich nach Gaudigs Ansicht um eine Naturform, die veredelt werden muss, damit sie bei älteren Schülern zur Problemfrage wird. Über das Ausbilden einer Fragekunst wird die Einzelfrage dann auch zu Fragereihen ausgeformt.

Hinsichtlich der Schülerfrage geht Berthold Otto insofern noch über Gaudigs Darlegungen hinaus, als er seinen Unterricht grundsätzlich auf dem Erkenntnistrieb des Kindes aufbauen will und darauf vertraut, dass das Kind nach allen für seine Entwicklung wichtigen Dingen fragt, wenn es sie nicht allein klären kann.

Literatur:
Gaudig, Hugo, Didaktische Ketzereien, Leipzig und Berlin 1904
Gaudig, Hugo, Die Schule im Dienste der werdenden Persönlichkeit,
1. Band, Lcipzig 1917
Otto, Berthold, Gesamtunterricht, Berlin 1913

Zur Fragehaltung:
Copei, Friedrich, Der fruchtbare Moment im Bildungsprozess, Heidelberg 1950
(1. Auflage 1930)

Themengebundenes freies Unterrichtsgespräch

Wie zahlreiche Unterrichtsprotokolle belegen, ist es in der Gaudig-Schule bei Hugo Gaudig selbst, aber auch bei Lotte Müller, Ida Bernhard, Hugo Eberwein, Theodor Friedrich und anderen zu Unterrichtsgesprächen gekommen, in denen die Lehrperson völlig oder weitgehend zurücktritt. Das Thema oder der erste Denkanstoß wird, im Gegensatz zu Berthold Ottos Gesprächsunterricht, von der Lehrkraft gegeben, die dann oftmals die Gesprächsführung in die Hand einer Schülerin legt und sich über weite Strecken des Gesprächs mit dem Zuhören bei

der selbstständigen geistigen Auseinandersetzung der Kinder mit dem Sachverhalt begnügt. Bleiben in dem freien Schülergespräch nach Ansicht der Lehrperson wichtige Aspekte unberücksichtigt, weist sie die Kinder in einer zweiten Gesprächsphase darauf hin.
Die Analyse der Gesprächsprotokolle zeigt, dass Gaudigs Forderung, der Schüler müsse Methode haben, bei solchen Unterrichtsgesprächen weitgehend erfüllt ist.

Literatur:
Gaudig, Hugo (Hg.), Freie geistige Schularbeit in Theorie und Praxis, Breslau 1922
Schwerdt, Theodor, Kritische Didaktik in klassisischen Unterrichtsbeispielen, Paderborn 1948
Dietrich, Theo (Hg.), Unterrichtsbeispiele von Herbart bis zur Gegenwart, Bad Heilbrunn 1969[3]

Vgl. auch den Schlüsselbegriff „Gesamtunterricht" bei Berthold Otto.

Verfahren einer Erziehung zu freier geistiger Arbeit

Lotte Müller, eine Mitarbeiterin der Gaudig-Schule, hat sich nach 1945 um die Fortführung und Weiterentwicklung des Ansatzes der freien geistigen Schularbeit bemüht. Sie weist darauf hin, dass sich die Hinführung einer lernschulmäßig geführten Klasse auf freie geistige Arbeit in Phasen vollziehen muss.
„Die 1. Phase ist gekennzeichnet als Auflockerung der geistigen Vorgänge bei gleichzeitiger Bindung an ein Thema." Hier geht der Lehrer zunehmend von starken auf leise Impulse mit Mimik, Gestik, Reizwörtern etc. über und löst die Bindung der Kinder an seine Person zugunsten einer Bindung an die Sache.
In einer 2. Phase wird zu bewussterem Arbeiten hingeführt, d. h. die Schüler lernen, ihre Urteile zu begründen, zu forschen, Beziehungen herzustellen, Rückschlüsse zu ziehen etc.
Die 3. Phase führt zur „geordnete(n), zielstrebige(n) Gemeinschaftsarbeit der Klasse". Der Lehrer tritt jetzt weiter zurück und wird „Organisator der Klassenarbeit". Die Schülerfrage steht nun im Mittelpunkt. Die Schüler sitzen bei Gesprächen im Kreis und nehmen Gedanken ihrer Mitschüler auf und entwickeln einen gemeinsamen Gedankengang. Die Klasse reflektiert den Verlauf des Gesprächs aufgrund von Stichwortaufzeichnungen.
Da sich die Arbeitsgänge der selbstständigen Arbeit wiederholen und zu einem Schema erstarren können, muss in einer 4. Phase durch Herausstellen alternativer Vorgehensweisen „die Gefahr des Schemas" vermieden werden.
In der 5. Phase wird der Klassenverband aufgelöst, um Einzel- oder Gruppenar-

beit zu ermöglichen. Lotte Müller beklagt, dass der Gruppenunterricht „in unseren Schulen oft schon organisiert (wird), ehe die Kinder arbeitsmethodisch und -technisch ausreichend geschult sind."
Erst in der 6. Phase kann schließlich „von freier geistiger Arbeit gesprochen werden", wenn die Schüler allein oder in der Gruppe selbstständig Ziele verfolgen.
(Müller, Lotte, Phasen in der Erziehung zur Selbsttätigkeit, in: Lebendige Schule 1964, S. 445 ff.)

Stufen des Arbeitsvorgangs

Gaudigs Mitarbeiter Otto Scheibner nennt 5 Stufen des Arbeitsvorgangs:
„**1. Es wird ein <u>Arbeitsziel</u> gesetzt oder eine gestellte Arbeitsaufgabe in den Willen aufgenommen und erfasst.**
2. Es werden die <u>Arbeitsmittel</u> aufgesucht, bereitgestellt, auf ihre Verwendbarkeit geprüft, ausgewählt und geordnet.
3. Es wird ein <u>Arbeitsweg</u> als Plan entworfen und in Arbeitsabschnitte gegliedert.
4. Es werden die einzelnen Arbeitsteile und <u>Arbeitsschritte</u> als in sich selbstständige Teile ausgeführt und in Verbindung gehalten.
5. Es wird das <u>Arbeitsergebnis</u> erfasst, besehen, geprüft, beurteilt, gesichert, eingeordnet, ausgewertet."

(Scheibner, Otto, der Arbeitsvorgang in technischer, psychologischer und pädagogischer Erfassung, in: Hugo Gaudig (Hg.), Freie geistige Schularbeit in Theorie und Praxis, Breslau 1922, S. 40)

STANDORTBESTIMMUNG

Hugo Gaudig ist neben Georg Kerschensteiner der bekannteste deutsche Vertreter der Arbeitsschulbewegung der zwanziger Jahre. Nach Gaudigs Vorstellung muss die Schule in allen Jahrgangsstufen und in allen Fächern vom Gedanken der „freien geistigen Arbeit" durchdrungen sein. Um das zu ermöglichen, muss der Lehrer den Schülern vor allem die Methoden der geistigen Arbeit vermitteln, damit sich der Einzelne ebenso wie die ganze Klasse als Arbeitsgemeinschaft selbstständig neues Wissen erarbeiten und geistige Zusammenhänge erkennen kann.

Die freie geistige Schularbeit ist die Hochform der freien Schülerarbeit. Auch heute muss auf allen Schulstufen auf diese Form hingearbeitet werden, die weniger eine Methode als mehr ein Unterrichtsprinzip sein sollte. Materialgeleitete Freiarbeit, Lernzirkel und Wochenplanunterricht stehen ebenso im Dienste dieses Prinzips wie auch der traditionelle lehrergeleitete Unterricht. In allen Schulstufen können Aspekte dieses Prinzips verfolgt werden, das erst in der Oberstufe seine Vollendung finden kann.

Gaudigs Vorschläge sind wohl deshalb so aktuell geblieben, weil sie der Grundidee aller verantwortungsvollen Pädagogik verbunden sind, den jungen Menschen zur Mündigkeit zu führen - Gaudig sagt, die Individualität zur Persönlichkeit reifen zu lassen. Die in unserer Zeit als wichtiges Erziehungsziel formulierten „Schlüsselqualifikationen" wie Selbstständigkeit, Kritikfähigkeit, Urteilsfähigkeit, Entscheidungsfähigkeit, Fähigkeit zum autonomen Lernen, aber auch Kooperationsfähigkeit oder Teamgeist schließen sich nahtlos an seine Forderungen an.

Gaudig lehnt die Methode der bloßen Wissensvermittlung ab und will statt dessen intellektuelle Kräfte entwickeln, die am konkreten Stoff zu Dispositionen werden. Diese Dispositionen, zusammengefasst als Kräftegruppen, befähigen den Schüler „zur Bewältigung formalwissenschaftlich gleichartigen Stoffes." (Gaudig 1922 I, S. 90)

Solche Gedanken sind in einer differenzierteren und weniger euphorischen Form in das pädagogische Denken eingegangen, das nach exemplarischem Lernen verlangt und die Möglichkeiten des Transfers im Lernprozess betont. (Vgl. W. Flitner, Spranger, Wagenschein) Gaudigs Konsequenzen für einen Unterricht, der über das Ziel bloßer Aneignung positiven Wissens weit hinausgeht und Wissen primär als Mittel und Basis der Kräftebildung versteht, werden in der heutigen Schule zu wenig beachtet.

Bei den Dispositionen, von denen Gaudig spricht, handelt es sich natürlich um persönliche Dispositionen, die dann vorhanden sind, „wenn der intellektuell Arbeitende sich aus sich heraus bestimmt und in keiner Phase der Arbeit des Fremdimpulses bedarf." (Gaudig 1922 I, S. 92) Dieser Zustand kann nur erreicht werden, wenn der gesamte Schulunterricht nach dem Prinzip der Selbsttätigkeit organisiert ist, die Schule demnach Arbeitsschule ist. Die in der Schule praktizierte Selbsttätigkeit befähigt den Schüler dann, auch außerhalb der Schule in den verschiedensten Lebensbereichen selbsttätig zu handeln. Selbsttätigkeit aber ist nur dann zu erwarten, wenn der Schüler die Arbeitstechnik gewinnt. (Vgl. auch S. 19 - 20) Denn selbstverständlich muss nicht nur der Handwerker, sondern ebenso der Wissenschaftler und jeder selbsttätig Lernende die Methoden beherrschen, die zum Bearbeiten und schließlich zum Aufschließen und gekonnten Handhaben der Arbeitsgegenstände taugen. Wer die Methoden der Sacherschließung nicht beherrscht, geht leicht am Kern der Sache vorbei, argumentiert unsachlich, bleibt unselbstständig und ist manipulierbar.

Gaudigs Forderungen erhalten in der Gegenwart wegen der rasant anwachsenden Wissensmenge und dem damit einhergehenden Veralten von Teilen des ehemals bewährten Wissenskanons und wegen der Notwendigkeit, sich immer wieder neu auf schnell wandelnde berufliche Herausforderungen und Veränderungen im gesellschaftlichen Leben einzustellen, überragende Bedeutung. (Vgl. auch das Kapitel „Computer und Internet in der Freiarbeit")
Die heutigen Bemühungen, Schüler/innen zur „Methodenkompetenz" und einer damit verbundenen „Handlungskompetenz" zu führen, lassen sich zwei großen Richtungen zuordnen. Direkte Konzepte wollen die für das selbstständige Lernen wichtigen Strategien der Organisation des Lernvorgangs, der Informationsbeschaffung und Verarbeitung etc. in Kursen lehren und einüben. Die indirekten Konzepte zur Förderung von Methodenkompetenz plädieren für die Bereitstellung von Lernarrangements mit Freiarbeitsmaterial, Lernzirkeln Lernwerkstätten etc., in denen sich Methodenkompetenz entwickelt, reflektiert wird und sich in permanenter Wiederholung in wechselnden Situationen zu einer gut fundierten Handlungskompetenz ausbildet.
Mit Kerschensteiner ist Gaudig wegen der Definition pädagogischer Arbeit in eine heftige Kontroverse geraten, die 1911 auf dem Kongress des Bundes für Schulreform in Dresden ihren Höhepunkt erreicht. Soweit sich die Kontroverse auf die Frage bezieht, ob die Arbeitsschule durch geistige oder durch manuelle Arbeit bestimmt sein muss, erscheint aus heutiger Sicht nur ein Kompromiss sinnvoll, zu dem letztendlich auch Kerschensteiner und Gaudig finden, dass Lernen am erfolgreichsten verläuft, wenn geistige und manuelle Arbeit sich wechselseitig ergänzen.

HERMANN LIETZ
1868 - 1919

1868	als Sohn eines Landwirts auf Rügen geboren
1878-1888	Gymnasialzeit in Greifswald und in Stralsund
1888	Studium der Theologie und der Philosophie (Rudolf Eucken) in Halle und Jena
1891	Promotion in Philosophie
1892	Oberlehrerprüfung (Philosophie, Deutsch, Religion, Hebräisch) anschließend Ausbildung an der Übungsschule in Jena (W. Rein u. G. Richter)
1894	praktische Lehramtsprüfung
1896	bei Cecil Reddie, dem Gründer des ersten engl. Landerziehungsheims, in Abbotsholme
1897	Lietz legt in seinem Buch „Emlohstobba" seinen eigenen Erziehungsplan für Landerziehungsheime vor
1898	Gründung des ersten Deutschen Landerziehungsheims in Ilsenburg am Harz
1901-1914	Gründung weiterer Landerziehungsheime und eines Waisenheims
1919	im LEH Haubinda gestorben

Erziehungsziele

Es geht Hermann Lietz darum, die „verschiedenartigen Anlagen des Kindes zu entwickeln". Das gelingt „nicht mit bloßem Unterrichte" (Lietz 1917, S. 3), sondern durch Umstellung der gesamten Lebensweise. Dazu ist ein Leben auf dem Lande erforderlich ohne Störung „durch Masseneindrücke" und durch „Hässliches und Schädliches" der Stadt. Zu den Erziehungsmitteln gehören „eine gesunde, vernunft- und naturgemäße Lebensweise", „Spiel, planmäßige Körperübung und Arbeit" (a. a. O., S. 6), und das meint praktische und geistige Arbeit in gleicher Weise.

Lietz nennt insbesondere vier Erziehungsziele:
„Erziehung zu nationaler Gesinnung und Tat",
„Erziehung zu sozialer Gesinnung und Tat",
„Erziehung zu sittlicher Welt- und Lebensauffassung" und
„Erziehung zu religiöser Gesinnung und Tat". (a. a. O., S. 4 f.)

Die Verengung auf den nationalen Aspekt wird erst durch spätere Gründungen, besonders durch die von Geheeb und Hahn, überwunden.

AUSWAHLBIBLIOGRAPHIE

Emlohstobba. Roman oder Wirklichkeit? Bilder aus dem Schulleben der Vergangenheit, Gegenwart oder Zukunft? Berlin 1897
Die Deutschen Landerziehungsheime. Gedanken und Bilder, Leipzig 1910
Die deutsche Nationalschule. Beiträge zur Schulreform aus den deutschen Landerziehungsheimen, Leipzig 1911
Des Vaterlandes Not und Hoffnung. Gedanken und Vorschläge zur Sozialpolitik und Volkserziehung, Veckenstedt 1919
Lebenserinnerungen. Von Leben und Arbeit eines deutschen Erziehers, hrsgg. von Erich Meißner, Veckenstedt 1920
Andreesen, A., Hermann Lietz. Der Schöpfer der Landerziehungsheime, München o. J. (1934)
Bauer, H., Zur Theorie und Praxis der ersten deutschen Landerziehungsheime, Berlin-O 1961
Dietrich, Th. (Hg.), Die Landerziehungsheimbewegung, Bad Heilbrunn 1967
Kutzer, E. (Hg.), Hermann Lietz - Zeugnisse seiner Zeitgenossen, Stuttgart 1968

SCHLÜSSELBEGRIFFE

Familienerziehung

Von Abbotsholme übernimmt Lietz zunächst das „Präfektensystem", bei dem die eigentliche Erziehung in der Selbstverwaltung und Selbsterziehung der Jungen liegt und ältere Schüler als „Präfekten" für bestimmte Bereiche des Heimlebens verantwortlich sind. Lietz wandelt dieses System, bei dem zwischen den Schülern eine Rangordnung entsteht und die Lehrer weitgehend von der Erziehungsaufgabe dispensiert sind, in die „Familienerziehung" um. Jeder Lehrer betreut nun als „Familienvater" etwa 12 Schüler als „Familie". Damit kommt es zur wirklichen Begegnung von Lehrer und Schüler, die für Lietz das „Kernstück" der Erziehung ist.

Kapelle

Die Kapelle stellt bei Lietz den meditativen Mittelpunkt des gesamten Heimlebens dar. Zur Kapelle versammelt sich die ganze Schulgemeinde bei gutem Wetter im Freien und sonst in einem Raum. Man singt und hört Lietz zu, der einen Bibeltext oder einen Text aus der Weltliteratur ausgewählt hat, zu dem er spricht. Lietz hatte die Kapelle, die im christlichen Schulgeist von Schulpforta gründet, in Abbotsholme erlebt. Der Kapellengedanke erfährt in seinen Heimen jedoch eine teilweise Säkularisierung.

Vgl. dazu auch das Kapitel „Reformpädagogik und Religion".

Erziehungsschule

„Die alte Unterrichtsschule holte sich den Zögling nur auf wenige Stunden, die neue Erziehungsschule holt ihn möglichst für den ganzen Tag. Jene holte sich ihn zur Beibringung theoretischer Kenntnisse und Fertigkeiten (Schreiben etc.) in die Schulstube, diese holt sich ihn zur Entwicklung aller seiner Kräfte nicht nur in die Menschen- und Stadtschulstube, sondern in Gottes Schulstube draußen, in Wald und Feld, auf Wiese und Flur, in Fluss und See, auf Bauplatz und in Werkstätte." (Lietz 1897, S. 141)
„Nicht Kenntnisse, Wissen, Gelehrsamkeit, sondern Charakterbildung; nicht alleinige Ausbildung des Verstandes und Gedächtnisses, sondern aller Seiten, aller Kräfte, Sinne, Organe, Glieder und guten Triebe der kindlichen Natur zu einer möglichst harmonischen Persönlichkeit; nicht Lesen, Schreiben, Griechisch, sondern Leben lehren: das ist das ideale Ziel, welches die Erziehungsschule bei

allem, was sie mit dem Zögling vornimmt, nie außer Acht läßt." (Lietz 1897, S.138 f.)

Landerziehungsheim-Landschulheim-Schullandheim

Während Hermann Lietz für seine Heimgründungen den Begriff „Landerziehungsheim" verwendet, tritt bei späteren Gründungen die Bezeichnung „Landschulheim" hinzu. Damit ist der schulische Charakter der Internate hervorgehoben, an denen heute das staatliche Abitur erworben werden kann. In der Praxis werden die beiden Begriffe jedoch synonym verwendet.
Im deutlichen Gegensatz zu den Landerziehungsheimen bzw. den Landschulheimen, die als Internate geführt werden und in der Regel für Jungen und Mädchen ab Klasse 5 angeboten werden, stehen Schullandheime den Klassen der Regelschulen für Kurzaufenthalte (2 - 3 Wochen) zu Verfügung. Im Grunde liegen der seit 1911 aufkommenden und nach dem 1. Weltkrieg ausgeformten Schullandheim-Idee jedoch ähnliche Gedanken zugrunde wie sie von den Landerziehungsheimen (und der Jugendbewegung) vertreten werden: Lebens- und Arbeitsgemeinschaft von Lehrern und Schülern, enger Naturbezug, Öffnung des Unterrichts auf das Leben, Betonung von Sport, Singen, Spiel und Feier. Es wird erwartet, dass die nur zwei bis drei Wochen dauernden Schullandheim-Aufenthalte entscheidend auf den Schulunterricht der Halbtagsschule zurückwirken. Im Idealfall sind neben Eltern und Lehrern auch die Schüler am Aufbau und an der Erhaltung der Heime beteiligt.

Literatur:
Sahrhage, H., Werden und Wirken der deutschen Schullandheimbewegung, Bielefeld, Bremen 1950

Wanderungen und Reisen

Für Lietz sind Wanderungen und Reisen Teil seiner Lebenslehre. Er nimmt selbst alle Anstrengungen auf sich, die er von den Jungen verlangt, und hofft auf das Herausbilden eines Gemeingefühls. Die Reisen tragen auch zur Weltoffenheit der Erziehung bei. Dennoch bleibt die Erziehung bei Lietz in ihrem Kern nationalistisch, wenn auch einige Stellen in seinen Schriften die Notwendigkeit einer Erziehung für die Menschheit herausstellen.

Vgl. dazu auch die „Expedition" im Rahmen der „Erlebnistherapie" bei Kurt Hahn.

Hermann Lietz gründete folgende Landerziehungsheime:
1898   Gründung des ersten Deutschen Landerziehungsheims in Ilsenburg am Harz (ab 1901 Unterstufe der Lietz-Heime)
1901   Gründung des Landerziehungsheims Haubinda (Mittelstufe)
1904   Gründung des Landerziehungsheims Bieberstein / Rhön (Oberstufe)
1914   Gründung des Landwaisenheims Veckenstedt

Folgende Heime können in einigen Strukturelementen als Vorläufer der Landerziehungsheime gelten:
Casa Giocosa (Haus des Frohsinns), eine humanistische Schule bei Mantua, in der Vittorino da Feltre (1378 - 1446) die Bildung des Charakters und Leibesübungen in seine Pädagogik einbezieht.

Schulpforta, die 1543 gegründete Fürstenschule im Saaletal, deren Erziehung im protestantischen Humanismus über die gesamte Gestaltung des Schullebens erfolgt und so umfassend ist, dass vielfach eine Prägung der Schüler für ihr ganzes Leben geschieht. Zu den Schülern gehörten z. B. Klopstock, Fichte und Nietzsche. Lietz übernimmt von Schulpforta den Kapellengedanken.

Schnepfenthal. Das 1784 von Chr. G. Salzmann gegründete Heim bietet den Schülern ein einfaches, familienhaftes Landleben an, wie Rousseau das auch gefordert hat. Salzmann stellt die Entwicklung und Übung der leiblichen und geistigen Kräfte in den Mittelpunkt seines Bemühens, dem der Unterricht untergeordnet ist.

Keilhau, die „Allgemeine deutsche Erziehungsanstalt" Friedrich Fröbels (1782 - 1852), in der ab 1817 bei persönlichem Zusammenleben von Erziehern und Zöglingen ein einfacher Lebensstil gepflegt, bei Gartenarbeit, Wandern und Pflege von Pflanzen und Tieren der unmittelbare Zugang zur Natur ermöglicht sowie körperliche Ertüchtigung, praktisches Arbeiten und musische Betätigungen in das Erziehungskonzept einbezogen werden.

Trüpersche Erziehungsanstalt in Jena, in der Lietz 1893/94 praktische Erfahrungen sammelt und Anregungen für seine Heimgründungen erhält.

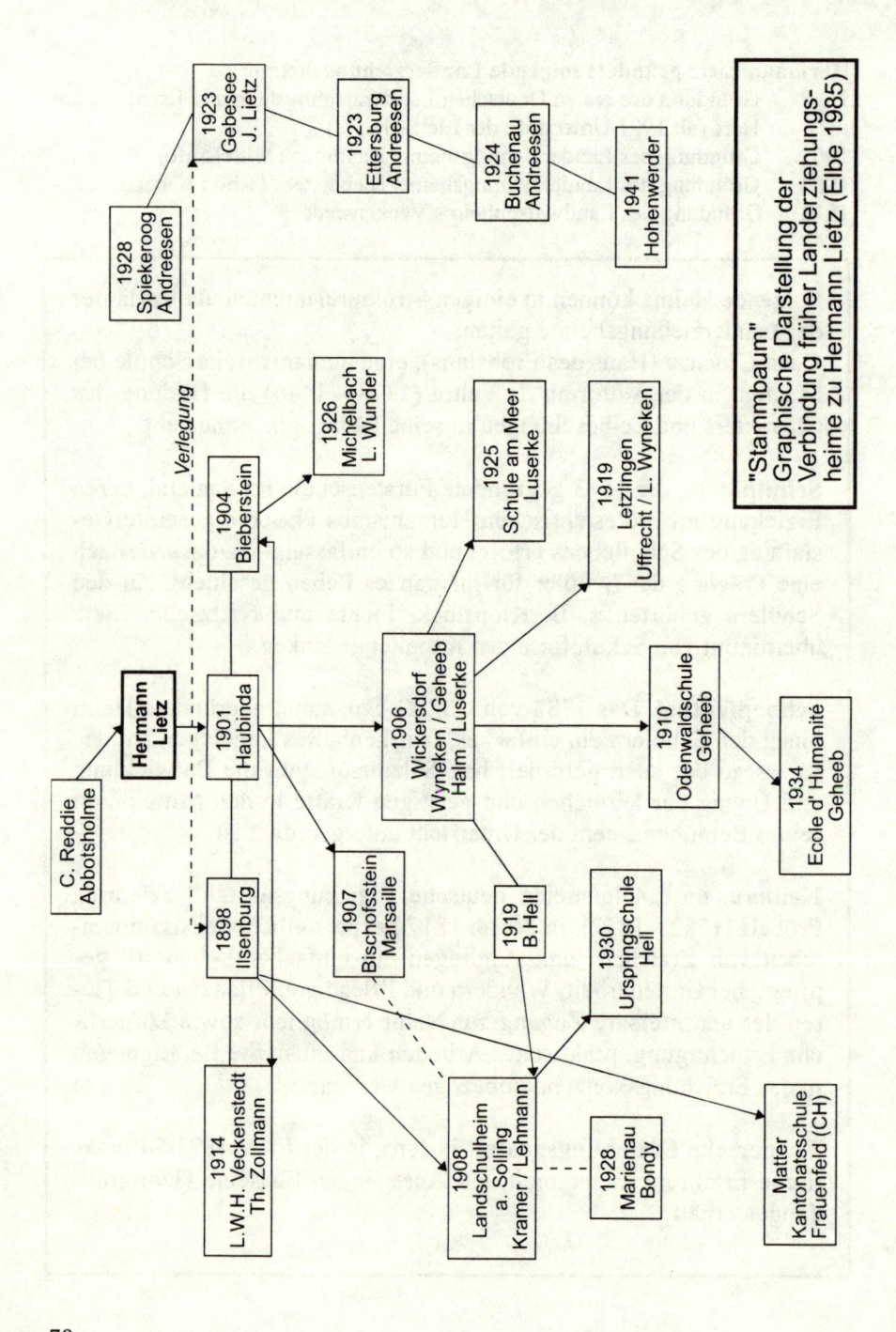

"Stammbaum"
Graphische Darstellung der Verbindung früher Landerziehungsheime zu Hermann Lietz (Elbe 1985)

- C. Reddie Abbotsholme → **Hermann Lietz**
- 1898 Ilsenburg
- 1901 Haubinda
- 1904 Bieberstein
- 1906 Wickersdorf Wyneken / Geheeb Halm / Luserke
- 1910 Odenwaldschule Geheeb
- 1907 Bischofsstein Marsaille
- 1908 Landschulheim a. Solling Kramer / Lehmann
- 1914 L.W.H. Veckenstedt Th. Zollmann
- 1919 B. Hell
- 1919 Letzlingen Uffrecht / L. Wyneken
- 1923 Gebesee J. Lietz
- 1923 Ettersburg Andreesen
- 1924 Buchenau Andreesen
- 1925 Schule am Meer Luserke
- 1926 Michelbach L. Wunder
- 1928 Spiekeroog Andreesen *(Verlegung)*
- 1928 Marienau Bondy
- 1930 Urspringschule Hell
- 1934 Ecole d'Humanité Geheeb
- 1941 Hohenwerder
- Matter Kantonatsschule Frauenfeld (CH)

78

STANDORTBESTIMMUNG

Hermann Lietz, der von seinen ehemaligen Schülern als begnadeter Erzieher beschrieben wird, ist der Initiator der deutschen Landerziehungsheime. Bei deren Gründung kann er auf Cecil Reddies Erfahrungen mit dem englischen Internat Abbotsholme, aber auch auf Erziehungskonzeptionen älterer Internate (s. „Vorläufer der Landerziehungsheime") zurückgreifen.

Lietz bemängelt die völlig einseitige intellektuelle Ausbildung an den Schulen seiner Zeit und führt scharfe Kulturkritik. Er betrachtet die im Zuge zunehmender Industrialisierung erfolgende Verstädterung als gefährliche Entartung menschlichen Lebens und wettert gegen „städtische Bummler" und „schöngeistige Schmarotzer". Hingegen erscheint ihm die Bewahrung bäuerlichen Lebens, wie er das in seinen ersten Kinderjahren kennen gelernt hatte, als wichtigstes Anliegen einer gesunden Sozialpolitik.

Seine lebensreformerischen Ideen zeigen sich besonders auch in der Forderung strikter Enthaltung von Alkohol und Nikotin - ganz im Sinne der aufkommenden Jugendbewegung.

In seinen Schriften erweist sich Lietz stark vom nationalen Gedanken geprägt, und er preist die Nation geradezu als „das Höchste auf Erden". Erst in seinen späteren Schriften setzt er das Ideal der Menschheit, der Humanität, an die erste Stelle.

Seit 1947 sind die von Hermann Lietz gegründeten Schulen mit den Heimgründungen anderer Reformpädagogen in der „Vereinigung Deutscher Landerziehungsheime" zusammengeschlossen. Sie haben sich zu Institutionen entwickelt, die den Gedanken einer umfassenden ganzheitlichen Erziehung auf traditioneller Basis in zeitgemäßer Form realisieren.

Hellmut Becker, der 1993 verstorbene langjährige Ideengeber und Förderer der Landerziehungsheime, sagt zu den gegenwärtigen Aufgaben dieser freien Schulen: „Heute wissen wir, dass die Chance, die dem Leben und der Arbeit auf dem Land gegeben ist, auch einer späteren Großstadtexistenz ein anderes Gewicht gibt. ...

Eine Schule, die nur Unterricht vermittelt und das jugendliche Abenteuer dem Leben auf der Straße überlässt, wird keine großen Unterrichtserfolge haben. Hermann Lietz und Kurt Hahn, Geheeb und Wyneken, die Gründer der Landerziehungsheimbewegung, haben jeder in seiner Weise versucht, aus dem Lernen selbst ein Abenteuer zu machen, zugleich aber den Jugendlichen durch mitbestimmende Teilnahme am Schulleben zum aktiv handelnden und verantwortlich Beteiligten am Schulgeschehen zu machen."

(Hellmut Becker, Landerziehungsheime heute, in: Leben und Arbeit. Zeitschrift der Deutschen Landerziehungsheime Hermann-Lietz-Schule 1994/1, S. 4)

PAUL GEHEEB
1870 - 1961

1870	in Geisa /Rhön geboren Humanistisches Gymnasium in Fulda
1889	Theologiestudium in Gießen, Jena, Berlin außerdem Studium der Philosophie, Naturwissenschaften, der oriental. Sprachen
1893- 1894	Erzieher in der Trüperschen Erziehungs- anstalt Jena und in Wyk auf Föhr
1902	Lehrer in Haubinda
1906	Zusammen mit G. Wyneken und M. Luserke Gründung von Wickersdorf
1910	Gründung der Odenwaldschule
1934	Emigration in die Schweiz Gründung der Ecole d`Humanité in Versoix
1939	Umzug des Heims nach Vevey, nach Grengg am Murtensee und in den Kanton Fribourg
1946	Ecole d`Humanité in Goldern / Berner Oberland
1961	in Goldern gestorben

Erziehungsziel

Paul Geheeb sieht den Menschen in einem lebenslangen Entwicklungsprozess. Es ist ein „Prozess andauernder, überwiegend unbewusster Auseinandersetzung, in der sich jedes Individuum mit seiner Umgebung, mit Menschen und Dingen, mit Natur und Kultur, befindet, die empfangenen Eindrücke teils fruchtbar verarbeitend, teils aber ablehnend." Dieser Entwicklungsprozess muss von anderen Menschen gefördert werden.

„Alle Erziehung, ja alle kulturelle Entwicklung vollzieht sich in der Spannung einer Ellipse, deren einer Brennpunkt das Individuum, der andere die Gemeinschaft ist. Um also als Mensch zu gedeihen, um sich zum religiös sittlichen Charakter zu entfalten, muss das Kind in einer Gemeinschaft aufwachsen, in der Menschen der verschiedensten Altersstufen, vom Säugling bis zum Greise, in einer von Reinheit, Liebe und gegenseitigem Verstehen erfüllten Atmosphäre natürlich und unbefangen miteinander leben; in einer Gemeinschaft, der alles Leben - als eine Offenbarung Gottes - heilig ist, und die beherrscht ist von der Ehrfurcht vor dem, was jenseits aller menschlichen Macht und über menschlichem Schicksal steht, vor dem Göttlichen, wo und wie immer es sich in Natur und Menschenleben offenbart .."
(Paul Geheeb in Dietrich 1967, S. 112)

AUSWAHLBIBLIOGRAPHIE

Die kulturelle Aufgabe der Koedukation, in: H. Harless, Jugend im Werden - Stimmen zur Koedukation, Bremen 1956
Psychohygiene in der Odenwaldschule und in der Ecole d'Humanité, in: H. Meng (Hg.), Geistige Hygiene, Basel 1955
Die Odenwaldschule - ein Versuch neuzeitlicher Erziehung, in: Th. Dietrich (Hg.), Die Landerziehungsheimbewegung, Bad Heilbrunn 1967
Huguenin, E., Die Odenwaldschule, Weimar 1926
Cassirer, E. (Hg.), Die Idee einer Schule im Spiegel der Zeit, Heidelberg 1950
Schäfer, W., Paul Geheeb. Mensch und Erzieher, Stuttgart o. J.
Schäfer, W., Die Odenwaldschule 1910 - 1960, Oberhambach 1960
Schäfer, W. (Hg.), Paul Geheeb. Briefe, Stuttgart 1970
Mitarbeiter der Odenwaldschule (Hg.), Paul Geheeb zum 90. Geburtstag, Heidelberg 1960

SCHLÜSSELBEGRIFFE

Menschheitsschule
Ecole d'Humanité

Bereits bei der Gründung der Odenwaldschule hat Geheeb die Vision einer Schule, die als Mikrokosmos den Makrokosmos einer Menschheit widerspiegeln soll, die in „wirtschaftlicher und kultureller Kooperation" vereint ist. Dieser Vorstellung folgt Geheeb dann besonders in der Ecole d'Humanité in Goldern.

Nach Geheebs Ansicht muss die Menschheitsentwicklung von der nationalen Erziehung ausgehen, in die das Kind zunächst hineinwächst. Dann soll aber das Kind in Geheebs Pädagogischer Provinz das Verhältnis der Nation zur Menschheit als fruchtbares Spannungsgefüge praktisch erleben. Dazu sollen möglichst alle großen Kulturen, neben der abendländischen auch die chinesische, die indische und die des Orients mit Lehrern und Kindern vertreten sein und je eigene Arbeitsgemeinschaften bilden. Alle Kulturgemeinschaften sind gleichberechtigt - auch in der Sprache - und sollen sich wechselseitig bereichern. Alle lernen als Sprachen jedoch Englisch, Französisch und Deutsch.

Während jede Kulturgemeinschaft - auch in räumlicher Hinsicht - eine Lebensgemeinschaft für sich bildet, entstehen auf den unterschiedlichsten Sachgebieten Arbeitsgemeinschaften aus Mitgliedern der verschiedensten Nationen (Naturwissenschaft, Technik, praktische Arbeiten etc.).

Das, was heute als „Interkulturelle Erziehung" in unterschiedlichen Modellen versucht wird, hat bei Geheeb bereits eine gültige Form gefunden.

Geheeb sieht sich mit seiner Menschheitsschule in der Nachfolge von Kant, Herder, Schiller und Nietzsche, bei denen „Menschheit" jedoch ein Abstraktum ist.

Vgl. dazu auch den Schlüsselbegriff „Atlantic College" bei Kurt Hahn.

Ganz im Sinne interkultureller Erziehung, verbunden mit dem Hahnschen Ansatz, Jugendlichen durch das Erlebnis gemeinsamen verantwortlichen Arbeitens zum Respektieren des Anderen und zum Herausbilden der eigenen Persönlichkeit zu verhelfen, bewähren sich in der Gegenwart die Internationalen Jugendgemeinschaftsdienste, die u. a. unter der Zielstellung durchgeführt werden: Lernen durch Erleben - gemeinsam etwas schaffen - sich verstehen, auch ohne große Sprachkenntnisse.

Während der 2- bis 3-wöchigen Workcamps werden z. B. Spielplätze renoviert, Tagungsstätten ausgebaut, Behinderte oder alte Menschen betreut, Arbeiten in biologisch-dynamisch geführten Landwirtschaften oder Kulturpflegearbeiten in

Waldgebieten übernommen. (Zentrale der Internationalen Jugendgemeinschaftsdienste (IJGD): 53113 Bonn, Kaiserstr. 43)

Koedukation

Die Lietz'schen Landerziehungsheime sind zunächst Schulen für Jungen, in die nur wenige Mädchen, die Schwestern der Heimschüler, aufgenommen werden. Zwar hält Lietz die gemeinsame Erziehung von Jungen und Mädchen, die Koedukation, prinzipiell für wünschenswert, zu seiner Zeit aber nicht durchführbar.
Nach ihrer Trennung von Lietz führen Geheeb und Wyneken bei der Gründung von Wickersdorf die Koedukation ein. Als Geheeb dann Wickersdorf verlässt, übernimmt er den Gedanken der gemeinsamen Erziehung von Jungen und Mädchen in die Schulkonzeption der Odenwaldschule.
In den staatlichen Halbtagsschulen stellt sich das Problem der Koedukation natürlich nicht in gleichem Maße. Hier kann man auch eher von „Koinstruktion" sprechen, die seit Einführung der allgemeinen Schulpflicht oftmals schon aus rein fiskalischen Gründen erfolgt und dann lediglich die Fächer Sport und Hauswirtschaft / Werken ausnimmt.
Vgl. dazu auch den Schlüsselbegriff „Sexualität".

Epochenunterricht

Um den dauernden Wechsel der Fächer an einem Unterrichtsvormittag zu verhindern und vertieftes Eindringen in die Sachverhalte und eine Konzentration der Interessen zu ermöglichen, wird der Epochenunterricht eingesetzt. Eines der in den Epochenplan einbezogenen Fächer (im allgemeinen Erdkunde, Biologie, Geschichte, Physik, Chemie und Teilbereiche des Deutschunterrichts) wird jeweils zum Leitfach erhoben und 4 bis 6 Wochen lang täglich etwa 2 Stunden angeboten, um danach von einem der anderen Fächer abgelöst zu werden. Aus dem Nebeneinander der Fächer wird dadurch ein Nacheinander, ohne dass die einem Fach zur Verfügung stehende Jahres-Stundenzahl verändert werden müsste.
Bernhard Hell, der Gründer des Landerziehungsheims „Urspringschule", sieht eine Form des Epochenunterrichts vor, bei der der Stoff so aufgeteilt wird, „dass in einem Drittel des Schuljahres das Lernen und die Ausbildung persönlicher Kraft besonders gefördert wird, dass in einem zweiten der Wille zur Gemeinschaft betont wird und im letzten Drittel die gesteigerte Arbeit." (Hell, S. 43)
Epochenunterricht, der dem exemplarischen Lernen sehr entgegenkommt, ist am besten durchführbar, wenn der Lehrer in einer Klasse mehrere der für diese Unterrichtsform geeigneten Fächer unterrichtet, wie das etwa beim Klassenlehrersystem der Waldorfschulen der Fall ist.

Vgl. die Schlüsselbegriffe „Klassenlehrer" und „Epochenunterricht" im Kapitel „Waldorfpädagogik".

Literatur:
Hell, B., Die Evangelische Schulgemeinde. Versuch zur Gestaltung eines evangelischen Landerziehungsheims, Kassel 1930
Schäfer, W. u. a., Probleme der Schule im gesellschaftlichen Wandel, Frankfurt a. M. 1972

Schulgemeinde

Auf Initiative von Gustav Wyneken (1875 - 1964) und nach Verhandlungen Paul Geheebs mit der staatlichen Behörde kommt es 1906 zur Gründung der Freien Schulgemeinde Wickersdorf, die in den ersten Jahren von den beiden Pädagogen gemeinsam geleitet wird.
Wyneken entwickelt in der Auseinandersetzung mit den Schriften Hegels, über den er auch promoviert, den Gedanken einer Jugendkultur, die für die Jugend einen wirklichen Neubeginn im Sinne Rousseaus darstellen soll. Im gesellschaftlichen Leben macht sich die ältere Generation die Jugend dienstbar und will sie primär für den Konkurrenzkampf im Wirtschaftsleben tüchtig machen, verhindert dadurch aber die Entwicklung von etwas eigenem Neuen, das im Dienst höherer Ideen steht, wodurch dem Leben allererst Sinn gegeben werden kann. Das aber ist nach Wynekens Ansicht in der Freien Schulgemeinde möglich, in der beide Geschlechter und alle Lebensalter zu einer Lebensgemeinschaft zusammengeschlossen sind - und in der sich die Jugend selbst erziehen kann. - Solche Ansichten zeigen, wie groß die Nähe Wynekens zur Jugendbewegung ist.
In Wickersdorf wird das Gemeinschaftsleben, in dem das musische Element durch Luserke und Halm besondere Betonung erfährt, durch die Schulgemeinde geleitet, in der alle Schüler verantwortlich mitarbeiten. Indem aber durch die dominante Persönlichkeit Wynekens sehr fest umrissene Vorstellungen von den geistigen Inhalten der entstehenden Jugendkultur eingebracht werden, wird die Jugend schließlich doch nicht freigelassen zum Finden und Entwickeln einer wirklich jugendgemäßen Geistigkeit.
1910 gibt Paul Geheeb, nun als Leiter der Odenwaldschule, der Schulgemeinde noch größeren Einfluss, indem er sich als Leiter des Landerziehungsheims voll unter die Mehrheitsbeschlüsse der Schulgemeinde stellt, in der Lehrer und Schüler jeden Alters das gleiche Stimmrecht haben.

Vgl. auch die Ausführungen zu einer anders verstandenen Schulgemeinde beim Schlüsselbegriff „Freie Schulen".

Literatur:
Wyneken, G., Wickersdorf, Lauenburg 1922
Wyneken, G., Schule und Jugendkultur, Jena 1928
Geissler, E. H., Der Gedanke der Jugend bei Gustav Wyneken, Frankfurt a. M., Berlin, Bonn 1963

STANDORTBESTIMMUNG

Geheebs reformpädagogischer Ansatz ist auch heute noch hoch aktuell. Seine Vorstellungen von der Bildung des Individuums im Rahmen einer Gemeinschaft, in der die verschiedenen Lebensalter und Geschlechter sich wechselseitig anregen, von der, wie wir heute sagen, interkulturellen Erziehung mit der unbedingten Achtung vor der eigentümlichen Qualität fremder Kulturen und der Hochachtung vor allem Lebenden und der gesamten Schöpfung sind beispielhaft. Besonders überzeugend ist dieser Ansatz, weil er nicht nur in Worten existent ist, sondern von Paul Geheeb und seiner Frau Edith Geheeb-Cassirer vorgelebt worden ist. Überzeugend ist auch die Offenheit des Systems, das bei Bewahrung einer christlich-humanistischen Grundhaltung zeitadäquate Weiterentwicklungen erlaubt, wie sie an der Odenwaldschule (Reform der gymnasialen Oberstufe, Werkstudienstufe etc.) und an der Ecole d'Humanité durch das Ehepaar Lüthi, Ruth Cohn (s. dort) u. a. erfolgen.
Interesse und Entdeckerfreude der Schüler/innen stehen, wie der langjährige Mitarbeiter Martin Wagenschein (s. dort) das gefordert und in seinem Unterricht ermöglicht hat, am Anfang der Lernprozesse im projektbezogenen fächerübergreifenden Unterricht. Dieses gemeinsame lebendige Lernen ohne Rivalität verzichtet keineswegs auf anspruchsvolle Herausforderungen. Handwerkliche Arbeiten (Holzarbeiten, Töpfern, Weben, Elektrobasteln), Kunst und Musik (Theater, internationale Volkstänze, Kammermusik, Instrumentalunterricht), Sport und Abenteuer (Wandern, Klettern, Wildwasserfahren) sind in der Ecole d'Humanité nicht an der Peripherie des Lehrplans angesiedelt, sondern wichtige Bestandteile der Erziehungskonzeption.
Odenwaldschule und Ecole d'Humanité sind für das staatliche Schulwesen hervorragende Vorbilder für weltoffenes Denken und das Zusammenleben in der internationalen Gemeinschaft.

MARIA MONTESSORI
1870 - 1952

1870   in Chiaravalle bei Ancona geboren

1896   Promotion als erster weiblicher Doktor der Medizin in Italien / Assistenzärztin an der psychiatrischen Universitätsklinik in Rom

1898   Leiterin einer Schule zur Ausbildung von Heilpädagogen

1899   Studium der Psychologie u. Philosophie

1904   Prof. für Anthropologie an der Uni Rom

1907   Eröffnung des ersten Kinderhauses in San Lorenzo in Rom (casa dei bambini) / Erprobung ihres Sinnesmaterials bei normalen Kindern

1909   Beginn der Ausbildung von Erziehern für Kinderhäuser / Aufgabe ihrer Arztpraxis

1913   Aufenthalt in Spanien / Vorträge in vielen Ländern / Starke Verbreitg. ihrer Erziehungsideen

1936   Weggang von Barcelona (Span. Bürgerkrieg)

1939   Vortragsreisen in Indien

1949   Rückkehr nach Europa / Intern. Ehrungen

1952   in Noordwijk-an-Zee in Holland gestorben

Bildungsziel

Bildung ist nicht ein von außen nach innen führender Prozess, sondern eine aus dem Innern heraus kommende ganzheitliche Entwicklung, an der das Kind selbst aktiv mitarbeiten muss. Der Erzieher kann für diesen Prozess lediglich günstige Voraussetzungen schaffen.
Montessori schreibt: „Aber auch das Kind ist ein Arbeiter und Erzeuger. Kann es nicht an der Arbeit der Erwachsenen teilnehmen, so hat es doch seine eigene große, wichtige und schwere Aufgabe zu erfüllen: die Aufgabe, den Menschen zu bilden ... Das Kind ist der Erzeuger des Menschen." (Montessori 1967, 270f.) „Man muss dem Kind eine Umgebung bieten, in der alle Dinge seinen Proportionen entsprechend gebaut sind; und dort soll man es leben lassen. Dann entwickelt sich in ihm jenes aktive Leben ... die Offenbarung eines geistigen Lebens. In dieser harmonischen Umgebung haben wir beobachtet, wie sich das Kind in die intellektuelle Arbeit vertieft, wie ein Samen, der seine Wurzeln in die Erde schlägt und sich dann entwickelt und wächst durch ein einziges Mittel: die lange Ausdauer bei jeder Übung." (Montessori 1976, S. 28)
Literatur: Montessori, M., Kinder sind anders, Stuttgart 1967
Montessori, M. Schule des Kindes, hg. von P. Oswald und G. Schulz-Benesch, Freiburg 1976

AUSWAHLBIBLIOGRAPHIE

Schule des Kindes, Hg. P. Oswald u. G. Schulz-Benesch, Freiburg 1976
Kinder sind anders, Stuttgart 1967
Das kreative Kind, Hg. P Oswald und G. Schulz-Benesch, Freiburg 1973
Die Entdeckung des Kindes, Hg. P. Oswald und G. Schulz-Benesch, Freiburg 1969
Von der Kindheit zur Jugend, Hg. Oswald / G. Schulz-Benesch, Freiburg 1973
Frieden und Erziehung, Hg. P. Oswald u. G. Schulz-Benesch, Freiburg 1973
Kosmische Erziehung, Hg. P. Oswald u. G. Schulz-Benesch, Freiburg 1988
Kramer, R., Maria Montessori. Leben und Werk einer großen Frau, Frankfurt a. M. 1983
Böhm, W. (Hg.), Maria Montessori. Texte und Diskussion, Bad Heilbrunn 1971
Holtstiege, H., Modell Montessori. Grundsätze und aktuelle Geltung der Montessori-Pädagogik, Freiburg, Basel, Wien 1981
Holtstiege, H., Maria Montessoris Neue Pädagogik: Prinzip Freiheit - Freie Arbeit, Freiburg, Basel, Wien 1987
Holtstiege, H., Das Menschenbild bei Maria Montessori, Freiburg u. a. 1999

SCHLÜSSELBEGRIFFE

horme

Montessori geht, wie zahlreiche Philosophen, Psychologen und Pädagogen ihrer Zeit, von einer vitalen Antriebskraft beim Menschen aus, die sie als ein in sich geordnetes Gefüge von Antriebsenergien versteht.

„Im Individuum ist eine vitale Kraft tätig, die es zu seiner Entfaltung führt. Diese Kraft wurde von Percy Nunn als *horme* bezeichnet." Diese Kraft ist „Förderer jeglicher Entwicklung. Diese vitale Entwicklungskraft regt das Kind zu verschiedenen Handlungen an. Wenn das Kind normal aufgewachsen ist und seine Tätigkeit nicht behindert wurde, zeigt sich in ihm das, was wir als Lebensfreude bezeichnen. Das Kind ist stets begeistert und glücklich."
(Montessori 1973, S. 77)
(Bergson: „élan vital", Freud: „Libido", Buber: „Urhebertrieb")

Sensible Phasen

In Anlehnung an Beobachtungen des holländischen Biologen de Vries spricht Montessori von „sensiblen Phasen" bzw. „sensiblen Perioden". Sie überträgt die von de Vries an Insekten gewonnenen Erkenntnisse auf die kindliche Entwicklung. Sensible Phasen sind nach Montessori „von vorübergehender Dauer und dienen nur dazu, dem Wesen die Erwerbung einer bestimmten Fähigkeit zu ermöglichen. Sobald das geschehen ist, klingt die betreffende Empfänglichkeit wieder ab." (Montessori 1967, S. 61)

Verwandte Begriffe: Konrad Lorenz bezeichnet eine sehr eng begrenzte sensible Phase bei Tieren als „Prägung"; Heinrich Roth erkennt im Hinblick auf Lernprozesse „phasenspezifische Empfänglichkeitsperioden"; Hans Aebli weist auf erhöhte Sensibilitäten in „kritischen Phasen" im Bereich des Erlernens elementarer Leistungen hin.

Literatur:
Montessori, M., Kinder sind anders, Stuttgart 1952
Aebli, H., Die geistige Entwicklung als Funktion von Anlage, Reifung, Umwelt- und Erziehungsbedingungen, in: Roth, H. (Hg.), Begabung und Lernen, Stuttgart 1969³
Lorenz, K., Über tierisches und menschliches Verhalten. Gesammelte Abhandlungen Band I, München 1965
Roth, H. Pädagogische Anthropologie, 2 Bde. Hannover 1968/71

Absorbierender Geist

In der frühen Kindheit (1. - 3. J.) verfügt das Kind über eine unbewusste Intelligenz in Form eines Anpassungsvermögens besonderer Art an seine Umgebung. „Im Kinde besteht für alles, was es umgibt, eine absorbierende Sensitivität - und nur durch das Beobachten und Absorbieren der Umwelt ist die Anpassung möglich: Diese Form der Aktivität offenbart eine unbewusste Kraft, die nur dem Kinde zu eigen ist."

Literatur:
Montessori, M., Das kreative Kind. Der absorbierende Geist, hg. u. eingeleitet von P. Oswald u. G. Schulz-Benesch, Freiburg 1973
Vgl. Piagets Begriff der „Assimilation" in: Piaget, J., Psychologie der Intelligenz, Zürich und Stuttgart 1947

Polarisation der Aufmerksamkeit

Montessori stellt fest, dass bereits jüngere Kinder zu einer starken Fixierung ihrer Aufmerksamkeit auf einen Gegenstand ihrer Wahl fähig sind, sich durch nichts von ihrer Tätigkeit abbringen lassen, die sie u. U. viele Male wiederholen. Sie nennt als Beispiel dafür an verschiedenen Stellen ein dreijähriges Kind aus dem Kinderhaus San Lorenzo, das 44-mal ohne Unterbrechung Einsatzzylinder in einen Holzblock steckte, ohne sich durch das Singen der anderen Kinder oder das Hochstellen des Sessels, auf dem das Kind saß, im mindesten ablenken zu lassen (Montessori-Phänomen).
Montessori findet, dass sich die Persönlichkeit des Kindes während des Vorgangs der Polarisation der Aufmerksamkeit verändert. „Und jedes Mal, wenn eine solche Polarisation der Aufmerksamkeit stattfand, begann sich das Kind vollständig zu verändern. Es wurde ruhiger, fast intelligenter und mitteilsamer." (Montessori 1976, S. 70)

Literatur:
Montessori, M., Schule des Kindes. Montessori-Erziehung in der Grundschule, Freiburg 1976

Vorbereitete Umgebung

Das Kind entscheidet selbst, was es schafft. Und doch kann das Kind nicht machen, was ihm gerade in den Sinn kommt. Grenzen der Freiheit sind durch die Rechte der anderen Kinder gegeben. Vor allem aber soll das Kind nicht wahllos den zahlreichen Impulsen seiner Umwelt folgen, sondern aus einem tiefen inne-

ren Bedürfnis zur Arbeit finden. Dabei wird es durch den absorbierenden Geist und die sensiblen Phasen gesteuert.
Die Lehrkraft kann diesen Vorgang unterstützen, indem sie eine Lernumgebung vorbereitet, in der das Kind die „Nahrung" findet, die es zu seinem geistigen Wachstum braucht. Dabei werden insbesondere vorstrukturierte Materialien bereitgestellt, die Montessori als den „Schlüssel" zum Verständnis der Welt bezeichnet und beim Kind Aktivität auslösen. „Wir bieten dem Kind mit dem Material geordnete Reize an und lehren also nicht direkt, sondern durch eine Ordnung, die im Material liegt und die das Kind sich selbstständig erarbeiten kann." (Grundgedanken, S. 33)
Außerdem soll die gesamte Einrichtung des Raumes geschmackvoll sein, so dass die Kinder sich in ihrem Raum wohlfühlen und von sich aus mit allem pfleglich umgehen.

Literatur:
Grundgedanken der Montessori-Pädagogik, hg. von P. Oswald u. G. Schulz-Benesch, Freiburg 1967
zum Montessori-Material:
Montessori, M., Mein Handbuch, Stuttgart 1928
Montessori, M., Die Entdeckung des Kindes, hg. von P. Oswald u. G. Schulz-Benesch, Freiburg 1969
Oy, C. M. von, Montessori-Material zur Förderung des entwicklungsgestörten und behinderten Kindes, Ravensburg 1978

Disziplin

Montessori schreibt: „Nur das Kind, das weiß, was es benötigt, um sich zu üben und sein geistiges Leben zu entwickeln, kann wirklich frei auswählen. Man kann von keiner freien Wahl sprechen, wenn jeder äußere Gegenstand gleichermaßen das Kind lockt und wenn dieses aufgrund mangelnder Willenskraft jedem Anruf folgt und rastlos von einem Ding zum anderen übergeht." (Montessori 1973, S. 244 f.)
Das Kind muss deshalb „Herr seiner selbst" werden und damit lernen, über sich selbst zu verfügen und aus sich heraus zu bestimmen. Das erfordert Selbstdisziplin, zu der das Kind hingeführt werden muss. Ohne diese Disziplin kann das Kind nicht unabhängig und selbstständig werden.
Die Disziplin baut sich in der Arbeit auf, wenn sich das Kind aus eigenem Interesse ganz auf einen Gegenstand konzentriert, sich durch nichts ablenken lässt und sein Ziel intensiv verfolgt. Jede Belehrung oder gar Disziplinierung durch die Lehrkraft würde den Weg zur inneren Disziplin verbauen.

Literatur:
Montessori, M., Das kreative Kind,. Der absorbierende Geist, hg. u. eingeleitet von P. Oswald u. G. Schulz-Benesch, Freiburg 1973²
Montessori, M., Schule des Kindes, Freiburg, Basel, Wien 1976

Vgl. auch den Schlüsselbegriff „Disziplin" bei Neill.

Kosmische Erziehung

Montessori sieht überall in der Natur eine kosmische Ordnung realisiert, in der alle Dinge des Universums Teile eines großen Ganzen und miteinander verbunden sind. Das alles sieht sie auf dem Hintergrund einer Evolution, die, im Gegensatz zu den an Darwin orientierten Theorien, „Ursache und Finalität" hat. Nichts ist nur für sich da, sondern alles hat eine Aufgabe zum Erhalt des Ganzen, das in allen Schichten und Bestandteilen durch kosmische Gesetze zusammengehalten wird, hinter denen ein Schöpfergott steht.
Während die übrigen Lebewesen über ihre Instinkte intelligent bewegt werden, kann der Mensch selbst intelligent tätig werden mit dem Ziel, den kosmischen Plan, der Harmonie und Ordnung vorsieht, voranzubringen.

Literatur:
Heiland, H., Maria Montessori, Reinbek bei Hamburg 1991
Montessori, M., Frieden und Erziehung, Freiburg 1973
Montessori, M., Kosmische Erziehung, hg. von P. Oswald u. G. Schulz-Benesch, Freiburg 1988

Integrierte Erziehung

Der Ursprung der Montessori-Pädagogik liegt in der Behinderten-Pädagogik.
Maria Montessori übernimmt von dem Franzosen Itard, der die Möglichkeit der Anregung und Schärfung von Sinnesempfindungen bei einem im Wald gefundenen zurückgebliebenen Jungen beschrieben hatte, und seinem Schüler Edouard Séguin Entwicklungsmaterial, das diese zur Förderung geistig behinderter Kinder eingesetzt hatten, baut es weiter aus, setzt es zunächst ebenfalls bei geistig behinderten Kindern und danach in der Erziehung gesunder Kinder ein.
In München baut Theodor Hellbrügge auf dieser Entwicklung auf und führt seit 1968 zunächst im Kindergarten und danach in der Schule behinderte und gesunde Kinder zum gemeinsamen Lernen zusammen. Die Montessori-Pädagogik, die von den Entwicklungsmöglichkeiten des einzelnen Kindes ausgeht und durch Bereitstellung sorgfältig ausgewählter Selbstbildungsmaterialien eine op-

timale Förderung bei jedem Kind zu erreichen versucht, eignet sich als Grundlage und Rahmen einer derartigen integrierenden Pädagogik besonders gut. Ansätze zu einer gemeinsamen Beschulung behinderter und gesunder Kinder finden sich neuerdings in zahlreichen Orten der meisten Bundesländer.

Literatur:
Hellbrügge, Th., Unser Montessori-Modell. Erfahrungen mit einem neuen Kindergarten und einer neuen Schule, München (1977) 1984
Muth, J., Sonderschule oder Integration, in: Recht der Jugend und des Bildungswesens, 33. Jg./ 1985 H. 3

Erziehung zum Sein

Eine interessante Weiterentwicklung hat die Montessori-Pädagogik seit den sechziger Jahren bei Rebeca und Mauricio Wild in Ecuador gefunden. Das Ehepaar geht zwar von Grundgedanken der Montessori-Pädagogik aus und bietet den Kindern vorstrukturiertes Material an, bezieht aber Ideen Pestalozzis, Piagets und anderer in die Schularbeit ein. Das Erforschen der Welt und das Experimentieren in den Labors, das den Kindern ihrer „aktiven Schule" ermöglicht wird, erinnert an Freinets Vorstellungen vom Welt-Begreifen. Ganz selbstverständlich wird auch die Druckerei in vielfältiger Weise einbezogen, wie in dieser Schule überhaupt das praktische Lernen im Zentrum der Schularbeit steht.

Literatur:
Wild, R., Erziehung zum Sein. Erfahrungsbericht einer aktiven Schule, Heidelberg 1986

Anschriften:

Aktionsgemeinschaft Deutscher Montessori-Vereine e. V.
Waldstr. 26, 53177 Bonn

Montessori-Vereinigung e. V., Xantener Str. 99, 50733 Köln

Montessori-Landesverband Baden-Württemberg e. V.
Sulzgrieser Straße 222, 73733 Esslingen

Montessori-Landesverband Niedersachsen e. V.
Steintorstraße 23, 37124 Rosdorf

Montessori-Landesverband Bremen, Am Dobben 12a, 28203 Bremen

STANDORTBESTIMMUNG

Maria Montessori gehört zusammen mit Pädagogen wie Berthold Otto, Ellen Key, Heinrich Scharrelmann, Fritz Gansberg und Alexander Neill zu den Reformern, die ganz „vom Kinde aus" argumentieren. Ihre Aussagen über die Determiniertheit nicht nur der körperlichen, sondern auch der geistigen Prozesse im Wachstum des Kindes und ihre Analogien aus dem Bereich der Tierwelt tragen ihr immer wieder den Vorwurf des Biologismus ein. Tatsächlich aber achtet Montessori die Wirkung von Umweltfaktoren auf den Entwicklungsprozess nicht gering. Sie sieht gerade in der pädagogisch gut vorbereiteten Lernumgebung ein Mittel zur indirekten Steuerung des Lernens.

Montessoris Engagement für das Selbstständigwerden - und damit das Freiwerden - des Kindes, ihre Anerkennung der je eigentümlichen kindlichen Individualität und ihre Methoden der Hinführung zu vertiefter Arbeit verdienen auch heute noch volle Beachtung.

Andererseits ist dem kreativen Umgang des Kindes mit seinen Lernsachen, dem Spiel und der Kooperation der Kinder bei ihren Lernprozessen mehr Spielraum zu geben, als Montessori das aus der Perspektive des beginnenden 20. Jahrhunderts sehen konnte.

Wenn demnach Montessoris Pädagogik nicht orthodox, sondern als ein offenes System begriffen wird, das aus anderen pädagogischen Ansätzen (Freinet, Petersen, Gaudig) Elemente aufnimmt, ist sie, besonders für das Kindergartenalter und die ersten Grundschuljahre, hoch aktuell.

Wer behinderten Kindern die Chance eröffnen will, als Erwachsene aktiv und voll anerkannt am gesamtgesellschaftlichen Leben teilzunehmen, und deshalb diese Kinder, soweit die jeweilige Behinderung das sinnvoll zulässt, zusammen mit nicht behinderten Kindern im Kindergarten und in der Schule leben und lernen lässt, kann an Montessoris theoretischen Ausführungen und den praktischen Erfahrungen der Montessori-Pädagogik nicht vorbeigehen. Diese Pädagogik ermöglicht es - bei entsprechender Ausbildung der Lehrpersonen - im gleichen Gruppenverband dem stark hilfsbedürftigen, dem wenig begabten und dem hochbegabten Kind in jeder Weise gerecht zu werden.

JANUSZ KORCZAK
1878 - 1942

1878 od.79	als Henryk Goldszmit, Sohn eines jüdischen Advokaten, in Warschau geboren
1898	Beginn des Medizinstudiums in Warschau
1899	schriftstellerische Tätigkeit, Pseudonym
1904	Arzt in Warschauer Kinderkrankenhaus
1904-1905	Arzt im Russisch-Japanischen Krieg
	Auslandsreisen nach Berlin, Paris, London
1907	Gruppenleiter in Sommerkolonien
1910	Aufgabe der Arztpraxis; Gründung und Leitung eines Heims für Waisenkinder
1914-1918	Arzt in Feldlazaretten Begegnung mit Maryna Falska in Kiew
1919	zusammen mit Maryna Falska Waisenhaus bei Warschau gegründet
1934	Besuch eines Kibbuz in Palästina
1940	Übersiedlung mit den Waisenkindern ins Warschauer Ghetto
1942	Abtransport Korczaks, der Erzieherinnen und der 200 Waisenkinder in das Vernichtungslager Treblinka
1972	posthum: Friedenspreis des deutschen Buchhandels

Erziehungsziel

Korczak strebt die freie Entfaltung aller menschlichen Anlagen an. Ziel ist eine bessere Welt ohne Unterdrückung, die von Nächstenliebe und gegenseitiger Achtung geprägt ist. Dazu ist die Anerkennung der Einzigartigkeit jeder Person Voraussetzung. Über das Kind, den zukünftigen Erwachsenen, glaubt Korczak diesem Ziel näher kommen zu können.
Notwendig ist die Befreiung der Kinder aus einem Zustand der Unterdrückung durch die Erwachsenen. Dem Kind müssen Möglichkeiten zu seiner Selbstbestimmung gegeben werden, und es muss lernen, für sich und andere Verantwortung zu übernehmen, was nur in der Gemeinschaft angebahnt werden kann. Dem Kind müssen Liebe, Achtung und Vertrauen entgegengebracht werden, damit es diese Werte als Erwachsener verkörpern und weitergeben kann.

AUSWAHLBIBLIOGRAPHIE

Wie man ein Kind lieben soll, hg. von E. Heimpel und H. Roos, Göttingen 1979
Das Recht des Kindes auf Achtung, hg. von E. Heimpel und H. Roos, Göttingen 1979
Wenn ich wieder klein bin und andere Geschichten von Kindern, Göttingen 1973
Allein mit Gott. Gebete eines Menschen, der nicht betet, Gütersloh 1980
Verteidigt die Kinder! Mit einem Vorwort von E. Dauzenroth und A. Hampel, Gütersloh 1978
Begegnungen und Erfahrungen, Göttingen 1973[2]
König Hänschen I., München 1974
König Hänschen auf der einsamen Insel, München 1974

Kluge, K.-J., Plum, H., Schnell, I., Eine kindgerechte Umwelt schaffen. Das pädagogische System von Janusz Korczak und seine Bedeutung für Sondererziehung und Rehabilitation, München 1981
Lifton, B. J., Der König der Kinder. Das Leben von Janusz Korczak, Stuttgart 1990

SCHLÜSSELBEGRIFFE

Rechte des Kindes

Korczak nennt drei Grundrechte:

> Das Recht des Kindes auf seinen Tod -
>
> Das Recht des Kindes auf den heutigen Tag -
>
> Das Recht des Kindes, so zu sein, wie es ist.

Mit dem ersten Grundrecht wendet sich Korczak vor allem gegen die Überbehütetheit der Kinder in den wohlhabenden Familien seiner Zeit, die den Kindern aus Sorge um eine Krankheit äußerst sterile Kinderzimmer zumuten und jedes kleine Wagnis, das nach Korczaks Auffassung zu einer gesunden Entwicklung gehört, unterbinden.
Mit den beiden anderen Grundrechten greift Korczak zwei typisch reformpädagogische Forderungen auf. Das Leben des Kindes darf nicht der andauernden Vorbereitung auf etwas Zukünftiges aufgeopfert werden. Nur wer sich auch dem Augenblick hingeben darf, kann sich ganz als Mensch fühlen und dabei die ganze Fülle seiner Kräfte, auch das Gefühl, einsetzen und schulen - und damit, nun in ganz anderer Weise, doch großen Gewinn für sein künftiges Leben erzielen.
Ähnliches wird in der pädagogischen und philosophischen Literatur häufig gefordert, wenn das Recht des Kindes auf das Spiel angemahnt wird. Schleiermacher hatte 1826 bereits als Synthese zwischen dem Recht auf den Augenblick und der Vorbereitung auf das zukünftige Leben gefordert: „Die Lebenstätigkeit, die ihre Beziehung auf die Zukunft hat, muss zugleich auch ihre Befriedigung in der Gegenwart haben; so muss auch jeder pädagogische Moment, der als solcher seine Beziehung auf die Zukunft hat, zugleich eine Befriedigung sein für den Menschen wie er gerade ist." (Schleiermacher, S. 84) Guter Unterricht muss diese Forderung erfüllen.
Das dritte Grundrecht ist eine Mahnung an Eltern und Erzieher, das Kind weder nach ihrem Bilde zu formen noch an einer Norm zu orientieren. Jedes Kind hat ein Recht darauf, sich so zu entwickeln, wie das auf der Basis seiner Anlagen sinnvoll möglich ist. Wenn es sich nach der ihm eigenen Art entwickeln kann,

wird es nach Korczaks Ansicht am ehesten glücklich sein. Der Erzieher darf lediglich vorsichtig die Unarten zurückdrängen, die das Leben in der Gemeinschaft stören; aber „Birke bleibt Birke, Eiche bleibt Eiche, Ackerrettich bleibt Ackerrettich. Ich vermag zu wecken, was in der Seele schlummert, aber ich kann nichts neu schaffen." (Korczak 1979, S. 214)
Neben den Grundrechten nennt Korczak weitere Rechte des Kindes, besonders das Recht auf Achtung, aber auch das Recht auf die Mutterbrust, das Recht auf Eigentum und andere. Betty Jean Lifton listet in ihrem Buch „Der König der Kinder. Das Leben von Janusz Korczak" (Stuttgart 1990) 21 Kinderrechte auf, die in Korczaks Büchern genannt sind.

Vorbehaltlose Liebe

Korczaks gesamte Erzieherhaltung lässt sich mit dem Begriff der „vorbehaltlosen Liebe" umschreiben.
Vorbehaltlose Liebe meint, das Kind um seiner selbst willen zu lieben und zu achten, es, trotz aller Unarten, so anzunehmen wie es ist.
Zu viele Eltern betrachten ihr Kind als ihr persönliches Eigentum und erkennen das neue Selbst nicht in seiner individuellen Eigenart an. Der Egoismus der Eltern, der als Liebe ausgegeben wird, zwingt das Kind aus Renommiersucht in Berufe hinein, die dem Kind nicht liegen, und drängt das Kind, Lebensziele anzustreben, die sie selbst nicht verwirklichen konnten.

Literatur zu „Rechte des Kindes" und „Vorbehaltlose Liebe":
Korczak, J., Wie man ein Kind lieben soll, Göttingen 1979
Korczak, J., Das Recht des Kindes auf Achtung, Göttingen 1973
Lifton, B. J., Der König der Kinder. Das Leben von Janusz Korczak, Stuttgart 1990
Schleiermacher, F. E. D., Ausgewählte pädagogische Schriften, besorgt von E. Lichtenstein, Paderborn 1946 (2. Aufl.)

Kameradschaftsgericht

In Korczaks Selbstverwaltungssystem hat das Kameradschaftsgericht eine zentrale Stelle. Jeder kann jeden (auch den Erzieher) anzeigen. Die schriftliche Anzeige wird an der Tafel ausgehängt. Richter kann sein, gegen wen keine Anzeige vorliegt.
Geurteilt wird auf der Basis eines kindgemäßen milden Gesetzbuches, dessen erste 100 Paragraphen freisprechend sind, so dass die gemeinsame Reflexion des Vorfalls das Entscheidende ist. Allerdings ist für den Extremfall auch die Strafe des Verweises aus dem Heim vorgesehen.
Ein aus einem Erzieher und zwei Richtern bestehender gewählter Gerichtsrat

befasst sich mit der Ausarbeitung von Gesetzen und mit den besonders schwierigen Fällen, bei denen eine schwerere Bestrafung droht.
Korczak ist davon überzeugt, dass später einmal jede Schule ein Kameradschaftsgericht haben wird. Zugleich verheimlicht er nicht die Schwierigkeiten, die sich in seinem Waisenhaus mit dem Kameradschaftsgericht ergeben.
In der Gegenwart haben manche Schulen Korczaks Gedanken aufgenommen, bei Regelverstößen gegen die Klassen- und Schulgemeinschaft sowie bei Konflikten zwischen einzelnen Schüler/innen Klassen- und Schulgerichte tätig werden zu lassen, die mit Schüler/innen besetzt sind. Andere Schulen machen gute Erfahrungen mit der „Klassenkonferenz", in der alle anstehenden Konflikte behandelt werden können. Daneben arbeiten an zahlreichen Schulen in Kursen ausgebildete „Schüler-Schlichter", die bei Streitigkeiten tätig werden und einen von allen beteiligten Parteien akzeptierten Kompromiss herbeizuführen versuchen.
Vgl. den Schlüsselbegriff „Strafe" bei Neill.

Literatur:
Korczak, J., Wie man ein Kind lieben soll, Göttingen 1979[7]

Parlament (Sejm)

In Korczaks Waisenhaus bilden die Kinder Wahlkreise und entsenden insgesamt 20 Abgeordnete in den Sejm. Dieser Sejm soll über die Aufnahme neuer und das Ausscheiden älterer Kinder entscheiden und auch bei der Einstellung und Entlassung des Personals mitsprechen. Er bestätigt oder verwirft die vom Kameradschaftsgericht erlassenen Gesetze.

Literatur:
Korczak, J., Wie man ein Kind lieben soll, Göttingen 1979[7]
Vgl. den Schlüsselbegriff „Demokratische Selbstregierung" bei Neill.

Tafel

Korczaks „Tafel" ist ein Vorläufer der heutigen Pinnwand. Bei Korczak können die Kinder an der Tafel alles aushängen, was sie beschäftigt: Zeitungsmeldungen, die Namen wichtiger Städte und Informationen darüber, Preise von Nahrungsmitteln, ihr eigenes Gewicht etc.
Die Erzieher machen an der Tafel wichtige Termine bekannt: Wäscheausgabe, Öffnungszeiten des Kramladens etc.

Vgl. auch Freinets „Wandzeitung" mit ihrer sehr viel anderen Zielsetzung.

Dienste

Korczak beteiligt grundsätzlich alle Kinder an den praktischen Arbeiten, die im Kinderheim zu verrichten sind. Nicht zuletzt geht es ihm darum, „der Gemeinschaft Achtung beizubringen für Kehrbürsten, Wischlappen, Kübel und Müllschaufel." (Korczak 1979, S. 294) Die Kinder säubern Räume und Flure, helfen in der Küche und der Wäscherei mit oder beaufsichtigen jüngere Kinder.
Die Kinder nehmen die Einteilung der Dienste im Rahmen der eingegangenen Bewerbungen selbst vor. Korczak bezahlt einen Teil der Dienstleistungen, weil er meint, so könnten die Kinder ein vernünftiges Verhältnis zum Geld entwickeln. Vor allem aber trägt die Mitarbeit bei den Diensten dazu bei, die Kinder in die Verantwortung für die Gemeinschaft einzubinden.

Literatur:
Korczak, J., Wie man ein Kind lieben soll, Göttingen 1979[7]
Kluge, K.-J., Plum, H., Schnell, I., Eine kindgerechte Umwelt schaffen, München 1981
Vgl. das weiterreichende System der „Dienste" bei Hahn und die „Verantwortlichkeiten" bei Freinet.

Briefkasten

Bei Korczak können die Kinder Fragen, Beschwerden und Probleme aufschreiben und die Zettel in einen Briefkasten werfen. Damit soll das spontane Gespräch zwischen Kind und Erzieher nicht unterbunden werden. Korczak findet aber, manchen Kindern falle es leichter, Probleme aufzuschreiben als auszusprechen.
Der Briefkasten bringt dem Kind bei: „1. Auf eine Antwort zu warten ...
2. Geringfügige und vorübergehende Kümmernisse, Sorgen, Wünsche und Zweifel von wichtigen zu unterscheiden. ...
3. Er lehrt sie denken und begründen. 4. Er lehrt zu wollen und zu können."
(Korczak 1979, S. 289)

Heute sind in zahlreichen Schulklassen Briefkästen als „Kummerkästen" aufgehängt, die einem ähnlichen Zweck dienen. Auch hier kann jeder die Probleme, die die ganze Klasse oder einzelne Mitschüler betreffen, aufschreiben, wenn er sie nicht allein lösen kann und sie nicht mündlich vorbringen möchte. Entscheidend ist aber das anschließende Gespräch, in dem gelernt werden kann, dass es immer eine Problemlösung gibt, wenn sich alle darum bemühen, dass man mit Streit ohne Gewalt umgehen kann.
Solche schlichten Formen der Konfliktbewältigung können dann in komplexere Organisationsformen übergeleitet werden.

Sommerkolonien

Die Sommerkolonien, von denen Korczak berichtet, sind eine Art Stadtranderholung für bedürftige Kinder, allerdings etwa 120 Kilometer von Warschau entfernt. Der für jüdische Kinder eingerichtete Ferienaufenthalt wird zu Korczaks Zeit von jüdischen Philanthropen finanziert. Hier wird nur polnisch gesprochen und die von der russischen Herrschaft zurückgedrängte polnische Kultur gepflegt. In diesen Sommerkolonien sammelt Korczak seine ersten Erfahrungen als Erzieher. Aus den Berichten über diese Ferienaufenthalte lässt sich Korczaks Erzieherhaltung ablesen, die sein späteres Wirken bestimmen sollte (in: „Wie man ein Kind lieben soll").

STANDORTBESTIMMUNG

Korczak behält nach seinem Wechsel von der Medizin zur Pädagogik sein Leben lang medizinische Verfahrensweisen der Datenbeschaffung bei, besonders das ständige Wiegen und Messen der Kinder und in erster Linie immer wieder das gründliche Beobachten des einzelnen Kindes. Darin verschmelzen bei ihm medizinisches und pädagogisches Interesse, so dass die über die Beobachtung feststellbaren Krankheitssymptome nicht isoliert, sondern im Zusammenhang mit der gesamten Situation und Befindlichkeit des Kindes auf der Basis seiner individuellen Dispositionen ganzheitlich gesehen werden.
Die jeweilige Konzentrierung der Beobachtung auf das einzelne Kind führt zur Erkenntnis der unendlichen Fülle menschlichen Lebens mit seinen angenehmen und störenden Seiten. Darin steht Korczak ganz in der Tradition der Pädagogik „Vom Kinde aus", wie sie von Ellen Key, Berthold Otto und anderen vertreten wird. Die feststellbare vernünftige Vielgestaltigkeit menschlicher Lebensäußerungen erfordert außerordentliche Flexibilität erzieherischen Handelns, unendliche Geduld und große Zurückhaltung des Erziehers und verbietet allgemeingültige Empfehlungen für das Erzieherhandeln und ganz und gar Rezepte. Gültige Aussagen können lediglich über das Grundverhältnis Erzieher - Kind gemacht werden, das durch vorbehaltlose Liebe und unbedingte Achtung gekennzeichnet sein muss. Darin steht Korczak Pestalozzi sehr nahe.
Korczaks Pädagogik steht konträr zu jenen empirischen Untersuchungen, die nach dem Gleichen oder dem Ähnlichen im Verhalten der Kinder suchen und dabei notgedrungen von Normen ausgehen müssen. Im Korczakschen Sinne kann es deviates Verhalten streng genommen gar nicht geben. Jede Lebensäußerung ist anders und jede hat aufgrund der durch die individuelle menschliche Natur und die Umwelt vorgegebenen Grundlagen die gleiche Daseinsberechtigung. Der Erzieher hat dafür zu sorgen, dass jede sich äußern kann ohne die Rechte anderer zu schmälern.

ALEXANDER SUTHERLAND NEILL

1883 - 1973

1883   in Schottland geboren

          Besuch der Dorfschule seines Vaters
          Bürodiener in einem Textilgeschäft

          Universitätsstudium (M.A. und M. Ed.)
          Lehrer an staatlichen Schulen

          Bekanntschaft mit Homer Lanes Schulversuch „Little Commonwealth"

          Tätigkeit an der King-Alfred-Schule

          Aufenthalt in Österreich und Deutschland (Auseinandersetzung mit psycho-analytischen Fragen / Freud und Reich)

1921   Mitbegründer der Internationalen Schule Hellerau b. Dresden

1921   Gründung von Summerhill in Lyme Regis

          Verlegung der Schule Summerhill nach Leiston, Suffolk

1973   in Summerhill gestorben

> **Ziel**
>
> „Dass Kinder als aufrichtige Wesen geboren werden ist vielleicht die wichtigste Entdeckung, die wir in Summerhill gemacht haben. Wir beschlossen, die Kinder allein zu lassen, um herauszufinden, wie sie sich verhalten. Das ist die einzig mögliche Art, mit Kindern umzugehen. Die bahnbrechende Schule der Zukunft muss diesen Weg einschlagen, will sie zum Wissen, und wichtiger: zum Glück der Kinder beitragen.
> Das Ziel unseres Lebens ist Glück. Alles Übel im Leben besteht in der Einschränkung oder Zerstörung des Glücks. Glücklich sein heißt gütig sein. Unglücklichsein bedeutet im Extremfall Antisemitismus, Folterung von Minderheiten und Krieg."
>
> (Theorie und Praxis der antiautoritären Erziehung, S. 120)

AUSWAHLBIBLIOGRAPHIE

Theorie und Praxis der antiautoritären Erziehung. Das Beispiel Summerhill, Reinbek bei Hamburg 1969
Summerhill: pro und contra, Reinbek bei Hamburg 1971

SCHLÜSSELBEGRIFFE

Glück

Die Umschreibung des Lebensziels mit „Glück" ist für sich natürlich wenig aussagekräftig, findet sich jedoch immer wieder in der Geistesgeschichte, oftmals in Verbindung mit dem Begriff „Glückseligkeit". Schon Aristoteles, der Glückseligkeit als Rechtschaffenheit bestimmt, stellt die entscheidenden Fragen, auf welchen Gütern ein glückseliges Leben beruht und ohne welche es nicht möglich ist, ob Glückseligkeit überhaupt von äußeren Gütern abhängig ist, ob Glückseligkeit durch Lernen angeeignet werden kann usw. (Eudemische Ethik und Nikomachische Ethik). Kerstiens erinnert daran, dass man in der Antike 288 verschiedene Definitionen von Glück kannte (Kerstiens in Sprenger/ Kraft, S. 99).

Neill steht mit seinem Glücks-Begriff in der Tradition der Erziehungsschriften der sich zu einem Staat formenden USA um 1800, weil für ihn Glück ganz auf die diesseitige Welt bezogen ist und über die Vervollkommnung der individuellen Kräfte in größtmöglicher Freiheit bei gleichen Rechten für alle erreicht werden kann.

„Einem Kind Freiheit geben heißt es sein eigenes Leben leben lassen" (Theorie und Praxis ..., S.122) und es weder Druck noch Angst auszusetzen. „Das Unglück der Menschheit liegt im Zwang von außen" (a. a. O., S. 123), ganz gleich, von welcher Seite er ausgelöst wird. Hingegen fördern Liebe und Anerkennung das Glück und das Wohlergehen der Kinder.

Damit setzt sich Neill auch von einer Aussage Rousseaus ab, der in seiner Antwort auf die Frage eines Preisausschreibens der Akademie von Korsika geschrieben hatte: „Die Menschen lassen sich nicht durch abstrakte Ideen beherrschen. Man macht sie nur glücklich, wenn man sie zwingt, es zu sein ..." (nach Seeberger, S. 355). Diesen Weg zum Glück, den die politischen Zwangssysteme in so unheilvoller Weise gegangen sind, lehnt Neill strikt ab. Er will dem Einzelnen die Chance eröffnen, zu seinem ganz individuell gearteten Glück zu finden.

Literatur:
Neill, A. S., Theorie und Praxis der antiautoritären Erziehung, Reinbek bei Hamburg 1969
Seeberger, K., Jean Jacques Rousseau oder Die Rückkehr ins Paradies, München 1978
Sprenger, R. / Kraft, H. (Hg.), Glück und Leid. Schlüsselbegriffe menschlichen Lebens, Paderborn 1983

Freiheit

Freiheit ist das höchste menschliche Gut. Das freie Kind darf ein Leben nach eigenen Gesetzen führen und sich frei entfalten, ohne durch äußere Autorität daran gehindert zu werden. Das kann dem Kind nur ermöglichen, wer „die menschliche Natur für gut hält und nicht daran glaubt, dass es Erbsünde gibt oder jemals gegeben hat." (Theorie und Praxis ..., S. 113) Mit solchen Ansichten und der Ermöglichung weitestgehender Freiheit in Summerhill steht Neill wie kein anderer Reformpädagoge in der Tradition Rousseaus.

Die deutsche antiautoritäre Pädagogik der sechziger Jahre und in ihr die Kinderladenbewegung legt Neill jedoch oft zu einseitig aus, indem sie den Unterschied zwischen Freiheit und Zügellosigkeit nicht beachtet, auf den Neill ausdrücklich hinweist. Kinder haben nicht alle Rechte, sondern Kinder, Eltern und Erzieher haben gleiche Rechte, und das Recht des Kindes hört da auf, wo es die Freiheit der anderen beeinträchtigt.

Disziplin

Disziplin, die auf Furcht vor Strafe beruht, ist völlig abzulehnen. Die von außen geforderte Disziplin „unterwirft den Einzelnen dem Zweck. In Ländern mit solcher Disziplin ist ein Menschenleben nicht viel wert." (Theorie und Praxis ..., S. 159)
Es gibt aber auch eine Disziplin, der sich der Einzelne gern unterwirft, um mit anderen zusammen ein gemeinsames Ziel zu erreichen. Neill zeigt diese vernünftige Disziplin am Beispiel des Orchesters auf, wo jeder dem Dirigenten gehorcht, weil alle ein gutes Spiel wünschen.
Diese Unterscheidung zwischen einer von Dritten verlangten und einer selbst gewollten Disziplin findet sich bei vielen Reformpädagogen. So unterscheidet Freinet zwischen einer „äußerlichen, förmlichen Disziplin" und einer „Disziplin, die selbst in der Ordnung der organisierten Schüleraktivität begründet ist." (Freinet, S. 17) Und Montessori beobachtet immer wieder „eine spontane Disziplin", die „erlangt wurde, indem man Freiheit gab." (Das kreative Kind, S. 181) Sie spricht von „innerer Disziplin", die eine „Folge einer sich innerlich formenden Ordnung ist." (Schule des Kindes, S. 107 und S. 87)

Literatur: Neill, A. S., Theorie und Praxis der antiautoritären Erziehung, Reinbek bei Hamburg 1969
Freinet, C., Die moderne französische Schule, Paderborn 1979²
Montessori, M., Das kreative Kind, Freiburg 1972
Montessori, M., Schule des Kindes, Freiburg, Basel, Wien 1976

Demokratische Selbstregierung

„Wirkliche Freiheit besteht in der Schule nur, wenn die Kinder wissen, dass sie ihr Gemeinschaftsleben selbst regeln können," sagt Neill (Theorie und Praxis ..., S. 67). In Summerhill werden Angelegenheiten, die alle angehen, von einer Schulversammlung beraten und beschlossen, die in der Regel wöchentlich einmal zusammentritt. Jeder, der Sechsjährige ebenso wie der Lehrer, hat in der Versammlung eine Stimme. Neill findet es ganz natürlich, dass Lehrer überstimmt werden, und zeigt an Beispielen auf, dass die Selbstregulierung der gemeinsamen Angelegenheiten gelingt.
Die Schulversammlung beschließt Gesetze und ahndet deren Übertretung. Die Strafen bestehen im Wesentlichen in der Einschränkung oder im Entzug des Taschengeldes. Einige Vergehen fallen unter eine Regelung, die automatisch Geldstrafen zur Folge hat. (Vgl. aber auch den Schlüsselbegriff „Strafe".) Den Vorsitz bei den Schulversammlungen hat jede Woche ein anderer Schüler, der jeweils den Vorsitzenden für die nächste Woche ernennt. Die Selbstregierung hat ihre Grenzen. So stellt Neill die Lehrer ein und entlässt ungeeignete. Seine Frau

ist für den Speiseplan und den Finanzbereich verantwortlich. Aber: „Den erzieherischen Wert der praktischen Staatsbürgerkunde kann man gar nicht genug hervorheben. ... Nach meiner Ansicht ist eine Schulversammlung in der Woche von größerem Wert als der Fachunterricht einer ganzen Woche." (Theorie und Praxis ..., S. 70)
In der Gegenwart versuchen zahlreiche Freie Schulen Elemente einer demokratischen Selbstregierung der Schüler zu verwirklichen (siehe dort). Sehr weitgehend gelingt das offensichtlich auch an der „Schule für Gestaltung Friedrichshof" im österreichischen Burgenland.

Strafe

Die reformpädagogisch orientierten Schulen drängen die Strafe als Erziehungsmittel stark zurück, können jedoch nicht völlig auf Sanktionen verzichten. Vermieden werden weitgehend implizite Strafen wie Notendruck, Disziplinierungen und ein gleichmacherisches Maßsystem. Es wird dafür gesorgt, dass Lernen und Miteinander-Umgehen in einem entspannten Feld stattfinden können, wo niemand diffamiert oder stigmatisiert wird.
Lern- und Lebensgemeinschaften kommen jedoch - im Interesse aller Mitglieder - nicht ohne ein Minimum an Verboten aus, deren Übertretung Sanktionen nach sich zieht. Auch Neill, der sich vehement gegen die Strafe als Erziehungsmittel ausspricht, kommt in Summerhill nicht ohne Strafen aus. Zu einem großen Teil haben diese Strafen den Charakter der „logischen Folgen" im Sinne von Dreikurs. Immer, wenn ein Mitglied der Gemeinschaft eine von dieser Gemeinschaft einmütig beschlossene Regelung des Zusammenlebens übertritt, wird automatisch eine bestimmte Sanktion - in Summerhill bei Vergehen oft eine Geldstrafe - ausgelöst. Aber nicht der Lehrer verhängt diese Sanktion, sondern sie erfolgt nach dem Gesetz der Gruppe im Rahmen der Schulversammlung, deren Vorsitz ein Schüler führt.
(Vgl. „Kameradschaftsgericht" bei Korczak.)

Literatur:
Deißler, H. H., Sinn und Unsinn der Strafe, Freiburg 1981
Dreikurs, R., Psychologie im Klassenzimmer, Stuttgart 1967

Spiel und Unterricht

Viel wichtiger als der der Unterricht ist nach Neills Ansicht das Spiel. „Man könnte Summerhill eine Schule nennen, in der das Spiel am wichtigsten ist." (Theorie und Praxis ..., S. 76) Gemeint sind in erster Linie Spiele, bei denen die Kinder ihre Phantasie ausleben können. Bei älteren Schülern treten sportliche Mannschaftsspiele hinzu. Aber jeder kann selbst entscheiden, ob er teilnehmen

will. Sehr beliebt sind Theateraufführungen mit selbst geschriebenen Stücken.
Kindheit ist für Neill Spielzeit, und wer seinen Spieltrieb ausleben kann, wird ein zufriedener Mensch, kein Massenmensch, der Umzüge und Schauveranstaltungen liebt.Wenn sich das Kind dann irgendwann Lernziele setzt, weil es einen bestimmten Schulabschluß erreichen oder ein Berufsziel anstreben will, wird es sich nach Neills Ansicht das dazu erforderliche Wissen sehr schnell aneignen, viel schneller als bei einem fremdbestimmten Lernen.
In Summerhill bieten die Lehrer regelmäßig Unterricht an. Aber den Kindern ist freigestellt, ob sie daran teilnehmen wollen. Neill stellt fest, dass Schüler, die sich zur Teilnahme an einem bestimmten Kurs entschieden haben, ihn im Allgemeinen auch regelmäßig besuchen. Besondere didaktische und methodische Gestaltungen des Unterrichts hält Neill für überflüssig. Keinesfalls soll das Spiel als Vehikel für das Lernen missbraucht werden.
Vgl. hierzu die Schlüsselbegriffe „Spiel" bei Petersen und „Arbeit und Spiel" bei Freinet.

Religion

In Summerhill wird kein Religionsunterricht erteilt, es sei denn, Kinder würden danach verlangen, was offensichtlich aber nicht der Fall ist. Neill lehnt Religion ab, die von der Erbsünde ausgeht, Körper und Geist in Antithese sieht und ihren Gott als Autorität setzt. Er betrachtet es als „schändliche Blasphemie", wenn Kirchen behaupten, Gott sei in einem Kriege mit ihnen und er sei vielleicht „der Schutzherr eines Gasangriffs". Neill erwartet, dass eine neue Religion kommen wird, die „sich auf Kenntnis des eigenen Ich und seine Bejahung gründe(t)", die Gott preist, „indem sie die Menschen glücklich macht." (Theorie und Praxis ..., S. 231 und S. 227) Da das auch Summerhills Ziel ist, stimmt Neill dem Urteil von Besuchern zu: „Viele Menschen haben Summerhill einen religiösen Ort genannt, weil es den Kindern Liebe gibt." a. a. O., S. 226)

Sexualität

Bei seinen Aussagen über Sexualität erweist sich Neill als Freudianer, der Freuds Thesen recht unreflektiert aufnimmt. Sexualität wird als stärkste Triebkraft im menschlichen Verhalten angesehen, und „das sexuelle Tabu ist bei der Unterdrückung der Kinder das Grundübel". (Theorie und Praxis .., S. 198) Die Befreiung des Kindes muss demnach vor allem über die Herstellung eines natürlichen Verhältnisses zur Sexualität erfolgen. Dabei beachtet Neill jedoch die Grenzen, die einem völlig freien Zusammenleben von Jungen und Mädchen in seinem Internat gesetzt sind.
Vgl. den Schlüsselbegriff „Koedukation" bei Geheeb.

STANDORTBESTIMMUNG

Neills Konzept einer freiheitlichen, ganz „vom Kinde aus"-gehenden Erziehung lässt sich wohl nur an einer privaten Schule voll realisieren. Aber seine Grundüberlegungen können sehr wohl das Erziehungsprofil staatlicher Schulen prägen: dem Kind und dem Jugendlichen bei ihrer Entwicklung möglichst viel Freiheit zu geben, die Macht des Erwachsenen über das Kind nicht durch die Tyrannisierung des Erwachsenen durch das Kind abzulösen, sondern das Erziehungsverhältnis als ein demokratisches zu begreifen und das „Glück" des Kindes - und des Menschen überhaupt - nicht einem inhumanen Prestigedenken aufzuopfern.

Neills Schulkonzept ist in der Vergangenheit und in der Gegenwart auch auf starke Kritik und völlige Ablehnung gestoßen. Dabei werden nicht in erster Linie seine Aussagen bezweifelt, dass Summerhill-Kinder nach monate- und jahrelangen Bummelphasen beim Lernen ohne jeden äußeren Druck in einen sehr großen Arbeitseifer hineinfinden und sich unter Umständen innerhalb kurzer Zeit den Lernstoff eines ganzen Schuljahres aneignen, wenn sie ein selbst gewähltes konkretes Ziel ihres Bemühens vor Augen haben, z. B. eine Aufnahmeprüfung, die Voraussetzung zum Erreichen eines Berufswunsches ist.

Kritisch gefragt wird aber, ob die Kinder in einer anregenderen und stärker fordernden Lernumgebung als Neill (und nach seinem Tode seine Tochter Zoe) sie bietet nicht aus eigenem Antrieb früher und beständiger zu intensivem Lernen finden würden und dabei an sich allererst Interessen und Fähigkeiten entdecken könnten, die ihnen bei dem Neill'schen Erziehungssystem ein Leben lang verborgen bleiben.

Zugang zu Neills Gedankenwelt vermitteln besonders folgende Bücher:

Neill, A. S., Theorie und Praxis der antiautoritären Erziehung. Das Beispiel Summerhill, Reinbek bei Hamburg 1969 (darin ein Verzeichnis seiner weiteren Schriften)

Summerhill: Pro und Contra. 15 Ansichten zu A. S. Neills Theorie und Praxis, Reinbek bei Hamburg 1971

PETER PETERSEN
1884 - 1952

1884	in Großenwiehe bei Flensburg geboren
	Dorfschule Großenwiehe
	Mithilfe auf dem väterlichen Bauernhof
1896	**Gymnasium Flensburg**
1904	Studium der Philosophie, Psychol., Geschichte, Anglistik u. Nationalökonomie/ Prom. in Jena
1909	Prüfung für das Lehramt am Gymnasium
	Gymnasiallehrer in Hamburg / Kontakte zur Schulreformbewegung
1912	Vorstandsmitglied im „Bund für Schulreform"
1920	Leiter der Lichtwark-Schule Hamburg (Versuchs-Oberschule / fächerübergreifender Unterricht)
1920	Habilitation in Hamburg
1923	Professor für Erziehungswissenschaft an der Universität Jena
	Leiter der Universitäts-Übungsschule
	Pädagogische Tatsachenforschung
	Vorträge in England, Norwegen, Dänemark, USA, Chile, Südafrika etc. (in 15 ausländischen Staaten)
1927	„Der Kleine Jena-Plan" (in 10 Sprachen übersetzt)
1952	in Jena gestorben

Bildungsziel

Petersen will die je eigentümliche Individualität des Schülers zur Persönlichkeit bilden. Das kann erfolgen, wenn der in jedem Kind „angelegte und treibende Bildungsdrang" ein angemessenes anregendes Umfeld erhält. Am besten ergibt sich das in einer Gemeinschaft, die den Einzelnen trägt und in der er wiederum „tätiges Glied" ist. (Der Kleine Jena-Plan, S. 3)

AUSWAHLBIBLIOGRAPHIE

Der Jena-Plan einer freien allgemeinen Volksschule („Der Kleine Jena-Plan"), 1927 (zitiert nach der 56./60. Aufl., Weinheim und Basel 1980)
Führungslehre des Unterrichts, Langensalza 1937
(zit. nach der 6. Aufl., Braunschweig 1959)
Allgemeine Erziehungswissenschaft, Berlin und Leipzig 1924
Der Ursprung der Pädagogik (Allgem. Erziehungsw. Bd. 2),
Berlin und Leipzig 1931
Der Große Jena-Plan, Bd. I - III, Weimar 1930 -1934

Döpp-Vorwald, H., Die Erziehungslehre Peter Petersens,
2. erw. Aufl. Ratingen 1969
Mieskes, H. (Hg.), Jena-Plan - Anruf und Antwort, Oberursel 1965
Winnefeld, F., Pädagogischer Kontakt und pädagogisches Feld, München 1965
Petersen, P. und Petersen, E., Die pädagogische Tatsachenforschung,
hrsgg. von Th. Rutt, Paderborn 1965
Slotta, G., Die pädagogische Tatsachenforschung Peter und Else Petersens,
Weinheim 1962
Krick, W., Die humane Schule als Lebensraum: Peter Petersens Jenaplan als Antwort auf die heutige Schulsituation, Oberursel 1981
Skiera, E., Die Jena-Plan-Bewegung in den Niederlanden. Beispiel einer pädagogisch fundierten Schulreform, Weinheim und Basel 1982
Rutt, Th., Peter Petersen - Leben und Werk, Heinsberg 1984
Dietrich, Th., Die anthropologischen Grundlagen des Jena-Plans, in: Erziehungswissenschaft - Erziehungspraxis, 1985
Dietrich, Th., Die Pädagogik Peter Petersens. Der Jena-Plan: Modell einer humanen Schule, Bad Heilbrunn 1986 (darin umfassende Auswahlbibliographie)

SCHLÜSSELBEGRIFFE

Pädagogische Situation

Erziehung und Unterricht erfolgen im Jena-Plan in Pädagogischen Situationen, die vom Lehrer gestaltet werden. „Pädagogische Situation ist ein problemhaltiger Lebenskreis von Kindern oder Jugendlichen um einen Führer, von diesem in pädagogischer Absicht derart geordnet, dass jedes Glied des Lebenskreises genötigt (gereizt, aus sich herausgetrieben) wird, als ganze Person zu handeln, tätig zu sein." (Führungslehre ..., S.20)

Literatur: Petersen, P., Der Kleine Jena-Plan, Langensalza 1927; zitiert nach der 56. - 60. Auflage, Weinheim und Basel 1980
Petersen, P., Führungslehre des Unterrichts, Braunschweig 1959
Vgl. „Vorbereitete Umgebung" bei Montessori.

Stammgruppen

Petersen spricht im Kleinen Jena-Plan vom „Bankerott der Jahresklasse" und führt als Beleg dafür die erschreckend hohen Zahlen der Sitzenbleiber und Schulabbrecher an. Er schlägt vor, möglichst alle Begabungen beieinander zu halten. Von den besonders schwachen Schülern sollen nur die pathologischen Kinder einer Heilerziehung zugewiesen werden. Die übrigen schwach begabten Kinder sollen in dem Kreis bleiben, der auch außerhalb der Schule ihr Lebenskreis ist; „denn es ist nicht so sehr die Frage der Begabung, um die es gehen sollte, als die des Menschen selbst." (S. l9) Sobald der Unterricht offener wird, so dass „freies individuelles Fortschreiten" möglich ist, kommen nicht nur die schwachbegabten, sondern auch die hochbegabten Schüler zu ihrem Recht, die in der Jahrgangsklasse oftmals permanent unterfordert sind. Wichtiger ist Petersen aber, durch gegenseitige Hilfe ohne Überheblichkeit und Herablassung die sittlichen Eigenschaften der Kinder auszubilden. Das gelingt am besten in der „Stammgruppe", in der mehrere Altersjahrgänge zusammengefasst sind.
(Vgl. dazu auch „Integrierte Erziehung" bei Montessori / Hellbrügge.)
Im Jena-Plan gibt es kein Sitzenbleiben. Vielmehr rücken alle Schüler nach drei Jahren oder früher in die nächst höhere Stammgruppe auf. Fast immer wechseln einige Schüler des 6. Schuljahres vorzeitig in die Obergruppe und einige Schüler des 8. Schuljahres vorzeitig in die Jugendlichengruppe über.
In der Gegenwart werden wegen der vierjährigen Grundschulzeit die Klassen 1 und 2 sowie die Klassen 3 und 4 zu Stammgruppen zusammengefasst.
Innerhalb der Stammgruppe arbeiten die Schüler verschiedener Altersjahrgänge als „Meister", „Geselle" und „Lehrling" zusammen. Die Zusammensetzung der

Tischgruppen kann jedoch von Fach zu Fach wechseln, und ein Kind, das in einem Fach führend („Meister") ist, kann in einem anderen Fach zu den passiven Schülern zählen, die Anleitung benötigen.

> **Untergruppe: Kinder des 1. - 3. Schuljahres**
>
> **Mittelgruppe: Schüler des 4. - 6. Schuljahres**
>
> **Obergruppe: Schüler des 6./7. - 8. Schuljahres**
>
> **Jugendlichengruppe: Schüler des 8./9. - 10. Schuljahres**

Als Vorteile der altersgemischten Gruppe nennt Petersen:

a) Es entsteht zwischen den älteren und jüngeren Schülern ein fruchtbares „Bildungsgefälle". So übernehmen z. B. die Kinder des 2. Schuljahres die Einführung der Kinder des 1. Schuljahres in den Gebrauch der Arbeitsmittel, und von den Schülern des 3. Schuljahres gehen nach Petersens Beobachtungen starke Impulse auf das Lernen und das kooperative Verhalten in der Stammgruppe aus.
b) Die besonders begabten Kinder, die in Jahrgangsklassen leicht Starrollen einnehmen, müssen sich beim Übertritt in die nächst höhere Stammgruppe neu einordnen, zunächst „Lehrlinge" werden und sich mit weit fortgeschrittenen Schülern messen.
c) Wenn in der Stammgruppe jährlich etwa ein Drittel der Schüler wechselt, bleiben die Arbeits- und Umgangsformen, die sich herausgebildet haben, grundsätzlich erhalten, werden aber durch die neu Hinzukommenden hinterfragt, so dass neue Impulse das Tradierte verbessern können.
Neben Petersen wendet sich auch Berthold Otto mit seinem an der Familie orientierten Schulsystem gegen die Jahrgangsklassen. Altersgemischte Gruppen gibt es auch in der Montessori-Pädagogik
In der Gegenwart hat Jean-Paul Martin (Universität Eichstätt) den Gedanken des Bildungsgefälles auf eine planbare und in jeder Klasse durchführbare Form gebracht. Bei seiner Methode erwerben die Schüler/innen Methodenkompetenz und fundiertes Wissen in dem zunächst für das Fach Französisch entwickelten und inzwischen auf zahlreiche andere Lernbereiche übertragenen Programm „Lernen durch Lehren". Dabei erschließen Schüler/innen einen überschaubaren Lernstoffabschnitt selbstständig, stellen ihn ihren Mitschülern vor und überprüfen den Erfolg ihres Bemühens.

Urformen des Lernens und Sich-Bildens

Petersen nennt vier „Urformen", die für ihn alle von gleicher Wichtigkeit sind:

Gespräch-Unterhaltung

Als beste Form für Gespräche wird der Kreis angesehen, in dem sich weder Tische noch andere Gegenstände befinden. So ist jeder Gesprächsteilnehmer den anderen voll zugewandt, und es entsteht die Bereitschaft, „sich als ganzer Mensch dem anderen zu zeigen, zu stellen, aufzunehmen, darzubieten, gesellig und gelehrig zu sein." (Führungslehre ..., S. 99)
In der Jena-Plan-Schule kommt es zu freien Unterrichtsgesprächen, bei denen, wie in der Berthold-Otto-Schule, die Schüler das Thema bestimmen, und häufiger zu themengebundenen Unterrichtsgesprächen, die denen der Gaudig-Schule ähneln. (Siehe jeweils dort.) Ebenso wichtig sind die Kleingruppengespräche in der Tischgruppe während der Gruppenarbeit und der freien Arbeit.
Im Kreis wird auch vorgetragen, dramatisiert, musiziert etc. Die Pflege der Unterhaltung erfolgt u. a. beim gemeinsamen Frühstück; „bildende" Unterhaltung ergibt sich z. B. nach Lerngängen.

Literatur: Petersen, P., Führungslehre des Unterrichts, Braunschweig 1959[6]

Spiel

Petersen empfiehlt für die Untergruppe freie Spiel- und Bastelstunden und weist dazu auf Fröbels Kindergartenarbeit hin. Er meint aber, dass für solche freien Spielphasen in der Schule nur ein geringer zeitlicher Umfang zur Verfügung gestellt werden kann.
Für Unterrichtszwecke setzt Petersen in Anlehnung an Decroly „Lernspiele" ein. Wenn sich die Kinder dabei auch oft an das Spiel verlieren, bleibt dieses Tun doch spielendes Lernen.
Zu den Zweckspielen zählt Petersen vor allem die straff aufgebauten, geplanten und gelenkten Spiele im Sportunterricht. Zu den Schauspielen gehören bei ihm die verschiedenen Formen des Theaters vom Kasperletheater über improvisierte Dramatisierungen zur gut einstudierten Schulaufführung.
Es ist auffällig, dass die Reformpädagogen das Spiel für die kindliche Entwicklung zwar für wichtig ansehen, aber nicht in eine euphorische Verherrlichung des Spiels verfallen, wie es in den Spieltheorien besonders deutscher Pädagogen, Psychologen und Philosophen geschieht. Aber zu einer übersteigerten Verherrlichung neigt nur, wer Arbeit ausschließlich als fremdbestimmt definiert. In

dem Augenblick, wo selbstbestimmte Arbeit ermöglicht wird, treten dieselben oder doch ganz ähnliche Momente auf, wie sie gemeinhin dem Spiel zugerechnet werden. Zumindest erscheint die Grenzziehung zwischen Spiel und Arbeit dann recht willkürlich. Da aber das, was aus der Sicht des Erwachsenen als Spiel erscheint, für das Kind eher Arbeit ist, die wichtige Arbeit auch, sich als Mensch zu schaffen, wie Montessori es sieht, verwenden die Reformpädagogen für die Beschreibung des Selbst-Tätigwerdens des Kindes lieber den Begriff Arbeit. (Vgl. „Arbeit und Spiel" bei Freinet.) (Eine Ausnahme bildet Neill, der das Spiel ins Zentrum seiner Schularbeit stellt. Vgl. „Spiel und Unterricht")

Literatur:
Petersen, P., Führungslehre des Unterrichts, Braunschweig 1959[6]
Montessori, M., Das kreative Kind. Der absorbierende Geist, Freiburg, Basel, Wien 1972
Freinet, C., Pädagogische Texte mit Beispielen aus der praktischen Arbeit nach Freinet, Reinbek bei Hamburg 1980

Arbeit

Nach Petersen sind zu unterscheiden: a) Vom Lehrer straff geführte Kurse, die als Niveaukurse Schüler gleicher Begabung in logisch-systematisch aufgebauten Stoffgebieten der Mathematik, des Fremdsprachenunterrichts und der deutschen Grammatik in neue Themenbereiche einführen oder als Einführungskurse mit den Zusammenhängen eines neuen Faches vertraut machen, als Einschulungskurse bei den Schülern eine neue Arbeitstechnik festigen oder als Sonderkurse und Wahlkurse unter der Lenkung des Lehrers stehen.
b) Einen sehr breiten Raum nimmt das selbstbestimmte Arbeiten der Schüler während der Gruppenarbeit und der Freien Arbeit ein. (Vgl. dazu die Ausführungen zu diesen Schlüsselbegriffen.)

Feier

Feste und Feiern sind an der Jena-Plan-Schule nicht etwas, das lediglich zur Abrundung und Verschönerung des Schulalltages hinzugefügt wäre und beliebig weggelassen werden könnte. Die Feier ist vielmehr eine echte „Urform des Lernens und Sich-Bildens"; denn auch gerade während der Feier und ihrer von allen mitgetragenen Vorbereitung ist der Schüler veranlasst, „als ganze Person zu handeln, tätig zu sein". (Vgl. „Pädagogische Situation") Feiern sind an Jena-Plan-Schulen zu Beginn der Schulwoche und zum Wochenabschluss eine Selbstverständlichkeit. Hinzu kommen die Feiern kirchlicher Feste, die Feiern zur Aufnahme der Schulanfänger, der Geburtstage u. dgl. Die Vorbereitung einer Feier hat oftmals Projektcharakter und bezieht alle Schüler/innen der

Stammgruppe oder auch der ganzen Schule und nicht selten auch die Eltern mit ein.
Mit der starken Betonung des Wertes von Festen und Feiern an der Jena-Plan-Schule knüpft Petersen an die Tradition des Schullebens in Schulpforta (Naumburg/Saale) an.

Nachdem Petersens Anregungen zur Einbeziehung der Feier in den Erziehungs- und Bildungsprozess von den Grundschule seit langem gut aufgenommen wurden, nutzen neuerdings auch viele Schulen der Sekundarstufe diese Möglichkeit der Bildung mit zeitangemessenen Inhalten.

Literatur:
Petersen, P., Führungslehre des Unterrichts, Braunschweig 1959[6]
Apelt-Döpp-Vorwald, H., Feiern und Feste an der Universitätsschule, in: Die Praxis der Schulen nach dem Jena-Plan, hgg. von P. Petersen, Weimar 1934
Kraft, P., Feste und Geselligkeiten in der Schule, Braunschweig 1979
Martin, G. M., Fest und Alltag, Stuttgart 1973
Lassahn, R. (Hg.), Das Schulleben, Bad Heilbrunn 1969

Gruppenarbeit

Im Jena-Plan orientiert sich die Gruppenarbeit in starkem Maße an den Interessen der Schüler. Es wird zwar für alle Schüler der Stammgruppe dasselbe stoffliche Ziel angestrebt, das als Rahmenthema vorgegeben wird. Aber dieses Thema wird nicht einfach nach stofflichen Gesichtspunkten aufgegliedert. Vielmehr können die Jungen und Mädchen das Thema unter einer Perspektive angehen, die ihren speziellen Neigungen und Interessen entspricht. Das kann natürlich zu starken stofflichen Überschneidungen zwischen den Arbeiten der verschiedenen Arbeitsgruppen führen, hat aber den Vorteil, dass sich jede Arbeitsgruppe mit der gesamten Thematik befasst und - unter einer bestimmten Perspektive - gründlich auseinandersetzt.
Innerhalb des Rahmenthemas ergeben sich gewissermaßen mehrere Projekte, die von altersgemischten Kleingruppen oder auch von einzelnen Schülern bearbeitet werden. Es ist nicht falsch, die so geartete Gruppenarbeit des Jena-Plans zu den Freiarbeitsformen zu zählen.
Die Arbeitsergebnisse der Kleingruppen oder der einzelnen Schüler werden im Plenum vorgetragen oder - noch häufiger - auf Wandzeitungen oder in ausgelegten Arbeitsmappen präsentiert. Oftmals werden andere Stammgruppen und Eltern eingeladen, wenn die Arbeitsergebnisse der Gruppenarbeit vorgestellt werden.
Gruppenunterricht wird während der reformpädagogischen Epoche auch in der von Dewey beeinflussten amerikanischen Schulreform im Projekt-Plan und im

Winnetka-Plan praktiziert und in Deutschland von Kerschensteiner, Gaudig und Otto gefordert.
Der heutige Gruppenunterricht unterscheidet sich von Petersens Ansatz vor allem dadurch, dass er in Jahrgangsklassen durchgeführt wird und primär an den stofflichen Strukturen orientiert ist. Der Stoff wird dann entweder von allen Arbeitsgruppen in gleicher Weise durchgearbeitet (arbeitsgleicher Gruppenunterricht), oder es wird ein komplexes Thema nach stofflichen Gesichtspunkten aufgegliedert, so dass jede Arbeitsgruppe nur einen Teilbereich des Stoffes bearbeitet und von den anderen Stoffgebieten über Gruppenvorträge erfährt (arbeitsteiliger Gruppenunterricht).
Gruppenunterricht scheitert in der Regel, wenn versäumt wird, die Schüler in die Arbeitstechniken einzuführen, die zur selbstständigen Bearbeitung des Themas beherrscht werden müssen. Das selbstständige Arbeiten der Schüler gelingt leichter, wenn die Arbeitsgruppen praktische Aufgaben zu bewältigen haben, die eine Überprüfung mit den Sinnen (vgl. „Außenschau" bei Kerschensteiner) ermöglichen. Partnerarbeiten, bei denen nach relativ genauen Vorgaben des Lehrers gearbeitet werden muss, erweisen sich ebenso als gute Vorstufen des Gruppenunterrichts wie die Einübung der Schüler in selbstständige Gesprächsführung.

Literatur:
Petersen, P., Die Praxis der Schulen nach dem Jena-Plan (Der Große Jena-Plan Bd. 3), Weimar 1934
Petersen, P., Petersen, E., Wolfrum, E. u. a., Gruppenarbeit nach dem Jena-Plan, München 1958
Schneider, W., Unterrichtsführung im gruppenunterrichtlichen Verfahren, Weimar 1936
Meyer, E. (Hg.), Die Gruppe im Lehr- und Lernprozess, Heidelberg 1970
Slotta, G., Die Praxis des Gruppenunterrichts und ihre Grundlagen, 1954
Anmerkung: Im Jena-Plan werden die Begriffe „Gruppenarbeit" und „Gruppenunterricht" synonym gebraucht.

Arbeitsmittel

Für Petersen ist das Arbeitsmittel „ein Gegenstand, der mit eindeutiger didaktischer Absicht geladen ist, hergestellt, damit sich das Kind frei und selbstständig dadurch bilden kann." Für diese Arbeitsmittel verwenden wir heute oftmals den Begriff „didaktische Materialien".
In seiner „Führungslehre des Unterrichts" umreißt Petersen, welche Anforderungen an ein gutes Arbeitsmittel zu stellen sind:
„Es muss Anreize enthalten, sich mit ihm zu beschäftigen, damit zu arbeiten. Das Kind muss erkennen können, was es damit tun soll ... echte Arbeitsmittel

enthalten gleichzeitig die Mittel zur Kontrolle ihrer richtigen Verwendung. ... Das Arbeitsmittel muss Anreize enthalten zu vielen Wiederholungen ... Anreize zum Weitergehen zu anderen Arbeitsmitteln; es muss von sich aus weiterführen ... Es muss eine wertvolle Arbeitshaltung anerziehen... Gute Arbeitsmittel helfen dem Lehrer, das Kind in seiner individuellen Art und Lage genau zu erkennen und besser zu verstehen; sie belehren über des Schülers Arbeitstempo, Auffassungsvermögen, Intelligenzstand ..." (Petersen 1959, S. 182 u. 193 f.)
Neben den Arbeitsmitteln, die „mit eindeutiger didaktischer Absicht geladen" sind, nennt Petersen Anschauungsmittel, die die Natur bietet, Lernmittel wie Sand, Steine, Bohnen etc. und Beschäftigungsmaterial für Spielen und Basteln, das unter Umständen „leicht vorgerichtet" ist.

Literatur:
Petersen, F., Führungslehre des Unterrichts, Braunschweig 1959[6]
Potthoff, W., Freies Lernen - verantwortliches Handeln, Freiburg 1994[2]

Pädagogische Tatsachenforschung

Nach Peter Petersen muss sich die Erziehungswissenschaft aus ihrer Abhängigkeit von Philosophie, Psychologie, Soziologie und Biologie lösen und eine eigene Theorie der erzieherischen Prozesse aufstellen sowie einen Forschungsbereich entwickeln, dem eine Brückenfunktion zwischen Praxis und Theoriebildung zukommt. Petersen knüpft an Forschungsmethoden an, die Aloys Fischer in der experimentellen Pädagogik angewandt hatte und entwickelt daraus die Pädagogische Tatsachenforschung.
Wenn es Petersen dabei zunächst um ein möglichst genaues Festhalten aller Vorkommnisse seines Schulversuchs geht, entwickelt er ab etwa 1928 eine „pädagogische Charakterologie", mit deren Hilfe das individuelle Erscheinungsbild der Kinder fassbar gemacht werden soll. Bereichert wird die Pädagogische Tatsachenforschung durch die Psychologin Elsa Köhler, die ab 1932 in Jena mitarbeitet und einzelne Kinder in pädagogischen Situationen beobachtet. Daraus ergibt sich ein fruchtbares Spannungsverhältnis zwischen Köhlers psychologischen Forschungsergebnissen und dem größeren Zusammenhang der „pädagogischen Tatsachen", zu denen alles gezählt wird, was Wirkung hat auf das individuelle und das Gruppenverhalten einschließlich aller Sinn- und Sollensforderungen.
Pädagogische Tatsachenforschung ist eine Schul- und Unterrichtsforschung, die danach fragt, wie Kinder arbeiten, wie sie sich in der Gruppe verhalten, welche Interessen sie in den Unterricht einbringen, wie sie mit Arbeitsmitteln umgehen, die aber auch Unterrichtsformen wie Kreisgespräch, Gruppenarbeit u. dgl. untersucht.

Methoden der Pädagogischen Tatsachenforschung

Einzelaufnahme - Tätigkeiten, Kooperationen oder Leistungen eines Kindes

Lehreraufnahme - Aufnahme der Unterrichtsaktivitäten der Lehrkraft

Gesamtaufnahme - Aufnahme aller Ereignisse der Pädagogischen Situation

Literatur:
Petersen, P. und Petersen, E., Die pädagogische Tatsachenforschung, hgg. von Th. Rutt, Paderborn 1965
Slotta, G., Die pädagogische Tatsachenforschung Peter und Else Petersens, Weinheim 1962

STANDORTBESTIMMUNG

Mit seinem Jena-Plan legt Peter Petersen die ausgewogenste Schulkonzeption der reformpädagogischen Epoche vor. Wie bei den meisten reformpädagogischen Schulentwürfen steht dabei das selbstständige Fortschreiten des Schülers beim Lernprozess im Mittelpunkt der Unterrichtsarbeit. Es erhält im Jena-Plan während der Gruppenarbeit und in der Freien Arbeit breite Entfaltungsmöglichkeiten. Damit selbstständige Arbeit gelingen kann, werden systematisch Arbeitstechniken vermittelt.
Neben das Lerninteresse des Schülers stellt Petersen gleichberechtigt die Lehrplanforderungen, die den Unterricht in den logisch-systematisch aufgebauten und vom Lehrer geführten Kursen bestimmen und die Rahmenthemen für die Gruppenarbeit abgeben.
Lernen ist für Petersen ein durch und durch individueller Vorgang, der aber der Lernanregungen der Mitschüler und des Lehrers nicht entbehren darf. So erhält das Arbeiten in der Gruppe im Jena-Plan einen besonders hohen Stellenwert. In der Gruppe ereignen sich nach Petersens Ansicht die wichtigsten erzieherischen und bildenden Prozesse.
Der Lehrer tritt im Jena-Plan aus der dauernden direkten Lenkung des Unterrichts zurück. Er konstituiert aber die Pädagogische Situation mit ihren zum Lernen und Sich-Verhalten anregenden Elementen.
Die gesamte schulische Arbeit ist in den Wochenarbeitsplan eingebettet, der von den Lehrkräften aufgestellt, aber letztlich von der gesamten Schulgemeinde getragen und verantwortet wird. Über die Schulgemeinde wirken die Eltern erheblich auf die schulische Erziehung ihrer Kinder ein.

Die Jena-Plan-Pädagogik hat den Schulen der Bundesrepublik auf dem Sektor des Schullebens, des Verständnisses von Erziehung und Unterricht und im methodischen Bereich erhebliche Impulse gegeben.

Ehemalige Schüler Peter Petersens beeinflussten die Schulentwicklung in Deutschland nach 1945. So knüpften in Hessen Personen um Franz Kade, Professor an der Päd. Hochschule Frankfurt a. M., und Wilhelm Krick, Rektor der Peter-Petersen-Schule Frankfurt a. M., der sich mit Hilfe geeigneter Arbeitsmittel um die praktische Umsetzung der Petersen-Pädagogik in der Schule bemühte, an die „Landschulreform" der späten 20er und frühen 30er Jahre an, bei der Grundgedanken des Jenaplans für wenig gegliederte und besonders einklassige Landschulen fruchtbar gemacht werden sollten.

Auf Initiative der Professorin Renate Riemeck wurde für Hessen eine zentrale Arbeitsmittelstelle eingerichtet, die ab 1954 von Rudhart Enders geleitet wurde. Diese Zentralstelle führte u. a. Arbeitsmitteltagungen durch und führte Lehrerstudenten in den Einsatz von Arbeitsmitteln und ihre Herstellung ein.

Rektor Enders war zugleich Initiator der Jena-Plan-Schule Steinau-Ulmbach, die als Mittelpunktschule für 6 Dörfer aufgebaut wurde und nach dem Tode von Enders von Karlheinz Willführ geleitet wird.

Aber es gibt in Deutschland zur Zeit nur wenige ausgesprochene Jena-Plan-Schulen (Hannover, Frankfurt, Köln, Steinau/Ulmbach). Ein Arbeitskreis hat sich zur Aufgabe gestellt, Petersens erziehungswissenschaftlichen Ansatz in seiner Einheit von Theorie, Forschung und Praxis zu erhalten und zu verbreiten:

Arbeitskreis Peter Petersen e. V. Karl-Glöckner- Str. 21B 35394 Gießen

In den Niederlanden orientieren sich gegenwärtig mehr als 200 Schulen an Petersens Schulkonzeption. Die starke Ausbreitung des Jena-Plans in den Niederlanden ist nicht zuletzt ein Verdienst von Suus Freudenthal-Lutter (1910 - 1986), von der Kees Vreugdenhils anlässlich ihres Todes schrieb: „Der Jena-Plan, das war eine Frau."

Suus Freudenthal-Lutter, Schriftführerin der niederländischen Sektion der World Education Fellowship, gründet nach dem 2. Weltkrieg innerhalb des Weltbundes die niederländische „Arbeitsgruppe Jenaplan" und anschließend die „Stichting Jenaplan", die sich besonders mit der auf die Gegenwart bezogenen Weiterentwicklung des Jena-Plans befasst.

Literatur:
Döpp-Vorwald, H., Die Erziehungslehre Peter Petersens, Ratingen 1969
Mieskes, H. (Hg.), Jena-Plan - Anruf und Antwort, Oberursel 1965
Skiera, E., Die Jena-Plan-Bewegung in den Niederlanden. Beispiel einer pädagogisch fundierten Schulreform, Weinheim, Basel 1982

KURT HAHN
1886 - 1974

1886   als Sohn jüd. Eltern in Berlin geboren
Vorfahren Kaufleute und Industrielle

Studium der Alt- und Neuphilologie

Hahn lernt engl. Public Schools kennen
Hahn wird durch Abbotsholme und
durch das Buch „Emlohstobba" beeinflusst

1920   Gründung des Landerziehungsheims Schloss
Salem zus. mit Prinz Max von Baden

1933   von den Nationalsozialisten in „Schutzhaft"
genommen

1934   Emigration nach Schottland, zusammen mit
Erich Meissner, einem Mitarbeiter
Gründung von Gordonstoun nach Salemer
Muster

1941   Gründung der ersten Outward Bound-Schule
in Aberdovey (Wales)
Kurzschulen in vielen Ländern

1962   das erste Atlantic College eingerichtet
(St. Donat's Castle, Südküste Wales)

1974   in London gestorben

Erziehungsziel

Hahns Erziehungsvorstellungen schließen in wichtigen Punkten an Platons Erziehungslehre der „Politeia" an, die er als ein auf die Gegenwart zu übersetzendes Modell versteht.
Ob der Mensch sich zum Guten oder Schlechten wendet, ist wesentlich von den Einflüssen der Umwelt und der Erziehung abhängig; denn die Seele ist formbar. Ziel der Erziehung muss sein, alle Kräfte des Individuums zu einem harmonischen Ganzen zu entwickeln und das Individuum zugleich zum Dienst an der Gemeinschaft zu veranlassen.
Erziehung muss von widerstreitenden Grundneigungen beim Menschen ausgehen, dem Begehrlichen, das sich als Eigennutz zeigt, auf der einen Seite und dem Mutartigen, Eifrigen auf der anderen und diese entgegengesetzten Neigungen sinnvoll auszugleichen versuchen. Ziel ist der sittlich denkende und handelnde Mensch, dessen Charakter durch die Tugenden Mut, Mitgefühl, Schärfe des Denkens, Neugier und Lebensfreude geprägt ist.

AUSWAHLBIBLIOGRAPHIE

Erziehung zur Verantwortung, Stuttgart 1958
The Young and the Outcome of the War, London 1965

Blendinger, H. (Hg.), Salem. Die neue und die alte Schule, Lindau 1948
Knoll, M. (Hg.), Kurt Hahn: Erziehung und die Krise der Demokratie. Reden, Aufsätze, Briefe eines politischen Pädagogen, Stuttgart 1986
Köppen, Werner, Die Schule Schloss Salem in ihrer geschichtlichen Entwicklung und gegenwärtigen Gestalt, Ratingen 1967
Meissner, E., Gordonstoun und Salem, Ravensburg o.J.
Röhrs, H. (Hg.), Bildung als Wagnis und Bewährung. Eine Darstellung des Lebenswerks von Kurt Hahn, Heidelberg 1966
Schwarz, K., Die Kurzschulen Kurt Hahns. Ihre pädagogische Theorie und Praxis, Ratingen 1968

SCHLÜSSELBEGRIFFE

Pädagogische Provinz

Erziehung sieht sich der Frage gegenüber, ob Kinder und Jugendliche in möglichst engem Kontakt zur Erwachsenenwelt oder in einem Schonraum, einer eigenen Welt, erzogen werden sollen. Als um die Jahrhundertwende herbe Kritik an den gesellschaftlichen Verhältnissen geäußert wird, sehen viele Pädagogen die einzige Chance für die Entwicklung einer besseren Kultur in der weitgehenden Isolierung der Heranwachsenden in der Pädagogischen Provinz der Landerziehungsheime.

Den Begriff „Pädagogische Provinz" führt Goethe in „Wilhelm Meisters Wanderjahren" ein. Er ist aber als Gedanke bereits bei Platon angelegt und später von Fichte („Reden an die deutsche Nation") und Hesse („Glasperlenspiel") aufgenommen worden. Die Erziehung in der Pädagogischen Provinz kann als Prinzip gefordert werden, weil die Familie als ungeeigneter Ort für die Erziehung angesehen wird (Platon), wegen der verderbten Gesellschaft (Fichte) oder sich, wie bei Pestalozzi, aus der Notwendigkeit des fehlenden Elternhauses ergeben.

Erlebnistherapie

Damit junge Menschen zur Selbstfindung und Selbstverwirklichung gelangen, bedürfen sie der Selbstbewährung und der Selbstbestätigung, die in der modernen Gesellschaft nicht ausreichend erfolgen. Vielmehr wird die Jugend wegen der vielfältigen Anforderungen des Erwachsenenlebens sehr lange in gelenkter Schulerziehung mit sekundären Leistungsanforderungen gehalten.
Hahn entwickelt eine Therapie, bei der in begrenzter Freiheit natürliche Leistungsanforderungen entstehen, die eine Ausformung des menschlichen Charakters bewirken können. Dazu wendet Hahn folgende Erziehungsmittel an:
Die **leichtathletische Pause**, bei der die Schüler ein gesetztes Ziel durch körperliche Anstrengung und Selbstüberwindung erreichen und dabei eigene Schwächen überwinden und bislang unbekannte Kräfte an sich entdecken, die dann u. U. auch in anderen Bereichen eingesetzt werden.
Das **Projekt**, bei dem der Schüler plant, sucht, forscht, entscheidet und vor allem mit Geduld und Ausdauer zu Ergebnissen kommt. Projekte können sich als künstlerisch-musische, handwerkliche, naturwissenschaftliche oder geistige Aufgaben ergeben.
Die **Expedition** verlangt vom Einzelnen oder der Gruppe sorgfältige Planung, Verantwortungsbereitschaft und Durchhaltevermögen. Gekennzeichnet sind die

Expeditionen durch Abenteuer und Wagnis. Sie fördern beim Bestehen von Schwierigkeiten, bei der Auseinandersetzung mit unvorhergesehenen Gegebenheiten der Natur oder der sozialen Situation die Fähigkeit zur Selbstüberwindung, Entschlusskraft und verantwortungsvolles Handeln.

Der **Rettungsdienst** ist helfender Dienst am Nächsten in Not- und Gefahrensituationen. Damit geht das Engagement über die eigenen Interessen hinaus. Die Verpflichtung gegenüber den anderen Mitgliedern der Gemeinschaft fordert die ganze Persönlichkeit mit der gesamten ihr zur Verfügung stehenden Kraft heraus.

Literatur:
Hahn, K., Erziehung zur Verantwortung, Stuttgart 1958
Perger, E. v., Erziehungsmethode der Schule Schloss Salem, in: L. Prohaska (Hg.), Die zwischenmenschlichen Beziehungen und ihre Formen, Wien 1958

Kurzschulen / Outward Bound

Hahn erkennt, dass die nach seiner Ansicht von der Erziehung im Landerziehungsheim ausgehenden Schutz- und Heilkräfte zwar einer kleinen Minorität vermittelt werden können, damit dem allgemeinen Verfall des „kranken Volkskörpers" aber nicht ausreichend begegnet werden kann. Zugleich macht er in Gordonstoun die Entdeckung, dass bei jungen Menschen im Alter zwischen 15 und 18 Jahren eine erhöhte „Bereitschaft der Sinne" verbunden mit einer „Wachsamkeit des Gemüts" sie zur Übernahme von Verantwortung als Rettungsschwimmer bei der Lebensrettung befähigen. Das führt zur Übernahme des Rettungsdienstes und überhaupt des Dienstes am Nächsten in das Programm zur Heilung. Die damit verbundene „höchste Dynamik der Seele" und die sich darin vollziehende Charakterentwicklung erfolgt bereits in vierwöchigen Kursen. Damit ist die Idee der Kurzschule, für die sich später der Begriff „Outward Bound" durchsetzt, geboren.

Von Großbritannien aus verbreitet sich die Outward-Bound-Idee über alle Erdteile. In Deutschland bestehen neben den früh eingerichteten Kurzschulen Weißenhaus (Holstein) und Baad (Kleinwalsertal) mehrere neuere Outward-Bound-Initiativen.

Die Kurzschulen stehen Jungen und Mädchen aller Berufe und Studienrichtungen ohne Unterschied der Nationalität, der Rasse oder des Glaubens offen. Die vier Elemente der Erlebnistherapie bilden die Basis für die Kurzschulprogramme.

Das von Willy Potthoff 1985 initiierte Projekt „Begegnungen" knüpft in mancher Weise an Hahns Kurzschulidee an. Es wird davon ausgegangen, dass drei- bis vierwöchige Phasen, in denen Jugendliche von einer für sie weitgehend neuen Lebenssituation extrem herausgefordert werden, eine Dynamik des Selbstfindungsprozesses in Gang bringen. Bei diesem Projekt leben die Jugendlichen mit Menschen zusammen und arbeiten und diskutieren mit ihnen, die für sich einen Lebensweg gefunden haben, in dem völlige Identität von Denken, Wollen und Handeln besteht.

Literatur:
Schwarz, K., Die Kurzschulen Kurt Hahns. Ihre pädagogische Theorie und Praxis, Ratingen 1968
Potthoff, W., Freies Lernen - verantwortliches Handeln. Der Freiburger Ansatz der Integrierten Reformpädagogik, Freiburg 1994[2]

Dienste

In Salem gehören die Dienste zum pädagogischen Programm. An einem Nachmittag in der Woche müssen alle Schülerinnen und Schüler der Klassenstufen 10 bis 13 in einem der sechs Dienste arbeiten, die jeweils von einer älteren Schülerin oder einem älteren Schüler geleitet werden. Die Organisation der sechs Dienste Feuerwehr, technisches Hilfswerk, Seenotrettung, Rotes Kreuz, Sozialdienst und Umweltschutz obliegt der Dienstekonferenz, die alle zwei Wochen tagt und derzeit mit Lehrern und Schülern paritätisch besetzt ist.
Der Sozialdienst hat sich in den letzten Jahren in Salem und auf dem Birklehof, der sich ebenfalls an der Pädagogik Kurt Hahns orientiert, mit seinen mannigfachen Aufgaben zum größten Dienst entwickelt. „Die Schüler, die sich in einem der Sozialdienste engagieren, haben es sich zur Aufgabe gemacht, in der Umgebung der Schule Bereiche aufzuspüren, in denen tatkräftige Hilfe gefordert ist ... Die Sozialdienste eröffnen den Schülern neue Erfahrungsbereiche und konfrontieren sie mit besonderen Anforderungen. Das Wesentliche, was sie dort lernen, sind Zuverlässigkeit, Sensibilität für die Probleme anderer Menschen und die Anteilnahme an deren Sorgen, Flexibilität und Phantasie, da sie sich in immer neuen Situationen angemessen verhalten müssen." (Booz-Ebert, S. 62)

Literatur:
Booz-Ebert, S., Erziehung zur Verantwortung, Diplomarbeit PH Freiburg, 1990
Plessing, G., Soziale Dienste als Erfahrungs-, Übungs- und Bewährungssituation. Beispiel: Schule Schloss Salem, in: Lichtenstein-Rother, Zusammen lernen - miteinander leben. Soziale Erziehung in der Schule, Freiburg 1981

Atlantic College

Im Atlantic College wird ein aus vielen Ländern kommender Schülerkreis auf ein Abitur vorbereitet, das möglichst in allen Ländern anerkannt werden soll.

Aus der multikulturellen Schulsituation ergeben sich die Befassung mit den Problemen anderer Völker, gegenseitiges Verständnis und der Wunsch, die Sprachen der Mitschüler zu lernen. Der Rettungsdienst (s. Kurzschulen) ist integrierender Bestandteil der Ausbildung.

Vgl. den Schlüsselbegriff „Menschheitsschule - Ecole d'Humanité" bei Geheeb.

STANDORTBESTIMMUNG

Hahns Forderung einer Erziehung zur Verantwortung und sein Bemühen, die Bewährung des Menschen in den Grenzsituationen des Krieges durch Herausforderungen in Grenzsituationen des Helfens abzulösen sind hoch aktuell.
Auch wenn sich die charakterbildenden Auswirkungen seiner Erlebnistherapie kaum wissenschaftlich exakt nachweisen lassen, besteht doch kein Zweifel an den prägenden Einflüssen von Erlebnissen in Extremsituationen. Es wird darauf ankommen, Hahns Grundidee auf die Befindlichkeit des jungen Menschen in unserer Zeit und die Erfordernisse einer interkulturellen Gesellschaft zu übertragen.
Inzwischen ist auch in Deutschland neben den traditionellen Kurzschulen eine ganze Reihe von OUTWARD-BOUND-Vereinigungen mit einem breiten Angebot an Seminaren entstanden. Einige der Anbieter stehen noch ganz in der Tradition der Hahnschen Erlebnispädagogik mit dem Ziel der Formung und Festigung der Persönlichkeit der jungen Menschen im Einsatz für andere in Situationen extremer Herausforderung und ermöglichen durch Handeln in echten Lebenssituationen ein ganzheitliches Lernen in der Gruppe. Andere haben in ihr gut strukturiertes, auf praktische Arbeiten bezogenes Bildungsprogramm erfolgreich Elemente der Kurzschul-Idee Hahns einbezogen.
Wieder andere überschätzen den positiven Einfluss der großen erlebnisreichen Fahrt auf destruktive egoistische Charaktere völlig oder folgen oberflächlich dem Trend der Zeit nach möglichst spektakulären Erlebnis-Aktionen bei Risiko-Sportarten wie etwa dem Canyoning oder dem Höhlentauchen, von denen ein besonderer Kick erwartet wird. Hahns Anspruch, die persönliche Herausforderung zur Charakterbildung zu nutzen und sie auch unter dem Aspekt der Hilfe für in Not geratene Menschen einzugehen, fehlt dabei völlig. Insofern ist von derartigen egoistischen Erlebnisbefriedigungen kaum ein positiver Einfluss auf die Charakterbildung junger Menschen zu erwarten.

Impulse aus der Landerziehungsheim-Pädagogik für das heutige öffentliche Schulwesen

A Erziehung zur Verantwortung
Dienste für Hilfsbedürftige und für die Gemeinschaft:
Sozialdienst, Umweltschutz, Feuerwehr, Technisches Hilfswerk, Seenotrettung;
Mentorensystem:
Hilfen beim Zurechtfinden im Schulleben, bei Lernproblemen und allgemeinen individuellen Problemlagen
z. B. Kurt Hahn (Salem), Götz Plessing (Birklehof)

B Umgang mit Tieren und Pflanzen
Tiere auf dem Schulgelände; Ackerbau und Gartenbau
z. B. Hermann Lietz und heutige Hermann-Lietz-Schulen

C Verbindung von intellektueller und praktischer Arbeit
Abitur plus Gesellenprüfung, z. B. Odenwaldschule
Arbeiten in Werkstätten für Töpfern, Spinnen, Weben, Drucken, Tischlern, Schmieden
z. B. Urspringschule, Schondorf a. Ammersee

D Interkulturelle Erziehung
Leben in Kulturgemeinschaften mit vielfältigen interkulturellen Verflechtungen
z. B. Ecole d'Humanité

E Zusammenleben in der Schulgemeinde
Gemeinschaft aller Lehrenden und Lernenden, Jugendkultur, eigenes Schulprofil
z. B. Hermann Lietz, Gustav Wyneken, Paul Geheeb

F Epochenunterricht
Überwindung des Fetzenstundenplans
z. B. Urspringschule, Odenwaldschule

G Meditative Besinnungsphasen im Schulalltag
z. B. Kapelle bei Hermann Lietz, Morgenfeiern

CELESTIN FREINET
1896 - 1966

1896	Célestin Freinet geboren
1913	Eintritt in die *école normale*
1915	zum Kriegsdienst eingezogen
1916	als Offizier schwer verwundet (Lungenschuss), aus der Armee entlassen
1920	Lehrer in Bar-sur-Loup
1923	Freinet lehnt Ruf als Prof. für Literaturwiss. an der *école supérieure* ab
1926	Freinet entwickelt eigene Schuldruckpresse
1928	Versetzung nach Saint-Paul; Freinet entwickelt zusammen mit Kollegen: Arbeitsblätterkartei, Nachschlagekiste, Dokumentensammlung
1933	vom Dienst suspendiert
1935	Gründung eines Landerziehungsheims in Vence
1939-1945	Freinet in Internierungslagern; er hält sich anschließend versteckt und organisiert in Hautes-Alpes die Résistance
1966	Freinet gestorben

Erziehungsziel

Freinet kommt zu dem Schluss, „als wahres Erziehungsziel zu fordern, dass das Kind in einem größtmöglichen Maße zur Entfaltung seiner Persönlichkeit im Schoße einer vernünftigen Gemeinschaft gelangen kann, der es dient und die auch ihm dient. Es wird seine ihm bestimmten Aufgaben erfüllen, indem es sich zu einem würdigen kraftvollen Menschen entwickelt, der sich so auf ein fruchtbares Arbeiten vorbereitet, dass er einmal als Erwachsener ohne interessenbestimmte Verlogenheit mit zur Verwirklichung einer harmonischen und ausgeglichenen Gesellschaft beitragen kann." (Freinet 1979, S. 14)
„Leben, so intensiv wie möglich zu leben, liegt nicht darin letztlich das Ziel all unserer Anstrengungen? Und die Fähigkeit zum Leben so gut wie es nur irgend geht zu entwickeln, sollte das nicht die wesentliche Aufgabe der Schule sein?" (a. a. O., S. 25)

AUSWAHLBIBLIOGRAPHIE

Die moderne französische Schule, übersetzt und besorgt
und mit einem eigenen Beitrag von Hans Jörg, Paderborn 1979
Pädagogische Texte. Mit Beispielen aus der praktischen Arbeit nach Freinet, herausgg. von Heiner Boehncke u. Christoph Hennig, Reinbek bei Hamburg 1980
L' Education du Travail, Gap 1949
Les Méthodes naturelles dans la pédagogie moderne, Paris 1956

Arbeitskreis Grundschule (Hg.), Lehrer und Schüler verändern die Schule. Bilder und Texte zur Freinet-Pädagogik, Zusammengestellt und kommentiert von Martin Zülch, Frankfurt a. M. o. J.
Baillet, D., Freinet - praktisch, Weinheim und Basel 1983
Freinet, E., Erziehung ohne Zwang. Der Weg Celéstin Freinets, Stuttgart 1981
Koitka, Chr., Freinet-Pädagogik. Unterrichtserfahrungen zu: Freier Text, Selbstverwaltung, Klassenzeitung, Korrespondenz u. a., Berlin 1977
Laun, R., Freinet - 50 Jahre danach. Dokumente und Berichte aus drei französischen Grundschulklassen, Heidelberg 1983
(darin umfassende Auswahlbibliographie)
Zehrfeld, K., Freinet in der Praxis, Weinheim und Basel 1977

SCHLÜSSELBEGRIFFE

Freie Texte (texte libre)

In Freinet-Klassen schreiben die Schüler aus eigenem Antrieb Aufsätze und Gedichte, die in Geschichtenbüchern der Klasse gesammelt oder mit der klasseneigenen Druckerei gedruckt werden. Bei der deutschen Pädagogik-Kooperative steht zur Anregung der Schüler eine Blättersammlung mit dem Titel „Schreib los!" zur Verfügung. Aber im Allgemeinen schreiben die Jungen und Mädchen ganz aus eigenem Antrieb.
Bei den „freien Texten" zeigen sich „Interessenzentren", die Decroly als erster beschrieben hat, Schwerpunkte, um die die Gedanken der Schüler kreisen: Dinge des häuslichen Lebens, der Schulgemeinschaft, jahreszeitliche Beobachtungen und Erlebnisse, Wanderungen etc. (Vgl. Freinet 1979, S. 184 ff.)
„Die freien Texte entstehen zu jeder Gelegenheit: zu Hause, während des Unterrichts, in freien Minuten, auf Zetteln, einem Stück Butterbrotpapier oder manchmal sogar mit der Schreibmaschine getippt." (Laun, S. 121)

Freinet knüpft mit seinem Verfahren der „freien Texte" an die Erkenntnisse anderer Reformpädagogen an, dass ein Kind von acht, neun Jahren Beobachtetes und Empfundenes gern aufschreibt und in den folgenden Jahren dabei bleibt, wenn das Korsett des Aufsatzunterrichts diesen natürlichen Drang nicht zerstört. Berthold Otto macht den traditionellen deutschen Aufsatzunterricht geradezu für die „Stilverderbnis" verantwortlich und verlangt, „dass der Schüler nur über Dinge schriebe, über die er nicht nur etwas zu sagen weiß, sondern über die es ihn geradezu drängt, etwas zu sagen" (Otto, S. 226), damit ein echter, eigener Stil erworben wird.
Wilhelm Münch (1843 - 1912), der spätere Provinzialschulrat und Honorarprofessor in Berlin, macht bereits 1908 mit seinen Schülern „impressionistische Übungen", bei denen jeder das eben Beobachtete benennen, in Beziehung setzen und ohne jede Gängelung niederschreiben kann. Der Lehrer kann helfen, „die Sinne der Kinder aufzuschließen, damit sie sich wieder vorwagen und der Seele Bilder bringen." (Münch 1908, S. 96)
Auf der „Leipziger pädagogischen Woche" zeigt sich 1921, dass der „freie Aufsatz" in der Gaudig-Schule bereits einen festen Platz hat. Dieser „freie Aufsatz findet seine Art aus innerster zwingender Notwendigkeit, nach organischen Gesetzen; denn er wird triebhaft aus der kindlichen Seele geboren." (Schmieder in Gaudig, S. 158) Der Lehrer gibt dem Innersten Nahrung, indem er Beobachtungen ermöglicht. Der Lehrer der Gaudig-Schule wendet auch, wie später die Freinet-Pädagogen, die Reizwort-Methode an.

Literatur:
Freinet, C., Die moderne französische Schule, übersetzt und besorgt und mit einem eigenen Beitrag von H. Jörg, Paderborn 1979
Laun, R., Freinet - 50 Jahre danach, Heidelberg 1983²
Münch, P. G., Rund ums rote Tintenfass. Essays über den Schüleraufsatz, Leipzig 1908
Otto, B., Ausgewählte pädagogische Schriften, besorgt von K. Kreitmair, Paderborn 1963
Schmieder, A., Der freie Aufsatz, in: Gaudig, H. (Hg.), Freie geistige Schularbeit in Theorie und Praxis, Breslau 1922

Druckerei

Wenn von Freinets Methode die Rede ist, wird dabei fast immer auch die Freinet-Druckerei genannt, die Freinet 1926 nach zweijährigen Erfahrungen mit verschiedenen anderen Druckpressen entwickelt hat.
Die Druckerei bildet zwar nicht den Kernpunkt der Freinet-Pädagogik, ist aber doch ihr wichtigstes technisches Instrument. Freinets Gedanke, praktische und geistige Arbeit (etwa im Sinne Kerschensteiners) zusammenzuführen, ist beim Druckvorgang mit der Handdruckpresse in idealer Weise verwirklicht. Die Schüler entwerfen in kreativer Arbeit einen Text, den sie setzen, im Probedruck kontrollieren und korrigieren und - im Allgemeinen als Arbeitsgruppe - für alle Schüler der Klasse, die Eltern oder für eine Partnerklasse drucken. Der Gedanke an die Adressaten der Druckerzeugnisse, die nicht nur Texte, sondern ebenso gut Linoldrucke u. dgl. sein können, drängt zu Genauigkeit und Sauberkeit bei der Arbeit. Das gemeinsame Tun einer Schülergruppe beim Druckvorgang verlangt von jedem Einzelnen Verlässlichkeit, Kooperation und Rücksichtnahme.
Von manchen Lehrkräften wird die Schuldruckerei auch beim Erstlesen und Erstschreiben eingesetzt, wo die selbst entwickelten und selbst gedruckten Texte eine gekaufte Fibel ersetzen können.

In Deutschland haben sich Lehrerinnen und Lehrer, die mit ihren Schülern drucken, zum „Arbeitskreis Schuldruckerei" (AKS) zusammengeschlossen. Anschrift der Informationszentrale: Peter Treitz, Graulheck 24a, 66578 Schiffweiler, Tel.: 06821-64633
Eine zweite Gruppe, die mit der ganzen Breite der Freinet-Pädagogik auch deren politischen Akzent betont, ist die „Pädagogik-Kooperative" mit Hauptsitz in 28209 Bremen, Goebenstraße 8. In allen Bundesländern und zahlreichen Nachbarländern bestehen Freinet-Initiativen (Kontaktadressen z. B. in Laun oder: http://home.t-online.de/home.paed.koop.br.

Literatur:
Freinet, C., Die moderne französische Schule, übersetzt und besorgt und mit einem eigenen Beitrag von H. Jörg, Paderborn 1979
Jörg, H., Von der Eigenfibel zur Arbeitslehre. Einführung in die Schuldruckerei - Die Schuldruckerei als Mittel und Weg zur Förderung der Sprachentfaltung und selbstverantworteten Tätigkeit im Unterricht, Wuppertal, Ratingen, Kastellaun 1970

Verantwortlichkeiten

Für ein gutes Zusammenleben der Schüler einer Klasse genügt es nicht, einen Klassensprecher zu wählen, der die Interessen der Schüler gegenüber den Lehrern und der Schulleitung vertritt. Vielmehr muss sich jede einzelne Schülerin und jeder einzelne Schüler für das Gelingen der gemeinsamen Arbeit in allen ihren Belangen mitverantwortlich fühlen. Das gelingt am besten, wenn von den Jungen und Mädchen für eine bestimmte Zeit Verantwortlichkeiten übernommen werden.
Alle Verantwortlichkeiten erwachsen aus praktischen Notwendigkeiten heraus. Keine Verantwortlichkeit ist lediglich Hilfsdienst für den Lehrer; jede ist vielmehr ein Beitrag für das Gelingen des Miteinanders aller.

In einer Klasse kann es z. B. folgende Verantwortlichkeiten geben:

Präsident/in	leitet Sitzungen
Sekretär/in	notiert bei den Versammlungen die Beschlüsse
Kassenwart/in	verwaltet die Klassenkasse
2 Briefträger/innen	sorgen für die Organisation der Klassenkorrespondenz
2 Bibliothekare	verwalten die Arbeitsbibliothek
4 Beauftragte für die Materialien	halten die Selbstbildungsmaterialien in Ordnung
Organisator/in	sorgt für die Vorbereitung der Anfangskreise
Kalenderwart/in	erinnert an die Geburtstage in der Klasse
2 Druckmeister/innen	warten die Druckerei
2 Gärtner/innen	versorgen die Pflanzen
2 Tierpfleger/innen	versorgen die Tiere
Instrumenten-Chef/in	ist zuständig für die Orffschen Instrumente

Tastendes Versuchen

Wirklich zu leben heißt für Freinet, nicht nur von anderen Menschen Erfahrungen mitgeteilt zu bekommen, sondern selbst Erfahrungen machen zu dürfen.
Freinet findet, dass allen menschlichen Handlungen ursprünglich ein versuchsweises Herantasten zugrunde liegt. Das ist prinzipiell bereits beim Kleinkind zu beobachten und grundsätzlich bei wissenschaftlichen Handlungen nicht anders. Es ist ein Gesetz des Lebens, dem sich die Schule nicht entgegenstellen darf.
Zuerst findet sich beim kleinen Kind ein rein mechanisches Tasten, das durch eine angeborene Lebenskraft angetrieben wird und auf die Reize aus der Umgebung des Individuums reagiert. Wenn dieses Tasten erfolgreich ist, fixiert es sich als Reflex und verwandelt sich zunehmend in eine Lebensregel.
Allmählich wird sich das Individuum des Erfahrenen bewusst und muss das tastende Versuchen nun nicht mehr mechanisch ablaufen lassen, sondern kann das tastende Versuchen intelligent steuern. Wir können auch sagen: Das Individuum kann vom unbewussten natürlichen Lernen zu einem reflektierten selbstbestimmten Lernen übergehen.
Diesen Prozess kann die Schule mannigfach unterstützen, indem sie den Schülerinnen und Schülern Gelegenheit zum Planen und Durchführen von kleinen Experimenten, zum Mit- und Selbstplanen der gesamten Schularbeit einer Woche (Wochenarbeitsplan) und zur Reflexion des zurückgelegten Arbeitsweges gibt.

Literatur:
Freinet, C., Pädagogische Texte. Mit Beispielen aus der praktischen Arbeit nach Freinet, hgg. von H. Boehncke u. Ch. Hennig, Reinbek bei Hamburg 1980
Freinet, C., La Méthode Naturelle de Lecture, Cannes 1947
Freinet, E., Erziehung ohne Zwang. Der Weg Célestin Freinets, Stuttgart 1981

Arbeit und Spiel

Freinet betrachtet Arbeit als eine elementare Lebensäußerung des Menschen. Arbeit dient der Befriedigung seelischer und körperlicher Bedürfnisse und verhilft zur Möglichkeit eines menschenwürdigen Lebens.
Freinet versteht „unter Arbeit ausschließlich die Tätigkeit, die so eng mit dem Menschen verbunden ist, dass sie eine Funktion von ihm wird und ihre Ausübung allein ihm schon ein Gefühl von Befriedigung gibt, auch wenn sie von Erschöpfung und Leiden begleitet ist." (Päd. Texte, S.86) Dieser selbstgewollten Arbeit stellt Freinet die aufoktroyierte Arbeit gegenüber, nämlich Aufgabe und Pflicht, zu deren Erfüllung man gezwungen wird. Wenn das Kind Arbeit findet, die seinen Bedürfnissen entspricht und ihm deshalb Befriedigung verschafft, braucht es kein Spiel. Nur weil die Umwelt den kindlichen Bedürfnissen

nicht entspricht, schafft sich das Kind im Spiel eine Ersatzwelt. Aber auch in ihr ist das Spiel - in den Augen des Kindes - zielgerichtet und hat Arbeitscharakter. So gibt es für Freinet keine scharfe Trennung zwischen Arbeit und Spiel, um die sich die deutsche Pädagogik immer wieder bemüht hat, sondern nur Arbeit mit Spielcharakter („travail-jeu") und Spiel mit Arbeitscharakter („jeu-travail"). Beide Formen sind den kindlichen Bedürfnissen angemessen, im Gegensatz zur fremdbestimmten Arbeit.

Literatur:
Freinet, C., Pädagogische Texte. Mit Beispielen aus der praktischen Arbeit nach Freinet, hgg. von H. Boehncke u. Ch. Hennig, Reinbek bei Hamburg 1980
Vgl. hierzu die Schlüsselbegriffe „Spiel" bei Petersen und „Spiel und Unterricht" bei Neill.

Arbeitsateliers

Wenn die Schülerinnen und Schüler in der Schule wirklich selbstständig arbeiten sollen, müssen dafür räumliche Möglichkeiten geschaffen und Materialien bereitgestellt werden. Freinet schlägt vor, den traditionellen Klassenraum durch eine Reihe von Ateliers zu ergänzen, die zum größten Teil zum Klassenraum hin offen sind. In diesen Ateliers stehen den Schülern alle Dinge zur Verfügung, die für bestimmte selbstständig auszuführende Tätigkeiten erforderlich sind: für Feldarbeit und Tierpflege, für Schmiede- und Schreinerarbeiten, zum Spinnen, Weben, Schneidern, Kochen, zum Experimentieren, zur Informationsbeschaffung aus der Nachschlagekiste und der Dokumentensammlung, zum Schreiben und Drucken und für künstlerische Arbeiten.
Indem Freinet auf separat gelegene Fachräume verzichtet und die Ateliers zum Klassenraum hin offen hält, erhält seine Unterrichtsführung die Chance zu größter Flexibilität, die die momentanen Interessen einzelner Schüler oder Schülergruppen jederzeit berücksichtigen kann.
Die von Freinet vorgesehene großzügige Raumaufteilung (siehe die Abbildung auf der folgenden Seite) ist nie realisiert worden. Allerdings finden sich in der Gegenwart in manchen Schulklassen einzelne Arbeitsecken mit einer Arbeitsbibliothek oder einer kleinen Druckwerkstatt. In anderen Schulen werden Experimentier- oder auch Leseecken vom Klassenraum abgeteilt.

Literatur:
Freinet, C., Die moderne französische Schule, übersetzt und besorgt und mit einem eigenen Beitrag von H. Jörg, Paderborn 1979[2]
Laun, R., Freinet - 50 Jahre danach. Dokumente und Berichte aus drei französischen Grundschulklassen, Heidelberg 1983[2]

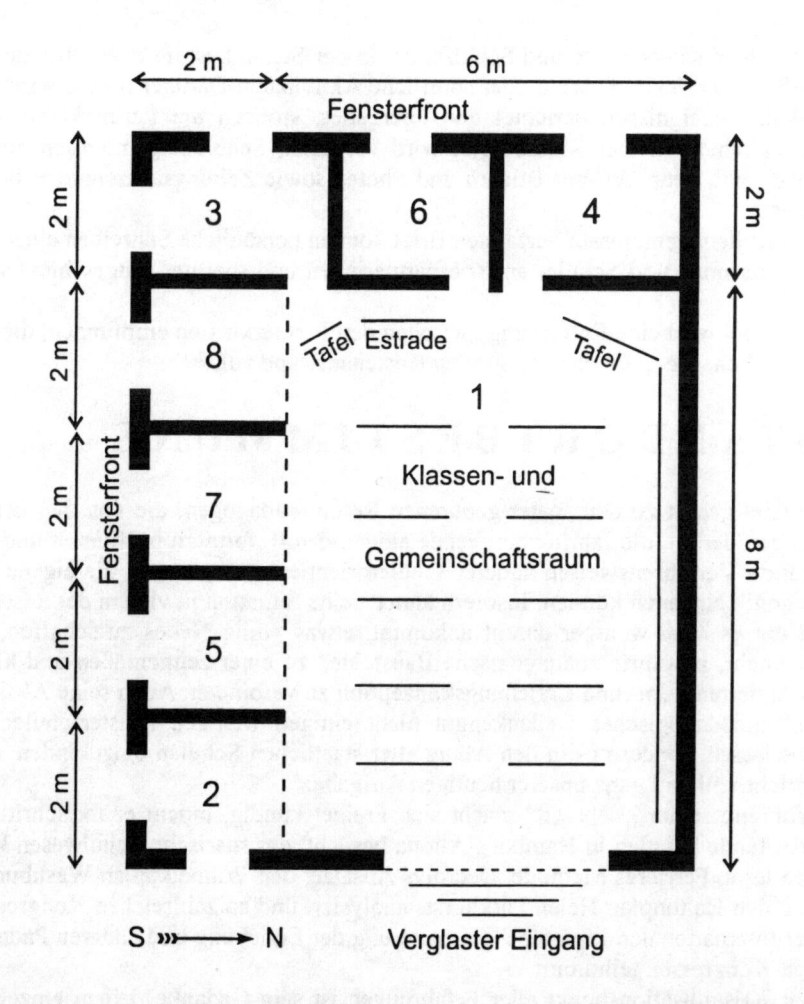

Um den Klassenraum (1) gruppieren sich 7 Arbeitsateliers (2-8) von etwa 2 x 2 m Größe. Nr. 2,5,7,8 sind nach der Klasse offen, 3,6,4 abschließbar.

nach Freinet 1979, S. 55

Klassenkorrespondenz

Bei der Klassenkorrespondenz berichten sich zwei Partnerklassen gegenseitig über ihre schulischen und außerschulischen Aktivitäten, in der Grundschule z. B. über Gruppenarbeiten und Unterrichtsgänge im Heimat- und Sachunterricht oder über Klassenfeste und Schulfeiern, in der Sekundarstufe z. B. über durchgeführte Projekte, Fahrten oder sportliche Aktivitäten. Darüber hinaus wird von lokalen Ereignissen berichtet und über alles, wonach die Partnerklasse ausdrücklich fragt. Der Klassenbrief wird von allen Schülern gemeinsam aufgesetzt, evtl. gedruckt, mit Bildern und Photos sowie Zeitungsausschnitten bereichert.

Neben dem gemeinsam verfassten Brief können persönliche Schreiben einzelner Schülerinnen und Schüler an Briefpartnerinnen und -partner mitgeschickt werden.

Als ideal wird eine Entfernung zwischen den Partnerklassen empfunden, die gelegentliche Besuche ohne zu großen Kostenaufwand zulässt.

STANDORTBESTIMMUNG

Freinet gehört zu den später geborenen Reformpädagogen, die von den Erfahrungen der um die Jahrhundertwende agierenden Reformern profitieren und bewährte Verfahrensweisen anderer schülerorientierter Ansätze in die eigene Pädagogik einbauen können. Insofern ähnelt seine Situation in vielem der unseren, in der es auch weniger darauf ankommt, etwas völlig Neues zu schaffen, als vielmehr, bewährte „pädagogische Bausteine" zu einer zeitgemäßen und kindorientierten Lern- und Erziehungskonzeption zu verbinden. Auch seine Absicht, reformpädagogisches Gedankengut nicht einigen wenigen Musterschulen zu überlassen, sondern es in den Alltag aller staatlichen Schulen einzubinden, entspricht voll und ganz unserer heutigen Aufgabe.

Während seiner „Lehrzeit" macht sich Freinet kundig, indem er fortschrittlich arbeitende Schulen in Hamburg-Altona besucht, das russische Schulwesen kennen lernt, Ferrières Methode, Decrolys Ansätze, den Winnetkaplan Washburnes und den Daltonplan Helen Parkhursts analysiert und an zahlreichen Kongressen der Internationalen Liga für die Erneuerung der Erziehung und anderen Pädagogen-Kongressen teilnimmt.

Der Kristallisationspunkt aller Erfahrungen ist sein Gedanke, jedem einzelnen Menschen ein möglichst intensives natürliches Leben zu ermöglichen. Dazu stellt er die eng mit dem Menschen verbundene selbstbestimmte Arbeit in den Mittelpunkt seiner Pädagogik. Und Arbeit erkennt er als ein elementares Bedürfnis des Menschen, als einzigen Weg auch, auf dem der Mensch die Fülle seiner Fähigkeiten entwickeln und sich selbst finden kann.

Freinet sieht den Menschen immer auch im Umfeld der Gesellschaft, die Entfaltungsmöglichkeiten für den Einzelnen bieten muss und zugleich Grenzen setzt, einer Gesellschaft, die von den jetzigen Schülern dereinst verantwortungsvoll mitgestaltet werden muss und dazu eigenständig denkende Menschen braucht.

ADOLF REICHWEIN
1898-1944

1898	in Bad Ems geboren
1916	Kriegsfreiwilliger
1921	nach Studium der Geschichte, Philosophie und Volkswirtschaft Promotion
1923	Geschäftsführer der Volkshochschule Jena
1925	Leiter der Volkshochschule Jena
1926	Gründer und Leiter des Volkshochschulheims am Beuthenberg bei Jena
1928	Nordland-Fahrt mit Kursteilnehmern
1929	Persönlicher Referent des preußischen Kultusministers Becker
1930	Professor für Geschichte und Staatsbürgerkunde an der Päd. Akademie Halle Mitglied der Sozialdemokratischen Partei
1933	„Beurlaubung" von der Professur durch NS-Minister Rust Volksschullehrer in Berlin-Tiefensee
1939	Leiter der Abteilung „Schule und Museum" in Berlin Verbindung zum Kreisauer Kreis
1944	Verhaftung durch die Gestapo, in Berlin-Plötzensee hingerichtet

Bildungsziel

„Jeder Mensch hat sein eigenes Bildungsgesetz (das Gesetz, 'nach dem er angetreten'). Bildung ist Entwicklung nach diesem Gesetz, Entwicklung oder Entfaltung zum durchgeformten Gebilde, zur reifen Form."
(Reichwein 1978, S. 70)
„Wenn aber die Erfüllung des eigenen Wesens in einer Umwelt unbedingte Aufgabe ist, dann kommt auch dem Bildungsprozess an sich Selbstzweck zu. Das bedeutet natürlich keineswegs, dass nicht der Einzelne zugleich auch zu außer ihm liegenden (heteronomen) Zwecken, etwa für einen Beruf innerhalb der Gesellschaft, für den Umgang in den gegenwärtigen Gesellschaftsformen und -praktiken (Lesen, Schreiben, Bankverkehr, Eisenbahnbenutzung usw.) gebildet werden sollte. Aber die Bildung aller Einzelnen zu ihrem Selbst bleibt immer noch, trotz der gewaltigen Überfremdung unseres menschlichen Wesens durch die mechanisierte Ordnung von Gesellschaft und Technik, die vornehmste Aufgabe. Heute, wo wir geneigt sind, nur noch an die Bildung zu unmittelbarem äußeren Nutzen zu denken, muss an diese nutzlose Bildung erinnert werden. Bildung zu äußerlich nützlichen Zwecken hat nur soweit Geltung, als sie zur Entfaltung des sozialen Lebens gebraucht wird und solange sie unser Menschentum nicht sich selbst entfremdet ..."
(a. a. O., S. 71 f.)

AUSWAHLBIBLIOGRAPHIE

Schaffendes Schulvolk, Stuttgart, Berlin 1937; neu herausgegeben von seinen Freunden, Braunschweig, Berlin, Hamburg, Kiel 1951
Film in der Landschule. Vom Schauen zum Gestalten, Stuttgart, Berlin 1938 neu herausgegeben (Film in der Schule) von H. Lenzen, Braunschweig 1967
Jungarbeiter-Freizeit. In: Fritz Klatt, Freizeitgestaltung. Grundsätze und Erfahrungen zur Erziehung des berufsgebundenen Menschen, Stuttgart 1929
Außerdem zahlreiche Aufsätze zur Volkshochschularbeit, Hochschulpolitik, Arbeiterbewegung, zu geistigen und wirtschaftlichen Beziehungen zu außereuropäischen Ländern und Beihefte zu Unterrichtsfilmen.
Umfassende Auswahlbibliographien in:
Adolf Reichwein, Ausgewählte Pädagogische Schriften, besorgt von Herbert E. Ruppert und Horst Wittig, Paderborn 1978
Max-Traeger-Stiftung (Hg.), Schafft eine lebendige Schule. Adolf Reichwein 1898 - 1944, Heidelberg 1985
Koppmann, J., Adolf Reichweins Reformpädagogik, (Luchterhand) 1998

SCHLÜSSELBEGRIFFE

Volksbildung

„Volksbildung" ist bei Reichwein ein „Sammelbegriff für die Bildung aller Volksschichten und Altersgruppen" (Reichwein 1978, S. 220). Reichwein steht damit in der Tradition von Pestalozzi, Marx und Grundtvig. Alle Berufs- und Standesbildung muss im Sinne Pestalozzis der Bildung der inneren Kräfte des Menschen untergeordnet sein. (s. „Bildungsziel") Diese persönliche Bildung erfolgt in der Gemeinschaft und durch die Gemeinschaft. Verpflichtet ist diese Bildung bei Reichwein der Idee der Humanität mit der selbstverständlichen Achtung der Würde der menschlichen Person und ihrem Eigenwert im Horizont christlichen Denkens.

Damit grenzen sich Reichweins Begriffe von Volksgemeinschaft und Volksbildung deutlich von dem Wortverständnis der Nationalsozialisten ab, die diese Begriffe auf dem Hintergrund ihrer Rasse-Ideologie verwendeten. Reichwein geht, wie 150 Jahre vor ihm Grundtvig, von einer Bildungsfähigkeit und, wenn entsprechende Angebote gemacht werden, Bildungsbereitschaft des ganzen Volkes aus.

Bereitschaft

Reichwein fordert eine Schulerziehung, die die Schüler befähigt, „ihr Können in wechselnden Lebensaltern, so wie es gerade gebraucht wird, aus eigenem Willen einzusetzen." (Reichwein 1951, S. 21) Wissen und Können müssen nicht nur von außen abgerufen, sondern aus eigenem freien Antrieb sachgerecht eingesetzt werden können. Zu dieser Fähigkeit gelangen Schüler nur, wenn sie ihr Wissen und ihre Fähigkeiten in der selbstständigen Auseinandersetzung mit der Sache erworben haben.

Was Reichwein „Bereitschaft" nennt, umschreiben wir heute in etwa mit dem Terminus des dynamischen Wissens.

Vorbild

Für Reichwein ist in der Erziehung das Vorbild einer starken Persönlichkeit wichtig. Damit bekennt er sich ausdrücklich zur Erziehungsaufgabe. Das Vorbild in seinem Sinne soll den Schüler jedoch nicht naiv prägen, sondern Beispiel geben für die mögliche Entfaltung eines selbstverantworteten Menschseins. Als Dorfschullehrer in Berlin-Tiefensee hat Reichwein die Vorbild-Funktion bewusst angenommen. Unter Studenten in der Lehrerbildung verstand er sich als „primus inter pares".

Tugenden

Reichwein fordert Tugenden ein, ohne die nach seiner Ansicht verantwortungsvolle Erziehung nicht denkbar ist. „Es sind Tugenden des Bewahrens, sofern alles Werdende im Gewachsenen gründen muss, und Tugenden des Wagens ..." (Reichwein 1951, S. 20) Damit steht er in der Tradition Schleiermachers, der 1826 in seinen Vorlesungen „Erhaltung und Verbesserung" als gleich wichtige Aufgaben bestimmt hatte. (Schleiermacher 1959, S. 62 ff.)
Reichwein verlangt, dass begonnene Arbeiten „fertig gemacht" werden und plädiert für eine aus den sachlichen Notwendigkeiten kommende Ordnung, an die das Kind gewöhnt werden muss.
Zu den wichtigen erzieherischen Werten rechnet er besonders Treue, Dank, Wahrheit und Hilfsbereitschaft. Er fordert jedoch auch, im Sinne der Jugendbewegung, „Führung und Dienst", was nach den Erfahrungen mit der Hitler-Diktatur besonders kritischer Hinterfragung bedarf.

Literatur:
F. E. D. Schleiermacher, Ausgewählte pädagogische Schriften. Besorgt von Ernst Lichtenstein, Paderborn 1959

Vorhaben

Reichwein richtet seinen Unterricht an der einklassigen Schule Tiefensee häufig an konkreten Aufgaben aus. Gemeinsam mit seinen Schülern versucht er dabei, ein Werk zu gestalten (Gewächshaus, Windsegler). Solche Vorhaben können durchaus vom Lehrer angeregt sein, greifen dann aber früher geäußerte Schülerinteressen auf. Wichtig ist, dass sich die Schüler mit der Aufgabe identifizieren, alle Kinder mitarbeiten können und gemeinsam für das Gelingen des Werks verantwortlich sind. Bei Reichwein lassen sich kleinere Einzelvorhaben von größeren Gesamtvorhaben und den Kernvorhaben unterscheiden, die sich im Halbjahresrhythmus ablösen und das verbindende Band zwischen den Gesamtvorhaben sind.
Im Idealfall entwickeln sich die Vorhaben aus der Erlebniswelt der Kinder, wobei der Lehrer häufig mehrere Anstöße, Fragen und Anlässe zu einem Gesamtvorhaben der ganzen Klasse verbindet, in dessen Rahmen mehrere unterschiedliche Einzelvorhaben bearbeitet werden können.
Beispiele:
Kernvorhaben: „Formen und Kräfte der Natur" (Sommerhalbjahr); „Formen und Kräfte der menschlichen Gestaltung" (Winterhalbjahr)
Gesamtvorhaben: „Dorf als Lebensgemeinschaft"; „Afrika"
Einzelvorhaben: „Krankheit im Dorf", „Erntefest", „Vogelzug und Flugverkehr"

Reichweins hohe Bewertung der Bildungswirkungen von Vorhaben findet bei Johannes Kretschmann (1859 - 1944) und Otto Haase (1893 - 1961) eine Entsprechung. Kretschmann, durch Berthold Otto angeregt, knüpft an das Erkenntnisinteresse des Kindes an, das sich in Fragen äußert und im Unterrichtsgespräch des Gesamtunterrichts erste Antworten erhält. Häufig kommt es jedoch zu Situationen, in denen das gemeinsame Wissen der Gesprächsgruppe unzureichend ist. Dann nimmt man sich nicht nur vor, in Büchern nachzuschlagen und Fachleute zu befragen, sondern die Dinge selbst ins Klassenzimmer zu holen oder sie in ihrem natürlichen Umfeld aufzusuchen. Dabei kommt es zu kleinen Versuchen, zum Zusammenfügen und Gestalten und immer wieder auch zur gemeinsamen Planung und Ausführung eines größeren Werks. Vorhaben entwickeln sich, ähnlich wie bei Reichwein, aus der alltäglichen Unterrichtsarbeit heraus. Sie entspringen insofern Ernstsituationen. Es sind Vorhaben aus Not (beim Sammeln von Heilkräutern), Vorhaben aus Nächstenliebe (Anfertigen von Geschenken), Vorhaben zur Erfüllung von Bedürfnissen (Hüttenbau, Anlegen eines Heimatbuches), Vorhaben aus Neigung (Sammeln).

Otto Haase setzt diesen Ansatz fort. Er hebt verstärkt darauf ab, dass Arbeitstechniken geübt und Kenntnisse immer wieder trainiert werden müssen. Dazu entwickelt er eine breite Palette von Arbeitsmaterialien für den Unterricht.

Literatur:
Frey, K., Die Projektmethode, Weinheim und Basel 1982
Kretschmann, J., Haase, O., Natürlicher Unterricht, Wolfenbüttel, Hannover 1948
Reichwein, A., Schaffendes Schulvolk, Braunschweig, Berlin, Hamburg, Kiel 1951
Vgl. auch den Schlüsselbegriff „Projekt" bei Dewey und Kilpatrick.

STANDORTBESTIMMUNG

Adolf Reichwein unterscheidet sich von der Gruppe der Reformpädagogen, die in der Erziehung dem Wachsenlassen völlige Priorität einräumen. Reichwein argumentiert zwar auch „vom Kinde aus" und möchte den geistigen Wachstumsprozess des Menschen nach dessen inneren Gesetzmäßigkeiten ermöglichen und fördern, glaubt dabei auf Lenkung und Steuerung aber nicht verzichten zu können, wenn eine höhere Stufe menschlicher Bildung erreicht werden soll. Wichtige Prozesse dieser Menschenbildung spielen sich in der Gruppe ab, die oftmals der Lenkung durch den Lehrer bedarf.
Reichweins Vorstellung vom Bildungsgang ist an Pestalozzis Grundgedanken orientiert: „Keine Kraft des Lebens entwickelt sich durch Wortbelehrung, sondern immer nur durch Tathandlung, Liebe durch Liebe, Glauben durch Glau-

ben, Denken nur durch Denken, Tun durch Tun. Dies alles fließt für uns zusammen im lebendigen Zeugnis, und damit treffen wir auf den Quellpunkt unserer erzieherischen Gestaltung." (Reichwein 1951, S. 12)

In Reichweins „Schule der Tat" haben alle, Schüler und Lehrer, am entstehenden Werk Anteil. Die nach Reichweins Ansicht unheilvolle Spaltung in „wissend" und „unwissend" sowie in „Katheder" und „Klasse" wird damit weitgehend aufgehoben. Und die Schüler begegnen der Sache unmittelbar, nicht nur über das Medium Lehrer. Bei den Sachen, mit denen sich Reichweins Schüler handelnd auseinandersetzen, geht es primär um nützliche Dinge, die dem tatsächlichen Bedarf entsprechen.

„Pädagogische Theorie und Wissenschaft musste sich für ihn in der Praxis bewähren, mit ihr verbinden und entwickeln, und diese Praxis sollte auf fachlichem Wissen und Können und auf einer genauen Kenntnis des pädagogischen Umfeldes beruhen, einschließlich der gesellschaftlichen und politischen Verhältnisse, in denen der Pädagoge tätig ist, sowie auf einer dezidierten Einstellung zu diesen Verhältnissen, die für Reichwein eine sozialistische war." (Roland Reichwein in Max-Traeger-Stiftung, S. 89)

Adolf Reichwein sieht sich selbst „in einer inneren geschichtlichen Verwandtschaft in jener Bewegung der Jugend, die im Deutschland vor dem ersten Weltkrieg ihre unvergänglichen Wurzeln schlug. Diese Jugendbewegung war eine Erziehungsbewegung. Sie lebte in engster Nachbarschaft mit den erzieherischen Pionierleistungen ihrer Zeit. Die Landerziehungsheime als Gedanke und Tatform, so verschieden ihr Gesicht im Einzelnen sein mochte, waren ihr wahlverwandt. Sie waren Versuchsstätten einer lebendigen Erziehungsform, die nach einer Vollform für die gesamte Volksjugend strebten, die, abseits von aller Kraftmeierei wie von allem Intellektualismus, vieles vorbildeten, was wir heute für die gesamte Volksjugend wollen: Übung des Willens, Einheit von Einsicht und Einsatz, geistige Strenge, und in ihr verankert Verantwortung, Hingebung an die Sache und Verachtung eines Wissens, das nicht im lebendigen Wesen eines Menschen verkörpert ist." (Reichwein 1951, S. 195)

Vgl. auch das Kapitel „Reformpädagogik und Nationalsozialismus".

LEIPZIGER LEHRERVEREIN

Bekannte Mitarbeiter des Leipziger Lehrervereins sind in den ersten Jahrzehnten des 20. Jahrhunderts: P. Vogel (Vorsitzender der Methodischen Abteilung), O. Erler, K. Rößger und R. Sieber. Wertvolle Anregungen erhalten die Mitarbeiter des Vereins durch den Psychologen und Pädagogen Ernst Meumann (1862 - 1915).

Der Leipziger Lehrerverein gehört zur Zeit der Reformpädagogik dem 1848 gegründeten Sächsischen Lehrerverein an, der sich neben standespolitischen Fragen, der Schulgesetzgebung, der Lehrerbildung, der Schulaufsicht u. dgl. auch mit Fragen der Unterrichtsgestaltung befasst. Der Leipziger Lehrerverein bildet mehrere Fachausschüsse, die dezidierte Entwürfe für eine Verbesserung des Unterrichts ausarbeiten, so z. B. 1920 einen „Stoffplanentwurf für die Neugestaltung des Geschichtsunterrichts in der Volksschule". Die Methodische Abteilung des Leipziger Lehrervereins gibt auch verschiedene Bücher zum Thema „Arbeitsschule" und „Gesamtunterricht im 1. und 2. Schuljahr" heraus. Das „Institut für experimentelle Pädagogik und Psychologie des Leipziger Lehrervereins" veröffentlicht neben eigenen Arbeiten auch Übersetzungen ausländischer pädagogischer und psychologischer Werke.

AUSWAHLBIBLIOGRAPHIE

Beyer, E., Fünfundzwanzig Jahre Sächsischer Lehrerverein. Zur Geschichte des Sächsischen Lehrervereins in den Jahren von 1898 bis 1923, Leipzig (1924)
Leipziger Lehrerverein (Hg.), Die Arbeitsschule. Beiträge aus Theorie und Praxis, Leipzig 1909
Methodische Abteilung des Leipziger Lehrervereins (Hg.), Gesamtunterricht im 1. und 2. Schuljahr. Zugleich ein Bericht über die Leipziger Reformklassen, Leipzig (1914) 4. Aufl. 1924
Leipziger Lehrerzeitung 1898 bis 1924

> **Erziehungsziel**
>
> „Die Sächsische Lehrerversammlung spricht sich einmütig für die Arbeitsschule aus.
> Sie erstrebt damit die Heranbildung des Kindes zum tätigen handelnden Gliede der Kulturgemeinschaft. - Zur Erreichung dieses Zieles ist es notwendig, dass die Schule mehr die Form des produktiven, alle Kräfte bildenden Arbeitens pflegt (die geistigen wie auch die körperlichen), das Lernen möglichst in Verbindung mit dieser Arbeit bringt und die Anschauungs- und Kulturstoffe entsprechend der jeweiligen Entwicklungsstufe des Kindes auswählt."
> Beschlossen auf der Hauptversammlung des Sächsischen Lehrervereins 1911 in Leipzig. (Beyer, S. 124)

SCHLÜSSELBEGRIFFE

Gesamtunterricht

Nach Vorstellungen der Leipziger Lehrer soll der Gesamtunterricht den Kern des gesamten Unterrichts der beiden ersten Schuljahre bilden. Er steht nicht neben dem Fachunterricht, sondern fasst die Fächer zu Sacheinheiten zusammen, die der kindlichen Erlebniswelt entnommen sind.
„Unter Gesamtunterricht verstehen wir einen Unterricht, der im Gegensatz steht zu der heutigen Spaltung der täglichen Schularbeit in eine Anzahl meist äußerlich und innerlich voneinander geschiedener Fächer. Er stellt sich dar als eine Konzentration um die Sacheinheit, die der Natur des Kindes der Unterstufe entsprechend eine konkrete, in der unmittelbaren Anschauung gegebene sein muss. Das, was bisher voneinander abgeschiedenen Systemen folgte, gliedert sich organisch ein, sei es als Hilfsmittel der Sachdurchdringung (Lesen, Rechnen), sei es als Mittel des Ausdrucks (Sprechen, Schreiben, Rechtschreibung, Gesang, Malen und Formen). Dadurch wird ein zielbewusstes, systematisches Aufbauen in den einzelnen Tätigkeitskategorien nicht ausgeschlossen, ja da, wo es in unbedingter Reinheit am ehesten erforderlich ist, wie im Rechnen, soll es in besonderem Maße erfolgen; aber - und das ist der Unterschied - es wird immer seinen Impuls, seinen Ausgangspunkt in der Sacheinheit suchen, wie es auch in sie zurückmünden wird." (Methodische Abteilung des ..., S.3)
Der von den Leipziger Lehrern 1914 vorgeschlagene und in Versuchsklassen

erprobte Gesamtunterricht wird 1921 als Forderung in die Grundschulrichtlinien aufgenommen.

Auch für die Sekundarstufe wird Anfang des Jahrhunderts Gesamtunterricht gefordert. So gliedern Wilhelm Albert und Karl Seitz den gesamten Lehrstoff in Jahresthemen auf, die sie als „ästhetische Ganzheiten" gestalten und die Albert als „pädagogische Symphonien" bezeichnet. Ähnliche Bemühungen finden sich zu dieser Zeit in den USA und in Russland. Diese Form des Gesamtunterrichts der Sekundarstufe, die kulturphilosophisch begründet wird, hat sich nicht durchgesetzt. (Vgl. aber den Schlüsselbegriff „Epochenunterricht".)
Beim Aufbau des deutschen Schulwesens nach dem 2. Weltkrieg versucht besonders Karl Seiler an die Idee des Gesamtunterrichts der zwanziger Jahre anzuknüpfen, indem er an die unterschiedlichen Vorstellungen von Ganzheit erinnert, die „Ganzheit des naiven Erlebens", die Ganzheit in „Erlebnis und Wahrnehmung", die „Ganzheit in den seelischen Funktionen", die „Ganzheit in Sinn und Gehalt" etc. Auf den Unterrichtsstoff bezogen erinnert Seiler an die ältere Konzentrationsidee sowie die „Ganzheit der Welt" bei Jan Lighthard, die Ganzheit der Einwirkung der Umwelt auf den Menschen und die Wirkung des menschlichen Handelns auf die Umwelt bei Decroly, den „Gesamtunterricht von den Interessen des Kindes aus" bei Adolphe Ferrière oder die Schule des tatsächlichen Erfahrens (Projekt) bei John Dewey und W. H. Kilpatrick, aber auch an die schöpferischen Ganzheiten des Gestaltens der Kunsterziehungsbewegung.
Um einen Gesamtunterricht handelt es sich natürlich auch beim Epochenunterricht der Odenwaldschule, bei dem eines der in den Epochenplan einbezogenen Fächer jeweils für 4 - 6 Wochen „Leitfach" ist und vom Fachlehrer täglich etwa 2 Stunden angeboten wird.
Der Epochenunterricht der Waldorfschulen umfasst täglich zwei volle Zeitstunden und wird vom Klassenlehrer durchgeführt. Die Dauer einer Epoche richtet sich nach dem Thema, das fachspezifisch oder fächerübergreifend sein kann.
In Petersens Jena-Plan sind wöchentlich je 3 mal 2 Stunden kulturkundlich bestimmte und naturkundlich bestimmte Gruppenarbeit vorgesehen. Es wird jeweils von einem Rahmenthema ausgegangen, innerhalb dessen die Arbeitsgruppen oder einzelne Schüler spezielle Probleme bearbeiten können.
Und Johannes Kretschmann schließlich sammelt die im täglichen Unterricht auftretenden und nicht sofort zu klärenden Fragen seiner Schüler/innen und nimmt sie (gebündelt) als Vorlage für Gesamtunterrichtsthemen.
In sehr vielen Fällen sprengt natürlich auch das Arbeiten nach dem exemplarischen Prinzip, wie es seit den fünfziger Jahren von Wilhelm Flitner, Martin Wagenschein, Eduard Spranger, Wolfgang Klafki, Josef Derbolav und vielen anderen namhaften Pädagogen vorgeschlagen wurde, die Grenzen des einzelnen Unterrichtsfaches, wenn gründlich und tiefschürfend gearbeitet wird. (Vgl. W. Flitner, M. Wagenschein)

Exemplarisches Lernen

1. Schritt: Von einem Phänomen ausgehen (Wagenschein) / Originale Begegnung (Roth)

2. Schritt: Durch eingehende Beschäftigung mit dem Phänomen werden dessen Strukturmerkmale erfasst, die den Zugang zu ähnlich gelagerten Fällen erleichtern und den Lernprozess deutlich abkürzen.

3. Schritt: Zur Übung und Festigung werden die gewonnenen (exemplarischen) Erkenntnisse bei einigen verwandten Sachverhalten angewendet. Die individuelle Besonderheit der Phänomene muss jeweils zusätzlich herausgearbeitet werden.

Konzentrationsformen

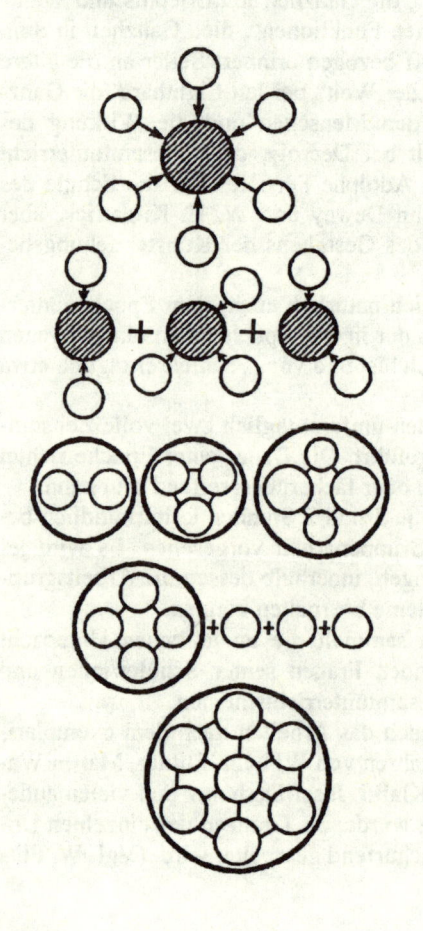

1. Zentralstoff und bezogene Fächer

2. Leitende Fächer

3. Lebensgemeinschaften

4. Geschlossene Arbeit und lose Fächer

5. Gesamtunterricht

nach: Seiler, S. 69

Literatur:
Albert, W., Grundlegung des Gesamtunterrichts, Wien 1918
Gerner, B. (Hg.), Das exemplarische Prinzip, Darmstadt 1970
Methodische Abteilung des Leipziger Lehrervereins (Hg.), Gesamtunterricht im 1. und 2. Schuljahr. Zugleich ein Bericht über die Leipziger Reformklassen, Leipzig (1914) 4. Aufl. 1924
Seiler, K., Gesamtunterricht im Neubau der Schule, Stuttgart 1950
Vgl. auch die Schlüsselbegriffe „Gesamtunterricht" bei B. Otto, „Vorhaben" bei A. Reichwein und „Projektunterricht" bei J. Dewey

Ganzheit

Der Gesamtunterricht des Leipziger Lehrervereins ist erheblich von der Ganzheitspsychologie beeinflusst, die den Nachweis erbringt, dass das Seelische nicht aus Elementen zusammengesetzt ist (Assoziationspsychologie), sondern - etwa bei der Wahrnehmung - ein gefühlsbestimmtes ganzheitliches Auffassen am Anfang steht. Erst bei der Verarbeitung und Gestaltung erfolgen dann Prozesse des Analysierens und Differenzierens. Nachdem Wilhelm Dilthey (1833 - 1911), der als Initiator der geisteswissenschaftlichen Psychologie angesehen werden kann, den Menschen als ein stets in der Geschichte stehendes Wesen erkannt und die Hermeneutik als wichtige wissenschaftliche Methode in die Psychologie eingeführt hatte, sind es Untersuchungen der sogenannten Leipziger Schule, die den psychologischen Ganzheitsbegriff begründen und fundieren. Was Felix Krueger (1874 - 1948) „psychische Ganzheit" und in Anlehnung an Dilthey auch „Struktur" nennt, was Friedrich Sander über diffus-ganzheitliche Zustände bei Gestalterlebnissen herausarbeitet, beeinflussen die Arbeit der Leipziger Lehrer in vielfacher Weise.
Unabhängig davon entwickelt Johannes Wittmann, z. T. unter Einbeziehung von Erkenntnissen der Gestaltpsychologen um Max Wertheimer (1880 - 1943), die als Berliner Schule bekannt geworden sind, seine „Theorie und Praxis eines ganzheitlichen Unterrichts". Wittmanns Erkenntnisse und praktischen Vorschläge für die Unterrichtsarbeit beeinflussen den Erstleseunterricht, den Mathematikunterricht und den Heimat- und Sachunterricht (Ideale Stadt) ebenso bis auf den heutigen Tag wie der Gesamtunterrichtsentwurf der Leipziger Lehrer.
Bei all diesen Entwürfen, auch dem der Brüder Kern für den Erstlese- und Rechenunterricht, wird von derselben Annahme ausgegangen:
Immer ist die erste Begegnung mit einer Sache von Gefühlsqualitäten begleitet, man findet etwas „enorm wichtig", „aufregend", „interessant", und immer ist die erste Erkenntnis nur eine ungefähre. Man „schaut nicht ganz durch", weiß aber bereits um die Wichtigkeit. Man versteht das Zusammenspiel der Details noch unvollkommen, spürt aber bereits, worauf es ankommt. Anders gesprochen: Der erste Eindruck ist diffus und drängt auf eine Strukturierung. Jede wei-

tere Beschäftigung mit dem Sachverhalt bringt nichts grundsätzlich Neues, wohl aber zusätzliches Einzelwissen und zeigt alle Details als Teile des Ganzen und lässt die Struktur des Ganzen zunehmend deutlicher hervortreten.
Von naiv-ganzheitlichem Erleben gehen auch jene Pädagogen aus, die das Abenteuer und die Fahrt in ihre Bildungsarbeit einbeziehen wie etwa Kurt Hahn und Adolf Reichwein. (Vgl. den Schlüsselbegriff „Erlebnistherapie") „In der naiven Ganzheit des Abenteuererlebens werden die tiefsten und mächtigsten Antriebe zur Differenzierung, Ordnung und Klärung erlebt. Hier bilden sich die Interessen, hier die Entschlüsse. Gemeinsam erlebte und gemeinsam bestandene Abenteuer schaffen die tragendsten Verbindungen zwischen Menschen. Selbst erlebte Abenteuer tragen als psychische Ganzheiten die besten Impulse zur Entwicklung des menschlichen Wesens in sich, und zwar in Richtung auf das Denken und auf das Handeln." (Seiler 1952, S. 56)
Bei den Bremer Reformern Heinrich Scharrelmann (1871 - 1940) und Fritz Gansberg (1871 - 1950) wird der gesamte Unterricht ein Erlebnisunterricht. Sie vertrauen bei ihrer impressionistischen Erlebnispädagogik auf die Erlebnisfähigkeit des Kindes, das durch Anschauung und Erzählung in seiner schöpferischen Kraft angeregt werden soll. Hier wird an Diltheys Dreischritt Erlebnis - Ausdruck - Verstehen angeknüpft. Jedoch kommt es in diesem Unterricht nicht zu tiefgreifenden, aufwühlenden, prägenden Erlebnissen wie bei Abenteuer und Fahrt, sondern zu schulischen Bildungserlebnissen. Gleichwohl verdanken wir Scharrelmann wichtige Ratschläge für den erzählenden Lehrer, wenn er fordert:
detailliere (Male kennzeichnende Einzelheiten anschaulich aus!)
motiviere (Lasse die Beweggründe der handelnden Personen sichtbar werden!)
lokalisiere (Lasse das erzählte Geschehen an konkret geschilderten Orten spielen!)
modernisiere (Erzähle in Analogie zu der Erlebnis- und Erfahrungswelt deiner Kinder!)
dynamisiere (Übersetze das Nebeneinander verschiedener Sachverhalte in die zeitliche Abfolge; führe fertige Ergebnisse auf ihren Entstehungsprozess zurück!)
Nach Scharrelmanns Ansicht muss der Lehrer ein produktiver Künstler sein und große Freiheiten bei der Gestaltung seines Unterrichts haben, damit seine momentanen schöpferischen Eingebungen wirksam werden können. In dieser Weise lässt sich wohl aber kaum das gesamte Unterrichtsgeschehen gestalten. Ebenso kritisch ist zu beachten, dass, wenn die Lernsache nicht selbst zum Erlebnis wird, sondern zusätzliche kindertümliche Ausschmückungen erfolgen, eine Verfälschung des Sachverhalts möglich ist. Vielleicht werden sich gerade die ausschmückenden Bestandteile der Erlebniserzählung einprägen, die für den Lernerfolg und für die heranwachsende Persönlichkeit selbst wertlos sind.

In ganz anderen Denkzusammenhängen tritt der Ganzheitsbegriff schon bei Aristoteles auf. Nach Aristoteles trägt jedes Einzelwesen von Anfang an seine

Form als eine zu gestaltende Kraft in sich, als Entelechie. Die Erziehung muss bestrebt sein, die Entelechie zu erfassen und darf nicht nach einem von außen herangetragenen Bild erziehen. Nur so kann sich der Mensch mit seinen Anlagen und seinem Wollen zu einem Ganzen bilden.
Diese Gedanken werden von Friedrich Adolf Trendelenburg und Otto Willmann aufgegriffen und sind in den anthropologischen Vorstellungen zahlreicher Reformpädagogen in Ansätzen nachzuweisen.

Literatur:
Kern, A. (Hg.), Die Idee der Ganzheit in Philosophie, Pädagogik und Didaktik, Freiburg 1965
Krueger, F., Zur Philosophie und Psychologie der Ganzheit, hgg. von E. Heuss, 1953
Seiler, K., Gesamtunterricht im Neubau der Schule, Stuttgart 1952²
Scharrelmann, H., Die Technik des Schilderns und Erzählens, Hamburg 1921
Wittmann, J., Theorie und Praxis eines ganzheitlichen Unterrichts, (1929), Dortmund 1967⁴

Wachsenlassen

Die Leipziger Lehrer fördern den natürlichen geistigen Wachstumsprozess und lassen dem Kind dabei außerordentlich viel Zeit. Unterrichtsthemen erstrecken sich unter Umständen über den Zeitraum eines halben Jahres. Die Förderung des Wachstumsprozesses durch den Lehrer erfolgt durch das wiederholte In-Beziehung-Setzen von Kind und Sachverhalt unter leicht veränderten Perspektiven. Der Lehrer fühlt sich lediglich für das Zustandekommen der Sachbegegnung verantwortlich, kann sich mit Erklärungen aber weitgehend zurückhalten, da der kindliche Erkenntnisprozess durch die wiederholte Sachbegegnung eine eigene Dynamik erhält.

Literatur: Methodische Abteilung des Leipziger Lehrervereins (Hg.), Gesamtunterricht im 1. und 2. Schuljahr, Leipzig 1925

Aktives Erkennen - Darstellen - Arbeiten

„Das Kind soll aus der Wahrnehmung seine meisten Erkenntnisse schöpfen. Die Dinge (nicht das Bild, das auch eine Art Mitteilung ist) müssen ihm deshalb in die Schulstube gebracht werden, oder, was noch besser ist, es muss zu ihnen hinausgehen. Draußen hat es sie in ihrem natürlichen Zusammenhange, in ihrem Leben ... Die Naturgeschichte muss also draußen in Wald und Feld, im Garten

und auf der Wiese, am Fluss oder im Steinbruch getrieben werden. ...
Überall wo es geht ... muss mit dem Wahrnehmen das Darstellen sich verknüpfen. Die Darstellung führt zu einem analytischen und zugleich immer vollständigeren Wahrnehmen. Sie veranlasst zur eigenen Korrektur der Wahrnehmung. Das Darstellen des Kindes ist zunächst ein rein begriffliches, wir führen es zu einem naturalistischen Darstellen, für Begabte ist das künstlerische Darstellen Ziel. ...
Im engsten Zusammenhange mit dem Darstellen steht das Arbeiten. ... Von ... (der) kindlichen Nachahmung führen wir das Kind allmählich über ein mehr rohes Arbeiten zu einem sorgfältigen, nach Maß und Zeichnung, mit einer gewissen Technik, soweit das dem Alter entspricht, und mit dem Streben nach der schönen Form, wo es der Gegenstand erheischt. Das Arbeiten unterscheidet sich theoretisch vom Darstellen dadurch, dass nicht die Nachahmung, sondern der hergestellte Gegenstand oder Arbeitsprozess selbst Zweck ist."
Leipziger Lehrerverein (Hg.), Die Arbeitsschule. Beiträge aus Theorie und Praxis, Leipzig 1909

Pädagogik des vollen Lebens

In den Niederlanden verlangt Jan Ligthart (1859 - 1916) bereits 1885, von der Ganzheit der Welt auszugehen und wird mit seiner Schule in Den Haag zu einem Wegbereiter der reformpädagogischen Bewegung.
Naturvorkommen, Gewerbeleben und Verbrauch müssen als zusammenhängende Gebiete Gegenstand dieses Unterrichts sein, der in den ersten Schuljahren Heimatkunde ist, danach Vaterlandskunde und zuletzt Weltkunde wird und dabei auf den Tages- und Jahresrhythmus abgestimmt ist. Es ist ein natürlicher, lebensnaher Unterricht, der ganz von den Erlebnissen und Interessen der Kinder ausgeht und auf frühes Selbstständigwerden der Kinder setzt. Spiel, Arbeit und Erzählung sind für Ligthart die methodischen Maßnahmen zur Erschließung der Themen aus Natur und Handwerk.
Mit seiner Betonung von Liebe und Vertrauen zur Erweckung des Guten im Menschen mit dem Ziel einer sittlichen Bildung steht Ligthart in einer Reihe mit Pestalozzi und Korczak.

Literatur:
Ligthart, J., Die Pädagogik des vollen Lebens, (deutsch) Weimar 1931

Lebensgemeinschaft

Im Jahre 1885 legt Friedrich Junge (1832 - 1905) mit seinem Buch „Der Dorfteich als Lebensgemeinschaft" ein Werk vor, das die ganzheitliche Betrachtungsweise im Unterricht vorwegnimmt, die etwas später eine ganze Richtung der Reformpädagogik bestimmt.

Junge will den Zusammenhang zwischen dem äußeren Bau von Pflanzen und Tieren und ihrer Lebensweise als Gesetzmäßigkeit nachweisen. Dazu sucht er Lebensgemeinschaften auf, wie sie am Teich, im Moor, auf der Wiese etc. anzutreffen sind. Es ist eine Abkehr von der bis dahin üblichen systematischen Unterweisung, die beim heutigen Unterricht über Ökosysteme neue Bedeutung erhält.

Literatur: Junge, F., Der Dorfteich als Lebensgemeinschaft, Kiel 1885

Paradigmen-Wechsel

Die Idee der Ganzheit durchzieht nicht nur die meisten Erziehungsentwürfe der klassischen Reformpädagogik, sondern beeinflusst auch die aktuelle pädagogische Diskussion in starkem Maße. Die einseitige intellektuelle Bildung wird scharf kritisiert und statt dessen ein Lernen mit allen Sinnen, ein ganzheitliches Lernen gefordert. Die Beanspruchung beider Hirnhälften beim Lernprozess wird angemahnt. Vorhaben, Projekte, praktisches und fächerübergreifendes Lernen werden nicht zuletzt wegen ihres ganzheitlichen Zugriffs empfohlen.

Dahinter steht eine neue Sicht der Wirklichkeit, ein neues Paradigma, mit dem die Zersplitterung der akademischen Disziplinen und des wissenschaftlichen Denkens (wie in den Anfängen der klassischen Reformpädagogik) in Frage gestellt und überwunden wird. Natur wird (wieder) als lebendiger Organismus mit mehreren Ebenen und vielen Untersystemen betrachtet, die mit rein linearem Denken in ihren wechselseitigen Abhängigkeiten nicht ausreichend erfasst werden können. Im Sinne eines ökologisch-ganzheitlichen Ansatzes muss deshalb das rationale, analytische Denken durch vernetztes Denken, intuitives Erkennen und ein Begreifen dynamischer Gleichgewichte - auch im Sinne der Goetheschen Naturlehre und des Steinerschen Ansatzes - ergänzt werden.

Literatur:
Capra, F., Wendezeit, München 1988

WALDORFPÄDAGOGIK

Im Jahre 1919 bittet der Direktor der Stuttgarter Waldorf-Astoria-Zigarettenfabrik den mit Schriften und Vorträgen zur Neugestaltung der Gesellschaft hervorgetretenen Rudolf Steiner (1861 - 1925), der in der Anthroposophie ein vertieftes Menschen- und Weltverständnis ausgearbeitet hatte, für die Kinder der Arbeiter und Angestellten der Fabrik eine neue Schule einzurichten.
Rudolf Steiner entwickelt eine Schule ohne Trennung nach Geschlecht, religiöser Gemeinschaft, sozialer Schicht oder Begabung mit einem zwölfjährigen Bildungsgang, wie das nach dem 1. Weltkrieg häufig gefordert wird. So entwirft im Kreise der entschiedenen Schulreformer Paul Oestreich (1878 - 1959) etwa zum gleichen Zeitpunkt die Idee einer „Elastischen Einheitsschule", mit der er an ältere sozialistische Forderungen anknüpft. Während sich aber im staatlichen Schulwesen in der Reichsschulkonferenz und der anschließenden Gesetzgebung lediglich die Grundschule als Gesamtschule durchsetzt, schafft Steiner eine Gesamtschule für die volle Dauer der allgemeinen Bildung.
Obgleich die Waldorfpädagogik ganz an den anthropologischen Vorstellungen Rudolf Steiners orientiert ist, will Steiner selbst sie nicht auf private Musterschulen beschränkt wissen. Er sagt 1922 in einem Vortrag in Oxford: „Sie sehen, ... dass es uns in der Waldorfschule nicht darauf ankommt, eine Schule zu begründen, die ganz besondere äußere Einrichtungen braucht. Wir legen allen Wert auf dasjenige in der Pädagogik und Didaktik, was aus den Lebensverhältnissen heraus heute jedem Schulwesen eingeimpft werden kann. Wir sind nicht Revolutionäre, ... wir nehmen die Verhältnisse, wie sie sind, und bringen in jede Art von Schulwesen dasjenige hinein, was aus diesen Verhältnissen heraus in richtiger pädagogisch-didaktischer Weise zum Menschenheile wirken kann." (zitiert nach Müller, S. 21) Die Entwicklung verläuft jedoch anders. Von Versuchen im Schweizer Kanton Bern abgesehen, wo nach Initiativen des evangelischen Pfarrers Friedrich Eymann (1887 - 1954) die Freie Pädagogische Vereinigung entsteht und in ihrem Rahmen anthroposophische Pädagogik in der Staatsschule verwirklicht wird, dringt die anthroposophische Pädagogik bis heute kaum irgendwo in die Staatsschulen ein.
Die Waldorfschulen selbst erfreuen sich in der Gegenwart einer sehr starken Nachfrage, so dass es fortwährend zu Neugründungen von Waldorfschulen kommt und die Waldorfpädagogik auf allen Kontinenten Fuß fassen konnte. Von den insgesamt ca. 740 Waldorfschulen bestehen ca. 550 in Europa und davon etwa die Hälfte in Deutschland und den Niederlanden.

SCHLÜSSELBEGRIFFE

Anthroposophie

Anthroposophie ist für Rudolf Steiner eine Erkenntnismethode, mit der die realgeistige Welt erforscht werden kann. Voraussetzung dazu ist, dass „in der erkennenden Seele erst die im gewöhnlichen Bewusstsein und in der gewöhnlichen Wissenschaft noch nicht tätigen Kräfte entwickelt (werden), welche ein solches Eindringen ermöglichen." (Steiner 1965, S. 66)
Neue Erkenntnisorgane, die bei jedem angelegt sind, müssen entwickelt werden, damit die neuen Wahrnehmungsbereiche, ein übersinnliches Bewusstsein, tatsächlich erfasst und anderen mitgeteilt werden können.
Schulungswege zur Entwicklung neuer Erkenntnisorgane, bei denen der Wille des erwachsenen Lernenden manipuliert wird, lehnt Steiner ab. Er fordert vielmehr, „den Menschen als auf sich selbst gegründete, freie Persönlichkeit zu begreifen." Anthroposophie im Steiner'schen Sinne ist kein Theoriegebäude, aus dem Lehren und Dogmen abgeleitet werden können, sondern ein Weg für den Einzelnen zu einem sittlich reifen, verantwortungsvollen Menschen. Sie soll erfahrbar werden in der Dreigliederung des Menschen von Leib, Seele und Geist. Diese Sichtweise erschwert den Diskurs mit den Denkgebäuden der klassischen Philosophie. Völlig konträr steht anthroposophisches Denken natürlich den positivistischen Wissenschaften gegenüber, bei denen nur gilt, was gezählt und gemessen werden kann, und Fragen nach der Finalität ausgeblendet werden. Im Gegensatz zu den in zahllose Spezialdisziplinen aufgesplitteten positivistischen Wissenschaften versucht die Steiner'sche anthroposophisch orientierte Geisteswissenschaft eine Gesamtschau der Welt.

Literatur:
Müller, O., Von Pestalozzi zu Rudolf Steiner, in: Freie Pädagogische Vereinigung Bern (Hg.), Waldorfpädagogik in öffentlichen Schulen. Versuche und Erfahrungen mit der Pädagogik Rudolf Steiners, Freiburg 1981
Schneider, P., Einführung in die Waldorfpädagogik, Stuttgart 1982
Steiner, R., Philosophie und Anthroposophie, Dornach 1965
Steiner, R., Praktizierte Anthroposophie. Beiträge für ein humaneres Leben, hgg. von K. E. Becker und H.-P. Schreiner, Frankfurt a. M. 1983

Eurythmie

Der gesamte menschliche Körper ist ein Organ des Ausdrucks. Die Ausdrucksfähigkeit (und damit zugleich auch die Fähigkeit für den Eindruck) kann durch die Eurythmie geschult werden. Dabei knüpfen einfache Formen z. B. an die

Lust der Kinder an der Bewegung an, und durch gezielte Stabübungen, das Schreiten und Taktieren werden Körperbeherrschung, Kraft, Raumerfassen und Sozialerfahrung verbessert.
In einer entwickelteren Form ist Eurythmie Bühnenkunst, die von Rudolf Steiner 1912 entwickelt wurde, um Sprache und Ton durch menschliche Bewegung sichtbar machen zu können. Das ist auch für den Schulunterricht wichtig. „Wer einen Rhythmus nicht nur hört, sondern ihn läuft, wer eine Tonfolge mit den Händen und Armen darstellt, wer die Lautgebärde eines Gedichts in Gestik verwandelt, gewinnt ein aktives Verhältnis zu dem, was sonst heute nur passiv aufgenommen und analytisch betrachtet wird." (Lindenberg, S. 103)

Literatur:
Dubach-Donath, A., Die Grundelemente der Eurythmie, Dornach (1928) 1981
Lindenberg, Ch., Waldorfschulen: angstfrei lernen, selbstbewusst handeln. Praxis eines verkannten Schulmodells, Reinbek bei Hamburg 1975

Klassenlehrersystem

In Waldorfschulen führt ein Klassenlehrer, der den größten Teil des Unterrichts übernimmt, die Kinder vom 1. bis zum 8. Schuljahr. Erst danach setzt verstärkt Fachunterricht ein.
Natürlich kann der Klassenlehrer nicht kompetenter Experte in allen Fächern sein, die er anbieten muss. Aber er kann ein erstklassiger Experte für das Kind und seine individuelle Entwicklung sein, die er fachkundig begleiten und anregen soll. Dazu gibt ihm die jahrelange Beobachtung und Betreuung der Kinder reichlich Gelegenheit.
Bei Konflikten mit einzelnen Schülern, zu denen es in bestimmten Entwicklungsphasen selbstverständlich auch immer wieder kommt, soll das kollegiale Gespräch in den zahlreich stattfindenden pädagogischen Konferenzen Hilfe geben. Verlangt ist aber auch ein ständiges Arbeiten des Lehrers an sich selbst. Fachliche Defizite sollen durch besonders gründliches Vorbereiten des Epochenunterrichts, aber auch über das Gespräch mit sachkompetenten Kollegen ausgeglichen werden.
Die Ausbildung zum Waldorflehrer erfolgt in ein- oder zweijährigen Kursen und setzt ein abgeschlossenes Hochschulstudium in einem Unterrichtsfach oder eine abgeschlossene Berufsausbildung voraus.

Kontaktadressen:
Freie Hochschule Stuttgart, Seminar für Waldorfpädagogik, 70188 Stuttgart, Haussmannstraße 44a

Seminar für Waldorfpädagogik, 22083 Hamburg, Hufnerstr. 18

In den öffentlichen Grundschulen setzt sich das Klassenlehrersystem in den beiden ersten Schuljahren durch, in einzelnen Bundesländern auch in den dritten und vierten Klassen. Für die Sekundarstufe wird eher die Kooperation von Kollegen bei einem fächerübergreifenden Unterricht gefordert.

Epochenunterricht

Die beiden ersten Stunden des Schultages sind an Waldorfschulen dem vom Klassenlehrer erteilten Hauptunterricht vorbehalten. Bei diesem Unterricht steht vier bis sechs Wochen lang jeweils ein Fach im Mittelpunkt der gemeinsamen Arbeit, um danach von einem anderen Fach abgelöst zu werden. Als Vorteil des Epochenunterrichts wird die Möglichkeit der kontinuierlichen intensiven Auseinandersetzung mit Sachverhalten angesehen, die besser gelingt als bei einem „Fetzenstundenplan". Fächer oder Fachgebiete, die der permanenten Übung bedürfen, eignen sich nicht für den Epochenunterricht.
An den Lehrer stellt Epochenunterricht hohe Anforderungen, wenn er das Thema über eine längere Phase interessant gestalten und das Interesse der Schüler wach halten will.
Die Arbeitsergebnisse des Epochenunterrichts werden in dem von jedem Schüler geführten Epochenheft zusammengefasst, das an den Waldorfschulen die traditionellen Schulbücher ersetzt.

(Vgl. auch den Schlüsselbegriff „Epochenunterricht" bei P. Geheeb.)

Schulberichte

Die Waldorfschulen verzichten bis zum 12. Schuljahr ganz auf Zeugnisse mit Ziffernnoten. Statt dessen erhalten die Schüler ausführliche Berichte, die vom jeweiligen Klassenlehrer verfasst und von den Fachlehrern ergänzt werden.
Die Schulberichte legen Zeugnis ab über die Entwicklung des Kindes, sein Verhalten in der Klassengemeinschaft und die Lernfortschritte in einzelnen Fächern. Sie zeigen dem Kind auf, wie es an sich arbeiten kann, und motivieren es zum besonderen Eifer in bestimmten Unterrichtsbereichen.
Durch und durch individuelle Berichte in qualitativ hochstehender Form können nur geschrieben werden, wenn die Kinder permanent verständnisvoll beobachtet und in pädagogischen Konferenzen immer wieder über ihre Entwicklungsfortschritte gesprochen wird.

Ähnlich differenzierte Berichte werden an Jena-Plan-Schulen als „objektive" und „subjektive" Berichte verfasst. Die Schulberichte der ersten Schuljahre der öffentlichen Schulen sind Schritte in dieselbe Richtung.

Kollegiale Selbstverwaltung

Waldorfschulen haben keinen Direktor. Vielmehr werden alle Verwaltungsaufgaben vom gesamten Kollegium übernommen, das, auf dem Hintergrund anthroposophischer Grundannahmen auch das individuelle Schulprofil prägt.
Das Kollegium bildet Ausschüsse, die die verschiedenen Verwaltungsbereiche auf Zeit verantwortlich übernehmen und der Gesamtkonferenz rechenschaftspflichtig sind.
Die deutschen Waldorfschulen sind im „Bund der Freien Waldorfschulen e. V. Stuttgart" zusammengeschlossen. Als kooperatives Mitglied gehört die „Internationale Vereinigung der Waldorfkindergärten", die ebenfalls ihren Sitz in Stuttgart hat, diesem Zusammenschluss an.

Literatur zum Einstieg in die Waldorfpädagogik:
Steiner, R., Allgemeine Menschenkunde als Grundlage der Pädagogik, Dornach (1932) 1975
Steiner, R., Erziehungskunst. Methodisch-Didaktisches, Dornach 1975
Steiner, R., Die Philosophie der Freiheit, Dornach (1894) 1936
Kiersch, Johannes, Die Waldorfpädagogik. Eine Einführung in die Pädagogik Rudolf Steiners, Dornach
Schneider, P., Einführung in die Waldorfpädagogik, Stuttgart 1982
Lindenberg, Ch., Waldorfschulen: angstfrei lernen, selbstbewusst handeln. Praxis eines verkannten Schulmodells, Reinbek bei Hamburg 1975
Rist, G., Schneider, P., Die Hiberniaschule. Von der Lehrwerkstatt zur Gesamtschule: Eine Waldorfschule integriert berufliches und allgemeines Lernen, Reinbek bei Hamburg 1977

Seelenpflege-bedürftig

Rudolf Steiner setzt an die Stelle der als diskriminierend empfundenen Begriffe „geistesgestört" oder „geistig behindert" den Begriff „seelenpflege-bedürftig", der dem anthroposophisch heilpädagogischen Ansatz besser gerecht wird.
Steiner geht davon aus, dass der Geist des Menschen (das Ich) nicht erkranken kann, sondern in den verschiedenen Erdenleben als intakter Wesenskern erhalten bleibt. Durch Mängel im Gleichgewichtssystem der Leibesorganisation kann der Wesenskern jedoch in seiner Leistungsfähigkeit gehemmt sein. Wenn die Behinderungen des Geistes und der Seele aber vom Leib ausgehen, steht damit auch fest, dass hier die Hilfe ansetzen muss.

Literatur: Domeyer, M., Das behinderte Kind. Gesichtspunkte aus der Anthroposophie Rudolf Steiners zu seiner Beurteilung und Behandlung, Freiburg 1975
Zeller, A., Anthroposophische Heilpädagogik, Stuttgart 1978

Camphill-Bewegung

Die Camphill-Bewegung geht auf den 1902 in Wien geborenen Arzt und Heilpädagogen Karl König zurück. Als König sich der anthroposophisch orientierten Heilpädagogik zuwendet, gründet er 1929 in Schlesien ein Heil- und Erziehungsinstitut für seelenpflege-bedürftige Kinder.
1936 flieht König vor den Nazis nach Wien und 1938 weiter nach Schottland. Dort erzieht er im Camphillhouse nahe Aberdeen geistig behinderte Kinder, indem er sie und die Mitarbeiter zu familienähnlichen Gruppen zusammenfasst. Indem gemeinschaftliches Handeln von Menschen mit und ohne Behinderung täglich praktiziert wird, kann ein soziales Lebensgefühl aufkommen und die Gleichwertigkeit aller Menschen erfahrbar gemacht werden. Der Gedanke der Achtung vor der Individualität des Behinderten und der Erziehung von Kindern und Jugendlichen in der sozialen Dorfgemeinschaft, verbunden mit einem pädagogischen Optimismus, verbreitet sich unter der Bezeichnung Camphill-Bewegung schnell in vielen Ländern.
Ein weiterer Schritt ist 1964 der Aufbau von Dorfgemeinschaften für Erwachsene mit Behinderungen (zuerst Lehenhof, zwischen Schwäbischer Alb und Bodensee), in denen ganz auf die Lebenssituation dieser Menschen eingegangen wird und den Behinderten besonders in der Landwirtschaft angemessene Arbeitsmöglichkeiten geboten und sie in die Gestaltung des kulturellen Lebens eingebunden werden.

Literatur:
Husemann, G., Der Heilpädagoge Karl König, Stuttgart 1971
Zeller, A., Anthroposophische Heilpädagogik, Stuttgart 1978

PROJEKTUNTERRICHT

Pragmatismus

John Dewey (1859 - 1952) knüpft an Ch. S. Peirce (1839 - 1914) und W. James (1842 - 1910) an, die das Handeln in das Erkennen einbeziehen. Peirce lehrt, dass die Menschen ihre Aussagen immer mit Rücksicht auf ihre Verwendbarkeit treffen. Aus den Erfahrungen der Allgemeinheit ergibt sich, was Gegenstand des Denkens sein muss. Indem sich Erkenntnisse bewähren, werden sie „wahr". Dewey prägt auf dieser Basis das philosophisch-pädagogische Denken Amerikas der Jahrhundertwende. Wissenschaften, die das menschliche Dasein erleichtern, indem sie Abhilfe beim menschlichen Elend schaffen (Medizin, Biologie, Physik) sind moralisch.

Dewey, der den Pragmatismus auch Experimentalismus oder Instrumentalismus nennt, stellt sich die Demokratie als eine große Experimentiergemeinschaft mündiger Bürger vor, in der jeder plausible Hypothesen aufstellen kann, in der aber niemand im Besitz absoluter Wahrheit ist.

Die Schule muss praktisches Leben sein, in dessen Mittelpunkt Erfahrung und Experiment stehen, und Abbild der modernen pluralistischen demokratischen Industriegesellschaft, in die sich die Schüler unter sachlichem Anspruch stehend gemeinsam handelnd einarbeiten. Dieses Lernen im praktischen Handeln ist für den personalen Aufbau der Person zu fordern und deshalb grundsätzlich für allen Unterricht konstitutiv. Es findet seinen klarsten Ausdruck im Projektunterricht, in dem planvolles Handeln gefordert ist und als ein wichtiges Instrument für ein wertvolles Leben eingeübt wird.

In Chicago errichtet Dewey eine Versuchsschule.

Zu Deweys Denkansatz vermitteln besonders seine folgenden Schriften Zugang:

Wie wir denken, (1910) dtsch. Zürich 1951
Demokratie und Erziehung, (1916) dtsch. 1930
Schule und öffentliches Leben, 1920
Die menschliche Natur, 1922
Die Quellen der Wissenschaft von der Erziehung, 1935

John Dewey erkennt bei Denkakten folgende Stufen:

1. Man begegnet einer Schwierigkeit
2. Die Schwierigkeit wird lokalisiert und präzisiert
3. Ansatz einer möglichen Lösung
4. Logische Entwicklung der Konsequenz des Ansatzes
5. Weitere Beobachtung und experimentelles Vorgehen führen zur Annahme oder Ablehnung, d. h. der Denkprozess findet seinen Abschluss, indem man sich für oder wider die bedingt angenommene Lösung entscheidet

Literatur: Dewey, J., Wie wir denken, Zürich 1951, S. 75

Projekt

Der Begriff wird zuerst im Jahre 1900 in Amerika von C. R. Richards für die selbstständige Lösung von Aufgaben im Werkunterricht gebraucht. Richards fordert, dass es sich um echte Aufgaben handeln müsse und der Schüler Plan und Weg der Ausführung selbst ausarbeiten solle.
J. A. Stevenson verwendet den Begriff 1908 bei landwirtschaftlichen Kursen. Dabei handelt es sich meist um in sich abgeschlossene praktische Ziele, die erreicht werden sollen, wobei die Lernenden selbstständig vorgehen und das Ergebnis wie auch die Teilergebnisse ihrer Arbeit an der entstehenden Sache selbst ablesen können. (Vgl. dazu auch „Außenschau und Innenschau" bei Kerschensteiner.)
W. H. Kilpatrick betont besonders das absichtsvolle Handeln. Als Stufen des Projektablaufs ergeben sich für ihn:

Zielsetzung

Planung

Ausführung

Beurteilung

Der Projektbegriff wird von Kilpatrick stark ausgeweitet, so dass sich folgende Projekttypen ergeben:

I. **Einen Gedanken oder Plan in äußerer Form verkörpern**

II. **Eine (ästhetische) Erfahrung genießen**

III. **Eine geistige Schwierigkeit in Ordnung bringen**

IV. **Einen Gegenstand oder Grad des Könnens oder Wissens erreichen**

Kilpatrick definiert das Projekt als:
„Aus ganzem Herzen gewolltes, von einer Absicht erfülltes Handeln (whole hearted purposeful activity), das sich in einer sozialen Umgebung vollzieht, oder kürzer im Hinblick auf das einheitliche Element solcher Tätigkeit, als ernsthaftes, absichtsvolles Tun (hearty purposeful act). Gerade auf dieses absichtsvolle Handeln, mit der Betonung auf dem Wort Absicht, wende ich den Ausdruck Projekt an." (nach Bossing in Kaiser, S. 117)

In der Auffassung, was unter einem Projekt zu verstehen ist, bestehen bis heute erhebliche Unterschiede. Bossing schlägt eine Definition vor, die von vielen Pädagogen akzeptiert wird:

„Das Projekt ist eine bedeutsame praktische Tätigkeit, die Aufgabencharakter hat, von den Schülern in natürlicher Weise geplant und ausgeführt wird, die Verwendung physischer Mittel (physical materials) in sich begreift und die Erfahrung bereichert."
(in Kaiser, S. 119)

> In letzter Zeit haben Gudjons/Bastian die nach ihrer Meinung wichtigen Merkmale des Projekts beschrieben:
>
> **1. Situationsbezug**
>
> **2. Orientierung an den Interessen der Beteiligten**
>
> **3. Selbstorganisation und Selbstverantwortung**
>
> **4. Gesellschaftliche Praxisrelevanz**
>
> **5. Zielgerichtete Projektplanung**
>
> **6. Produktorientierung**
>
> **7. Einbeziehung vieler Sinne**
>
> **8. Soziales Lernen im Projekt**
>
> **9. Interdisziplinarität**
>
> (nach Zimmermann in Potthoff, S. 90)

Projekte bzw. Vorhaben, wie sie in der deutschen Reformpädagogik oft genannt werden (vgl. den Schlüsselbegriff „Vorhaben" bei Reichwein), sind bei den meisten Reformpädagogen als Elemente der Unterrichtskonzeption nachzuweisen (vgl. Frey, Die Projektmethode, S. 26 ff.). Auch heute gibt es an zahlreichen Schulen Projektunterricht, allerdings zumeist nur in der Form von Projekttagen und Projektwochen und viel seltener in den Kernbereichen des alltäglichen Unterrichts. Mit Projektwochen, die in der letzten Schulwoche vor Ferienbeginn angesetzt werden, wenn Lehrer und Schüler nicht mehr zu „ernsthaftem Lernen" bereit sind, verkennt man die hohe Effizienz des Lernens im Projekt, das ein Lernen aus eigenem Antrieb im ganzheitlichen Zugriff unter eigener Regie und Kontrolle sein kann. Einige Freie Schulen zeigen, dass Projekte durchaus das Zentrum des Unterrichtsgeschehens bilden können. (Vgl. „Glocksee-Schule", „Laborschule", „Tvind-Schule")

Projekte laufen in etwa nach folgendem Schema ab:

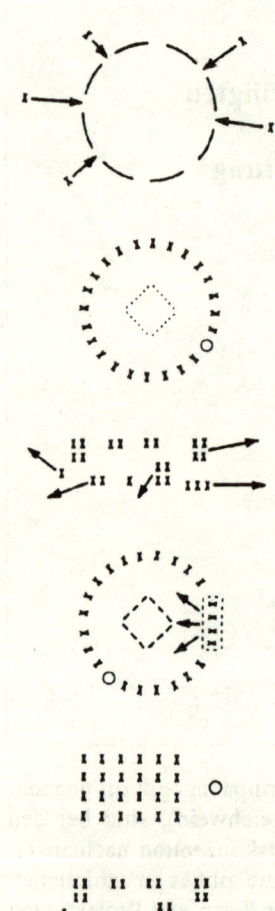

Eingangsphase:
Betroffensein
Erkennen der Aufgabe

Gesprächsphase:
Analyse der Aufgabe
Zieldefinition
Übernahme von Teilaufgaben
(Herausbilden eines
Gruppenbewusstseins)

Offene Phase
Gruppenarbeit / Einzelarbeit
Informationsbeschaffung
Informationsauswertung

Gesprächsphase:
Einzel- und Gruppenberichte;
erneute Zieldefinition

Exkurse:
systematische Aneignung
von Arbeitsstrategien
Erwerb von Basiswissen

Offene Phase:
Gruppen- und Einzelarbeit
Informationsberarbeitung
Teilergebnisse

Schlussphase:
Zusammenfassung der Ergebnisse; Erprobung und Kritik
des fertigen Werks

Kleinprojekte im Unterricht

Es hat sich in der Gegenwart bewährt, alle Formen des offenen Unterrichts und speziell die an Lernmaterialien orientierte Freiarbeit grundsätzlich auch für Projekte offen zu halten. In der Form von persönlich vom Lernenden ausgewählten Themen und als Vorbereitung von „Expertenberichten" (Potthoff 1990, S. 91 ff.) können sie wichtige Elemente der Freiarbeitsstunden sein, die ganz vom individuellen Interesse des Schülers ausgehen, den Lernenden zu hohen Leistungen herausfordern, lernanregend auf andere Mädchen und Jungen der Klasse wirken und die Verzahnung von Freiarbeit, geführtem Unterricht und außerschulischer Arbeit begünstigen.

Nach Absprache mit der Lehrkraft befassen sich die Schüler/innen allein oder zusammen mit anderen mit einem Problem (einem Vorhaben), das sie zur Zeit besonders bewegt, während vielleicht das Gros der Klasse an den vorgegebenen Materialien arbeitet. Sie haben das Recht, während der Freiarbeitsstunden und während der Unterrichtsphasen, die für sie z. B. wegen ihres schnelleren Arbeitstempos Leerlauf bedeuten würden, an ihrem Projekt zu arbeiten, und setzen diese Arbeit auch außerhalb der Schule allein oder mit Klassenkamerad/innen fort.

Die frei arbeitenden Schüler/innen befassen sich bei ihrer selbstständigen Arbeit mit Themen, die außerhalb des Lehrplans liegen, vertiefen aber viel häufiger das im Unterricht Behandelte unter einem besonderen Aspekt und greifen auch dem Unterrichtsgeschehen vor, um dann ihre erworbene Sachkompetenz bei der Behandlung des Themas in den Klassenunterricht einzubringen. Sie stellen ihre Arbeitsergebnisse in Anfangskreisen vor, zeigen den Mitschülern ihre handwerklichen und künstlerischen Arbeiten, fertigen Wandzeitungen mit den Arbeitsergebnissen an oder veranstalten kleine Ausstellungen. Das meiste fließt in den gemeinsamen Unterricht ein, regt die Mitschüler zum Mitdenken oder Nachmachen an, anderes ist nur für die Schüler/innen wichtig, die sich in ihrem Projekt mit der Sache befasst haben.

Literatur:
Bastian, J., Gudions, H. (Hg.), Das Projektbuch II, Hamburg 1990
Chott, P., Projektorientierter Unterricht, Weiden 1990
Frey, K., Die Projektmethode, Weinheim, Basel 1982
Kaiser, A. u. Kaiser, F.-J. (Hg.), Projektstudium und Projektarbeit in der Schule, Bad Heilbrunn 1977
Laubis, J., Vorhaben und Projekte im Unterricht, Ravensburg 1976
Zimmermann, H., Projektlernen im herkömmlichen Unterricht, in: W. Potthoff, Lernen und üben mit allen Sinnen - Lernzirkel in der Sekundarstufe, Freiburg 1996[3]

KLASSISCHE UND AKTUELLE REFORMPÄDAGOGISCHE SCHULPLÄNE

Freie Schulen

Der Begriff „Freie Schule" lässt nicht ohne weiteres Rückschlüsse auf die Konzeption einer Schule zu.
In Deutschland gibt es mehr als 2000 Schulen und Internate in freier Trägerschaft, an denen staatliche Bildungsabschlüsse erworben werden können. Sie werden im Grundgesetz als „private Schulen" bezeichnet. „Als Ersatz für öffentliche Schulen bedürfen sie der Genehmigung des Staates und unterstehen Landesgesetzen." (Art. 7,4)
Die Träger dieser sich zum Teil erheblich in ihrer Erziehungskonzeption voneinander unterscheidenden Schulen haben sich in der Arbeitsgemeinschaft Freier Schulen zusammengeschlossen. Zu den wichtigsten Trägern gehören die evangelische und die katholische Kirche, der Bund der Freien Waldorfschulen und die Landerziehungsheime in der Tradition der Reformpädagogik. (Vgl. die Kapitel „Hermann Lietz", „Paul Geheeb", „Kurt Hahn", „Waldorfpädagogik")
Eine zweite erheblich kleinere Gruppe von Schulen, die sich als Freie Schulen bezeichnen, ist seit der Mitte der 70er Jahre entstanden. Es handelt sich um Schulgründungen engagierter Eltern, die für ihre Kinder eine kindgerechte Schule mit weniger Hierarchie, Zwang und Angst schaffen wollen. Diese zumeist sehr kleinen Schulen, die fast alle große Schwierigkeiten mit der Anerkennung durch die Behörden hatten und haben, werden auch als Alternativschulen bezeichnet.
Während die reformpädagogischen Schulen (Montessori-, Waldorf-, Petersen-Schulen) voll in der Tradition der reformpädagogischen Epoche der ersten Jahrzehnte des 20. Jahrhunderts stehen, versuchen die Begründer der Alternativschulen aus ihrem jeweiligen Welt- und Erziehungsverständnis heraus Schule zu gestalten. Aber auch in diesen Konzeptionen finden sich zahlreiche Gedanken der reformpädagogischen Epoche wieder.
Schulen, die auf Initiative von Eltern gegründet und von ihnen unterhalten werden, haben nicht nur in den angelsächsischen Ländern und in der Schweiz, sondern auch in Deutschland eine lange Tradition. Bereits im 16. Jahrhundert entstehen im Bergischen Land neben den von den Kirchengemeinden getragenen Schulen auch „Schulgemeinde-Schulen" durch den Zusammenschluss von

schulinteressierten Familien. - Später gibt dann Friedrich Wilhelm Dörpfeld (1824 -1893) der Schulgemeinde-Idee ihre theoretische Fundierung. Auch für ihn bilden die christlich gleichgesinnten Familien den Kernpunkt der Schulgemeinde. Jedoch sollen alle am Schulwesen interessierten Kräfte des politischen, kirchlichen, sozialen, häuslichen und beruflichen Lebens in den Selbstverwaltungsgremien der Schule vertreten sein. Das sind Gedankengänge, die ähnlich bei den preußischen Reformern der Jahre nach 1806 und bei Friedrich Daniel Schleiermacher (1768 - 1834) zu finden sind.
Vgl. dazu den Schlüsselbegriff „Schulgemeinde" bei Geheeb /Wyneken.

Literatur:
Arbeitsgemeinschaft Freier Schulen (Hg.), Handbuch Freie Schulen. Pädagogische Positionen, Träger, Schulformen und Schulen im Überblick, Reinbek bei Hamburg 1984
Brinkmann, G. u. a. (Hg.), Theorie der Schule. Schulmodelle Bd. I u. II, Königstein 1980
Hentig, H. von, Wie frei sind Freie Schulen? Gutachten für ein Verwaltungsgericht, Stuttgart 1985
Potthoff, W., Die Idee der Schulgemeinde. Vorstellungen zur genossenschaftlichen Selbstverwaltung im 19. Jahrhundert, Heidelberg 1971

Dalton - Plan

1905 beginnt die amerikanische Lehrerin Helen Parkhurst (1887 - 1959) mit Versuchen, den Schulalltag ihres ungegliederten Schultyps zu verbessern und legt 1912 ihren „Laboratory Plan" vor. Sie wird 1914 Schülerin von Maria Montessori und betreut als ihre Mitarbeiterin einige Zeit die amerikanischen Montessori-Schulen. Danach lässt sie sich von Deweys aktivitätspädagogischen Reformideen anregen.
Nach Vorversuchen an einer Schule für körperbehinderte Kinder legt sie 1920 schließlich ihren Schulreformvorschlag vor, der nach seiner Erprobung an der öffentlichen Schule in Dalton als „Dalton-Plan" bekannt geworden ist.
Die Parkhurst-Methode bricht mit dem Aufbau der Schule nach Altersklassen und setzt ganz auf den individuellen Lernfortschritt des einzelnen Schülers in der Einzelarbeit und dem „free work".
An die Stelle der Klassenräume treten Facharbeitsräume, Laboratorien, für die einzelnen Fächer oder bei kleinen Schulen „Gegenstandswinkel" im Klassenraum. Der Schüler bekommt Aufgaben für die verschiedenen Fächer als Wochen- und Monatspensen und kann sich die Zeit für die Erledigung der Aufgaben selbst einteilen.
Die große Freiheit der Schüler wird durch schriftliche Aufgabenstellung, methodische Lernhilfen und Kontrollbögen abgesichert. Bei den Lernaufgaben, die

die Erarbeitung des neuen Wissens ebenso umfassen wie das Üben, kann der Schüler seinem Interesse und seinen Fähigkeiten entsprechend zwischen einem Mindest-, Mittel- und Höchstprogramm wählen.
Während des „free work" hat der Lehrer im Fachraum beratende Aufgaben. Er fasst jedoch Gruppen gleich weit fortgeschrittener Schüler/innen zu einer Art Klassenunterricht zusammen, wenn Schwierigkeiten im Stoff den selbstständigen Lernfortschritt behindern.

Literatur:
Parkhurst, H., Education on the Dalton-Plan, London 1922
Parkhurst, H., Exploring the child's world
Steinhaus, M., Helen Parkhursts Dalton-Plan und seine Bedeutung in England, Langensalza 1925
Schwerdt, Th., Kritische Didaktik in klassischen Unterrichtsbeispielen, Paderborn (1933) 1959

Winnetka-Plan

Carleton Washburne (1889 - 1968), Lehrer, Professor am Lehrerseminar in San Francisco, Schulrat in Winnetka, einem Vorort Chicagos, übernimmt vom Dalton-Plan (s. dort) die Idee der freien selbstständigen Arbeit des Schülers, baut in Weiterentwicklung von Erziehungsgrundsätzen seines Lehrers Burk für schwächere und noch unselbstständige Schüler aber größere Hilfen ein. Zudem begrenzt er die Zeit für individuelles Arbeiten und gewinnt damit Raum für die gemeinschaftliche Schülerarbeit. „Individual work", bei dem das Elementarwissen erarbeitet und von den Schülern selbst überprüft wird, nimmt bei Washburne etwa die Hälfte der Unterrichtszeit in Anspruch. Die andere Hälfte steht für Gruppenarbeit und schöpferisches Tun („group and creative activities") zur Verfügung.
Bei dieser Schulkonzeption kommt demnach das soziale Moment im Unterricht besser zum Tragen als bei Helen Parkhurst. Die Kinder helfen einander, nehmen Rücksicht auf langsame Schüler und können die gemeinsame Arbeit durch schöpferische Ideen bereichern. Die Themen für die Gruppenarbeit sind in der Regel dem Lehrplan entnommen, können von den Schülern aber auch völlig frei gewählt sein.
Bei Washburne können die Schüler die Probleme des Zusammenlebens in Versammlungen besprechen, die jeweils von einem Schüler geleitet werden. Washburne hält die erbrachten unterrichtlichen Leistungen auf Karteikarten fest, die vom Lehrer in Absprache mit dem betreffenden Schüler geführt werden. Auf der Rückseite der Karten werden die Fortschritte in der „Haltung" des Schülers vermerkt.

Literatur:
Washburne, C., The Philosophy of the Winnetka Curriculum, 1927
Schwerdt, Th., Kritische Didaktik in klassischen Unterrichtsbeispielen, Paderborn (1933) 1959

Werkplaats

In der amerikanischen Tradition des individualisierenden und des gruppenunterrichtlichen Verfahrens steht in den Niederlanden Kees Boeke mit seiner „werkplaats" (Werkstätte) genannten Schule in Bilthoven bei Utrecht. Boeke bildet eine Kindergemeinschaft mit Kindern aller Altersstufen, aller Bekenntnisse und aller Gesellschaftskreise, die sich selbst ihre Ordnungen gibt sowie die Arbeit und das Gemeinschaftsleben selbst plant. Die Schule kommt den unterschiedlichen Neigungen und Interessen der Kinder im Bereich wissenschaftlicher Studien, praktischen Arbeitens und musisch-technischer Aktivitäten durch extrem viele Wahlmöglichkeiten nach.
Der Lehrer ist hier echter Partner des Kindes, der nicht über Anordnungen, sondern durch sein Vorbild wirkt.

Literatur:
Boeke, K., Der Bilthoven Werkplaats und seine Soziokratie, in: Bildung und Erziehung 1949/2
Rawson, W., The Werkplaats Adventure, London 1956

Tvind-Schule

Die dänische Tvind-Schule knüpft an Grundtvigs (1783 - 1872) Forderungen an, Schule müsse ihre Probleme aus den Erlebnis- und Erfahrungsfeldern der Schüler nehmen. Es bildet sich ab 1967 eine „Reisende Hochschule" als Volkshochschule, deren Teilnehmer Studienreisen in Entwicklungsländer planen, durchführen und nachbereiten und dabei für solidarisches Handeln sensibilisiert werden.
Im „notwendigen Seminar", einem Lehrerausbildungsseminar, wird versucht, Theorie und Praxis, Leben und Lernen sinnvoll in Beziehung zu bringen. Das erfolgt in der 1. Studienphase in einem internationalen Praxisfeld (Entwicklungsland / 9 Monate), in der 2. Studienphase bei verschiedenen Formen der Erwerbsarbeit im nationalen Praxisfeld (15 Monate) und schließlich in einem 24-monatigen Praktikum an Regelschulen des Landes.
Zu den Bildungseinrichtungen der Tvind-Schulen gehören ferner eine Freie Schule für 5- bis 13-jährige Kinder, eine Fortbildungsschule mit einem Realkurs, eine Gästeschule als Ferienschule und eine Schule für verhaltensauffällige Kinder (Kleine Schule).

Literatur:
Behr, M., Jeske, W., Schul-Alternativen. Modelle anderer Schulwirklichkeit, Düsseldorf 1982
Bjerg, J., Die Tvind-Schulen in der bildungspolitischen Debatte Dänemarks, in: Neue Sammlung 5 (1979)

Glocksee-Schule

Die 1972 gegründete Glocksee-Schule in Hannover versteht sich als Freie Schule, deren Entwicklung von Eltern, Kindern, Lehrern und Wissenschaftlern (O. Negt, T. Ziehe u. a.) gemeinsam voran getrieben wird. Die Ganztagsschule verzichtet auf fest fixierte Klassenzusammenhänge, bietet den Kindern freie Bewegungsmöglichkeiten und erteilt keine Benotungen, sondern berichtet zweimal im Jahr über die Entwicklung der Kinder. Projektunterricht steht im Zentrum der Schularbeit. „Kern des Projektunterrichts ist die Aufhebung der herkömmlichen Zeitstruktur (Aufsplitterung in Wochentage und festgelegten Stundenplan) und die Auflösung des Fachunterrichts. Anhand eines gewählten Themas werden im Unterricht komplexe Zusammenhänge erarbeitet, unterschiedliche Perspektiven und Betrachtungsmöglichkeiten verdeutlicht und so einzelne Fachaspekte (dies können sein: mathematische, physikalische, soziologische, biologische etc.) in erklärende Faktoren und Bestandteile einer übergreifenden Thematik aufgelöst. Die Aufhebung des Fachunterrichts bildet hierbei das Medium, durch das die Ganzheitlichkeit des Gegenstandes gewahrt bleibt. Ziel ist gemeinsame (Kinder und Erwachsene) praktische und theoretische Erarbeitung eines der kindlichen Erfahrungswelt nahen Problems / Inhalts mit dem Versuch der Umsetzung in Form von Experimenten oder der Herstellung von Produkten." (Manzke, S. 47)
Projekte bieten auch eine hervorragende Möglichkeit, die übrigen Ziele der Glocksee-Schule zu realisieren: Schule nicht nur als Ort kognitiven Lernens zu verstehen, sondern in einer Schule als Lebensort ganzheitliches Lernen ohne Zwang zu ermöglichen; mannigfaltige Gruppenerfahrungen aufkommen zu lassen; ohne sekundäre Lernmotivation auszukommen; Selbstregulierung der Kinder anzubahnen und sie dabei Konflikte und aggressives Verhalten ohne Hilfe der Erwachsenen bewältigen zu lassen.

Literatur:
Manzke, E. (Redaktion), Glocksee-Schule. Berichte, Analysen, Materialien, o. O. 1981
Negt, O., Ehrhardt, J., Ziehe, Th., Bericht des wissenschaftlichen Begleitprojekts zum Schulversuch Glocksee in Hannover, Hannover 1980

Laborschule

Seit 1968 wird in Bielefeld auf Initiative von Hartmut von Hentig die Laborschule als integrierte Gesamtschule entwickelt. Die Laborschule ist eine Ganztagsschule und kann als Angebotsschule von Eltern und Kindern frei gewählt werden. Sie versucht, lernschwache und verhaltensauffällige Kinder zu integrieren und hat sich die Erziehung zur Selbstbestimmung als oberstes Ziel gesetzt, was über einen komplexen Erfahrungsraum ermöglicht werden soll, in dem Lernen durch Erfahrung im Umgang mit Menschen, bei Spiel, Freizeit und Muße ebenso wichtig genommen wird wie Unterricht, Lernen, Sprache etc. (vgl. dazu den Schlüsselbegriff „Urformen des Lernens und Sich-Bildens" bei Petersen).
Die Schule, an der die traditionellen Klassenräume zugunsten von Stammflächen und Funktionsflächen aufgegeben sind, versteht sich als Curriculumwerkstatt zur Entwicklung und Erprobung neuer Lerninhalte, Unterrichtsformen und Lehrverfahren.
Dem Lehrer kommt die Rolle des Vermittlers von Informationen zu, wo Kinder den Zugang zu wissenschaftlichen Erkenntnissen allein noch nicht haben. Im Wesentlichen soll der Lehrer aber Lernprozesse und Lernerfahrungen organisieren und das Unterrichtsmaterial so aufbereiten, dass die Schüler daran selbstständig lernen können.
Projekten kommt dabei eine herausragende Rolle zu. Sie können unter Leitung der Lehrkraft von der ganzen Gruppe geplant oder als freie Projekte durchgeführt werden, wenn sich ausreichend Teilnehmer finden und bei jüngeren Schülern eine Lehrkraft, die das Projekt betreut. Im Rahmen der Projekte kann an realen Problemen der Lebenswirklichkeit gelernt werden. Es ist ein Lernen durch Handeln und durch Erfahrung.

Literatur:
Hentig, H. von, Die Bielefelder Laborschule. Allgemeiner Funktionsplan und Rahmen-Flächenprogramm, Stuttgart 1971
Hentig, H. von, Cuernavaca oder Alternativen zur Schule? Stuttgart, München 1971
Hentig, H. von, Schule als Erfahrungsraum? Stuttgart 1973
Hentig, H. v., Was ist eine humane Schule? München, Wien 1976
Hentig, H. v., Die Schule neu denken. Eine Übung in praktischer Vernunft, München, Wien 1993
Lehrergruppe Laborschule, Laborschule Bielefeld.
Modell im Praxistest, Reinbek bei Hamburg 1977
Schulprojekte der Universität Bielefeld, Schriftenreihe der Schulprojekte Laborschule/Oberstufenkolleg, Klett Stuttgart

Schülerfirmen im Schulstaat

Neben freien Alternativschulen und den Schulen, die wie Landerziehungsheime oder Waldorfschulen in direkter Tradition klassischer reformpädagogischer Modelle stehen, haben in letzter Zeit zahlreiche Kollegien staatlicher Schulen in Kooperation mit der Elternschaft und in Zusammenarbeit mit den Schüler/innen ihrer Schule ein reformpädagogisches Profil gegeben. So wurde vielfach das gesamte Schulleben neu gestaltet, angefangen von der Durchführung von Festen, Feiern und Morgenkreisen über ein gemeinsames Frühstück im Klassenraum bis hin zur Ausschmückung des Schulhauses und einer Neugestaltung des Pausenhofes. Kollegien von Grundschulen stützen ihre spezifischen Formen von Freiarbeit, Lernzirkelarbeit und Wochenplanunterricht oftmals auf pädagogische Impulse der Montessori-, Petersen- und/oder Freinet-Pädagogik, haben die Schulglocke abgestellt und gestalten ihren Unterricht in einer anregenden Lernumgebung, die selbstständiges Experimentieren und Erfahren sowie ein Lernen mit vielen Sinnen ermöglicht.

An Sekundarschulen wird gegenwärtig vielfach der bislang an der Peripherie des Schulcurriculum angesiedelte Projektunterricht in das Zentrum des Lernens gerückt, wo er erst seine volle Qualität entfalten kann. Fächerübergreifendes Lernen oder „Themengebundener Unterricht" setzt sich verstärkt durch. Einige Schulen lösen sich an einem Tag in der Woche vom Fetzenstundenplan, um ausdauernde Arbeit an einem Thema zu ermöglichen und intensives gemeinsames Lernen anzuregen.

An anderen Schulen werden zur Zeit Schülerfirmen gegründet, um Schularbeit und Leben in der Gesellschaft enger zu verzahnen und dadurch bessere Perspektiven für die Arbeit der Schüler/innen und Möglichkeiten für selbstverantwortetes praktisches Lernen zu schaffen.

Zu diesen Schulen gehört die staatliche Gerhart-Hauptmann-Schule in München, an der fast 600 Schüler/innen unterrichtet werden, etwa die Hälfte davon mit nichtdeutscher Staatsangehörigkeit. Die Schule, die seit 1991 auf dem Wege zu einem eigenen Profil ist, arbeitet dabei mit folgenden Bausteinen:

„< Freiarbeit in den Klassen 5 bis 9 als Erziehung zum selbstständigen Lernen
< Projekte und Arbeitsgemeinschaften (AG)
< Praktisches Lernen als Erfahrungsraum und Basis für Reflexionen
< Vorberufliches Lernen, Materialerfahrungen, Erkunden eigener Fähigkeiten
< Schulhausinterne Lehrerfortbildungen begleiten die Gewinnung unseres Schulprofils
< Kooperationen mit außerschulischen Partnern
< Präventives Arbeiten in Zusammenarbeit mit sozialpädagogischen Einrichtungen im Stadtviertel
< Schülerfirmen
< Förderverein, der uns ideell und finanziell unterstützt" (Konzept, S. 3 f.)

Inzwischen ist die folgende Verfassung für den Schulstaat in Kraft:

Hauptschule am Gerhart-Hauptmann-Ring, München

Die Verfassung

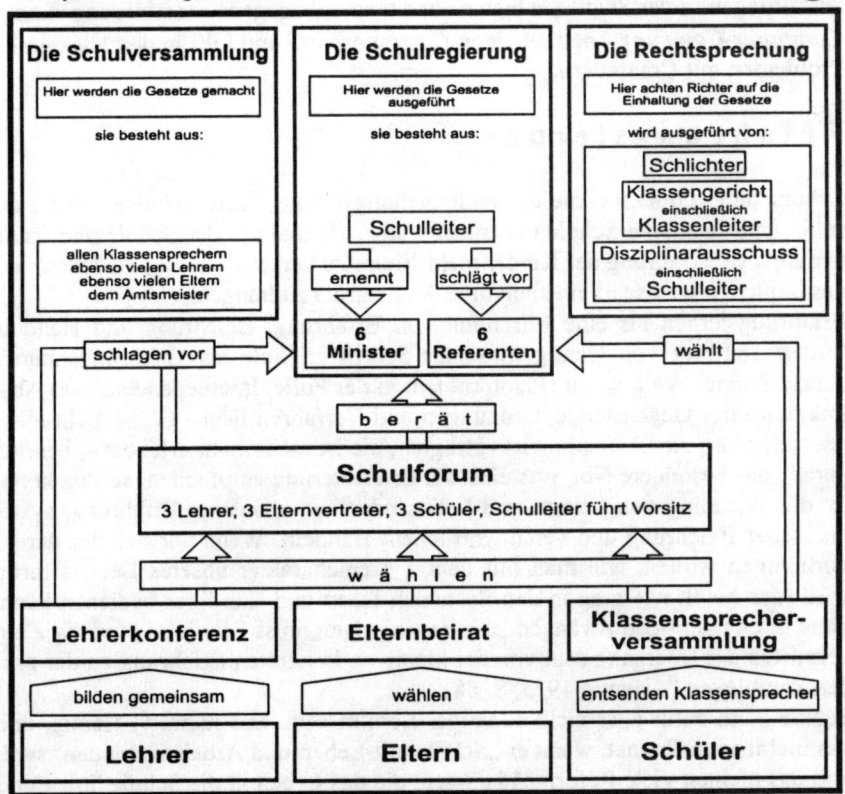

Die Schulversammlung	Die Schulregierung	Die Rechtsprechung
Hier werden die Gesetze gemacht	Hier werden die Gesetze ausgeführt	Hier achten Richter auf die Einhaltung der Gesetze
sie besteht aus:	sie besteht aus:	wird ausgeführt von:
allen Klassensprechern ebenso vielen Lehrern ebenso vielen Eltern dem Amtsmeister	Schulleiter ernennt / schlägt vor → 6 Minister / 6 Referenten	Schlichter / Klassengericht einschließlich Klassenleiter / Disziplinarausschuss einschließlich Schulleiter

schlagen vor → ... ← wählt

berät

Schulforum
3 Lehrer, 3 Elternvertreter, 3 Schüler, Schulleiter führt Vorsitz

wählen

Lehrerkonferenz	Elternbeirat	Klassensprecher-versammlung
bilden gemeinsam	wählen	entsenden Klassensprecher
Lehrer	**Eltern**	**Schüler**

Die Schüler/innen engagieren sich in verschiedenen Schülerfirmen, z. B.

Grüner Daumen - Die Gruppe pflegt den Schulgarten, betreibt eine Gärtnerei und verkauft das angebaute Gemüse.

Mäckater - versorgt Besuchergruppen mit Getränken und Essbarem und betreibt einen Sektglasverleih an andere Schulen.

Druckerei - Die Druckerei übernimmt u. a. Aufträge für Glückwunsch- und Einladungskarten und wird neben Lehrern von externen Fachleuten unterstützt.

Radl Fit - führt kleinere Reparaturen an Fahrrädern aus und wartet die schuleigenen Go-Karts.

Handwerker - stellen Pinnwände her und führen Reparaturen im Schulgebäude aus.

Malerwerkstatt - Von der Malerinnung werden Kurse für „schwierige" Maler-

lehrlinge durchgeführt, die als Ausbilder und Mitarbeiter in der Malerwerkstatt der Schule tätig werden.
Reiseveranstalter - organisieren Klassenausflüge und geben Auskunft über Veranstaltungen in der Stadt. Sie bieten auch themenbezogene Stadtführungen an.
Computer-Company - betreut einen Computerraum und hilft in den Klassen bei Problemen mit Computern.

Erfahrungslernen

Laborschule, Glockseeschule, Landerziehungsheime, Freie Schulen, aber auch zahlreiche staatliche Schulen versuchen, dem Handeln in der Schule und damit der eigenen Erfahrung der Kinder mehr Raum zu verschaffen und die Dominanz des bloßen Wissens auf ein sinnvolles Maß zurückzudrängen.
Erfahrungslernen als eine Mischung von Erfahrung, Belehrung und Handeln fordert Hartmut von Hentig in seiner Schrift „Schule als Erfahrungsraum?" denn „in einer Welt, deren Hauptproblem in der Fülle, Interdependenz und Abstraktheit ihrer Gegenstände, Ordnungen und Verfahren liegt - sie ist nicht mehr überschaubar, sie ist nicht mehr verfügbar, sie ist nicht mehr erlebbar -, bereitet gerade das besondere Not, was einst als Erleichterung empfunden werden konnte: die Trennung von Lernen und Leben oder von spontaner Erfahrung, systematischer Belehrung und verantwortlichem Handeln. Wenn wir Schüler darauf vorbereiten wollen, wie man mit dem Systemcharakter unseres Lebens fertig wird (das heißt, wie man in den Systemen leben und sich ihrer bedienen kann, ohne ihren unnötigen Zwängen zu erliegen), dann muss Schule so etwas wie ein vermittelnder Übergang sein von der kleineren konkreten Erfahrung zu der großen komplexen." (Hentig 1973, S. 68)
Schule kann dafür aber nicht alleiniger Lernort sein. Das meint v. Hentig, und das meint auch Freinet, wenn er „Schule mit Leben und Arbeit verbinden" will, und das meinen viele Reformpädagogen, die das Leben in die Schule holen und die Schule zum Leben hin offen halten wollen.
Das kann bereits geschehen, wenn Schüler sich allein oder in einer kleinen Gruppe in den Freiarbeitszeiten der Schule und außerhalb der Schule selbstständig mit Themen ihrer Wahl befassen und zu „Experten" werden (vgl. Potthoff 1991). Das kann in Arbeitsgemeinschaften oder einem „Erweiterten Bildungsangebot" erfolgen. Es muss ein Lernen mit vielen Sinnen sein, bei dem praktisches Tun und intellektuelles Begreifen sich ständig durchdringen, ein Lernen, das offen bleibt für immer mehr Wissen und neue Erfahrung, ein „weiterführendes" Lernen.

Literatur:
Hentig, H. von, Schule als Erfahrungsraum? Stuttgart 1973
Hurrelmann, K., Schule als Erfahrungsraum! in: Ordnung und Unordnung, hrsgg. von G. Becker u. a., Weinheim und Basel 1985

FREIARBEIT OFFENER UNTERRICHT

Die derzeitige reformpädagogische Situation zeigt drei Aktivitätsrichtungen.

Zunächst findet sich die Gruppe von Pädagog/innen, die das überlieferte philosophische, anthropologische und didaktisch-methodische Gedankengut eines bestimmten Reformpädagogen der klassischen Epoche unverändert in die Gegenwart „hineinretten" und möglichst buchstabengetreu in heutige Erziehungspraxis umsetzen will. Diese Haltung erkennen wir am ausgeprägtesten bei Waldorfpädagogen sowie Lehrerinnen und Lehrern, die eine orthodoxe Montessori-Pädagogik betreiben.

Eine zweite Gruppe hält die Grundidee und die Kernaussagen eines Reformpädagogen oder einer reformpädagogischen Richtung der klassischen Epoche hinsichtlich Erziehung und Unterricht der Gegenwart nach wie vor für richtungsweisend, bewertet aber die gesellschaftlichen Veränderungen und wissenschaftlichen Erkenntnisse der vergangenen Jahrzehnte als so bedeutend, dass die früheren Konzepte nur noch in neuer Akzentuierung und deutlicher Ergänzung angewendet werden können. Diese Haltung findet sich z. B. in der heutigen Landerziehungsheim-Pädagogik, bei der Jenaplan- und Freinet-Pädagogik, die von Anfang an auf Entwicklung angelegt waren, und bei einem Teil der Montessori-Lehrer/innen.

Eine dritte Gruppe geht von einer kritischen Analyse der gegenwärtigen Lebens- und Schulsituation aus und baut bei der Suche nach einer sinnvollen Antwort auf die erdrückend und nicht selten chaotisch erscheinenden Herausforderungen der Gegenwart in die Entwürfe und didaktisch-methodischen Maßnahmen des eigenen unterrichtlichen Handelns Versatzstücke aus unterschiedlichen Entwürfen der klassischen Epoche ein, die unter dem Horizont der eigenen Erziehungsvorstellungen völlig neu bewertet werden. Diese Gruppe betreibt eine integrierende Reformpädagogik, die von Schule zu Schule unterschiedlich situativ zu gültigen Formen findet, sich insgesamt aber permanent auf dem Wege sieht wie die gegenwärtige Gesellschaft auch.

Als verbindende Merkmale aller Gruppen zeigen sich:

1. Alle meinen, bei der Bildung der Heranwachsenden könne ein menschliches Kraftzentrum als wichtigster Motor für das Lernen genutzt werden. Sie geraten damit in Widerspruch zu einer Auffassung, welche die Systematik des Stoffes als alleinige Richtschnur für das schulische Lernen nehmen will.

2. Die Reformpädagog/innen wenden sich gegen einen materialen Bildungsbegriff, bei dem sich Bildung primär aus dem Quantum des verfügbaren Wissens im Horizont eines festgelegten Bildungskanons ablesen lässt. Auch für die Reformpädagogen ist Bildung nicht ohne ein fundiertes Wissen denkbar. Entscheidend ist aber, dass dieses Wissen nicht ohne Bezug zu der sich bildenden Person bleibt, weil das Bildungsziel die selbstständig und im Rahmen der Gemeinschaft verantwortlich handelnde Persönlichkeit ist. Sie betrachten Wissen und Können im Sinne einer mehr formalen Bildung, bei der das Wissenspotenzial Schlüsselfunktion für die eigenständige Welterschließung bekommen soll.

3. Der reformpädagogische Denkansatz meint nicht, dass jede(r) alles lernen kann, wenn es nur geschickt genug vermittelt wird. Unterschiedliche Begabungen werden vielmehr als natürlich und nicht als Defizite betrachtet, die es auszumerzen gilt. Das Unterschiedliche ist auch beim Lernen der Reichtum des Lebens, wenn es gelingt, allen Dispositionen des einzelnen Menschen zu ihrer möglichst optimalen Entfaltung zu verhelfen. Das führt zu der Forderung nach einem breiten Angebotsspektrum im Schulunterricht, einem Lernen über verschiedene Lernkanäle und Formen der inneren Differenzierung.

4. Die Reformpädagog/innen haben sich für den Bereich von Erziehung und Unterricht gegen eine Trennung von Theorie und Praxis entschieden und beziehen in ihre Überlegungen und Versuche nach Möglichkeit die Schüler/innen ein.

Merkmale einer sich wandelnden Lebens- und Schulsituation

1. Am Ende des von Ellen Key proklamierten „Jahrhunderts des Kindes" zeigt sich, dass einem großen Teil der Kinder der westlichen Welt in Elternhaus und Schule viel Selbstständigkeit zugestanden wird, große Kinderzimmer, dem Alter der Kinder angemessene Schulräume eingerichtet wurden und eine Fülle an kindgerechten Konsumgütern bereitgestellt wird, zugleich aber Spiel-, Wohlfühl-, Erprobungs- und Entfaltungsräume in großem Maße verloren gehen und Kindheit als eigenständiger, von Erwachsenen respektierter und geschützter Lebensabschnitt zunehmend verschwindet.
Zugleich wird die reformpädagogische Idee einer eigenen Jugendkultur einerseits von einer sich naiv an jugendliches Gebahren anpassenden Erwachsenenwelt und andererseits von einer verführerischen, sich einseitig am Profit orientierenden Geschäftswelt unterlaufen.
2. Was Kinder und Jugendliche neben natürlichen Erfahrungsräumen am meisten brauchen, Zeit der Erwachsenen für die verständnisvolle Begleitung der Entwicklung eigener Gefühlskategorien und tragfähiger, sinnstiftender Werte, verbunden mit dem „Sich-Reiben" an der Wertewelt der Erwachsenen, fällt weitgehend aus, so dass es nicht falsch ist, von verarmten wohlhabenden Kindern zu sprechen.
3. Heutige Kinder und Jugendliche sind schutzlos mit der erdrückenden Vielfalt ungefilterter Informationen konfrontiert, mit der sie in der offenen, sich immer mehr vernetzenden Welt mehr oder weniger zufällig in Berührung kommen. Verstärkt wird das erdrückende Moment durch die Macht der Bilder, die als Fotos oder Filme Wahrheitsgehalt suggerieren und vor dem Betrachter in der Regel verbergen, dass sie unter Umständen eine recht willkürliche Auswahl präsentieren.
Diese Medienwelt bietet dem intelligent Auswählenden hervorragende Informations- und Kommunikationsmöglichkeiten. Persönlichen Gewinn hat jedoch nur, wer das kritische Hinterfragen der Informationen sowie den Vergleich mit anderen Informationen und Erfahrungen gelernt hat, dazu über Auswahlkriterien verfügt und nicht nur bei unbedeutenden Handlungen, sondern auch bei tiefgreifenden geistigen Entscheidungen selbstständig ist. Dazu können grundsätzlich bereits jüngere Kinder fähig sein, jedoch nur in ihren eigenen Lebens- und Erfahrungsbereichen. Sie sind es aber nicht hinsichtlich vieler sie intellektuell und psychisch überfordernder Informationen, mit denen sie konfrontiert werden.
4. Ellen Key schrieb von den „Seelenmorden" in den Schulen und meinte das Brechen des eigenen Willens, die Gleichschaltung des Denkens und die Abtötung kindlicher Spontaneität. Zum Glück sehen die meisten Lehrkräfte die Schüler heute nicht mehr ausschließlich als Klasse, sondern als Individualitäten,

die aufgrund ihrer je speziellen Begabungen zu Persönlichkeiten heranwachsen. „Seelenmorde" erfolgen allerdings in der Gesellschaft, wenn Kinder bereits im Vorschulalter von der Werbung auf bestimmte Produkte programmiert werden, wenn Werbung sich bedenkenlos die Tatsache zu Nutze macht, dass jüngere Kinder weder ausreichend zwischen Realität und Werbung noch zwischen geeignet und ungeeignet entscheiden können.

5. Unsere Gesellschaft erhebt den Anspruch, die Jugend zum selbstständigen kritischen Denken zu erziehen, weil nur so der Bestand unserer Demokratie auf Dauer garantiert werden kann. Ein Teil der Medien unterstützt dieses Bemühen in hervorragender Weise.

Insgesamt ist die Jugend jedoch der Verführung zu kritikloser Übernahme von Informationen und Denkmustern ausgesetzt. Die schnelle Bildfolge des Fernsehens überfordert jüngere Kinder und lässt, im Gegensatz zum geschriebenen Text, auch älteren keine Zeit zu kritischer Reflexion. Kinder und Jugendliche haben es schwer, bei Bildern und Texten das Perspektivische ihrer Auswahl zu erkennen, wenn Elternhaus und Schule dafür keine Kriterien anbieten.

6. Es wird zunehmend schwieriger, einen Wissenskanon für die Schulen zu bestimmen, der den Anforderungen der Abnehmer in Studium und Beruf, der Gesellschaft insgesamt und der Persönlichkeitsbildung gerecht wird. Das hat seinen Grund vornehmlich in der ständig anwachsenden und inzwischen geradezu ins Unermessliche gestiegenen und über die neuen Medien für alle leicht zugänglichen Wissensfülle in allen Gesellschaftszweigen und speziell den meisten Wissenschaftsbereichen.

Hatte die Schule zunächst versucht, der großen Herausforderung durch Optimierung der traditionellen Methoden zu begegnen und effektiveres (auch schnelleres) Lernen bei den Schülern anzuregen, stellte sich doch bald die Unmöglichkeit einer befriedigenden Bewältigung der Stofffülle heraus, die zu einer Oberflächlichkeit der Stoffbehandlung führt.

7. Ein weiteres Problem besteht darin, dass die Kinder und Jugendlichen in der gegenwärtigen Mediengesellschaft mit einer Fülle an flüchtig aufgenommenen, oberflächlichen und oftmals wenig systematisch geordneten Informationen in den Unterricht kommen, aber keine Methoden beherrschen, dieses Wissen zu ordnen, zu selektieren und gezielt zu vertiefen.

8. In unserer Gesellschaft sind Kinder und Jugendliche beim Aufnehmen von Informationen ganz unterschiedlichen Erwartungen unterworfen. Im Straßenverkehr, bei Filmen und anderen Alltagssituationen müssen sie Situationen blitzschnell wahrnehmen und sich daraufhin angemessen verhalten. Demgegenüber verlangt gründliches Lernen in der Schule ebenso wie qualifiziertes Arbeiten in den meisten Berufen, gerade auch den wissenschaftlichen, genaues systematisches Beobachten und Bewerten anhand geeigneter Kategorien.

9. Von den Menschen in der hochtechnisierten demokratischen Gesellschaft wird die Fähigkeit zum selbstständigen klaren Denken erwartet. Dieses gründlich geschulte Denken ist traditionsgemäß ein lineares Denken, das logisch-sys-

tematisch von einer Ausgangsbasis zu einem vorgegebenen Ziel und - exakt gehandhabt - zu hervorragenden Ergebnissen führt. Neben dem effizienten linearen Denken ist in unserer Zeit jedoch häufig ein vernetztes Denken gefragt, das die jeweiligen Folgen der Denk- und Handlungsschritte in voller Breite und Tiefe mit einbezieht. (Vgl. auch: Frederic Vester, Leitmotiv vernetztes Denken)
10. Ein Problem der Kinder und Jugendlichen unserer Zeit ist das Fehlen von Grunderfahrungen in zentralen Lebensbereichen, die aber die Voraussetzung für das verständnisvolle Aufnehmen mitgeteilter Erfahrung sind.

Aktives Lernen

I. Neben der von der Lehrperson direkt gelenkten Wissensaufnahme und dem dabei durch Erwartungen und Sanktionen gesteuerten Schülerverhalten müssen offene Lernsituationen geschaffen werden, die nicht nur durch alternative Lernangebote, sondern auch durch selbstbestimmtes und selbst verantwortetes Verhalten gekennzeichnet sind, das auch der Gruppe gegenüber gerechtfertigt werden muss. Solche offenen Erfahrungsräume sind das Mindeste, was eine demokratische Gesellschaft für die Vorbereitung auf das Leben und Mitentscheiden in ihrem Staatswesen von der Schule einzufordern hat. Die hier gemachten Erfahrungen bilden zugleich die unverzichtbare Grundlage für die theoretische Auseinandersetzung mit den Organisationsformen und Strukturen unseres Staates.

II. Die offene Schule soll von den Schüler/innen hohe Leistungen verlangen. Das verlangt jedoch etwas anderes als andauernde Informationsvermittlung. Die bloße Anhäufung von Information verdeckt die Strukturen, die zum Verständnis der Sachverhalte führen. Das bloße Abfragen angelernten Wissens geht am Sinn von Bildung vorbei. In den Tübinger Beschlüssen von 1951 heißt es schon: „Leistung ist nicht möglich ohne Gründlichkeit." Es muss deshalb zwischen einem für alle verbindlichen Mindestlernstoff (Fundamentum), für dessen Durchdringung und Übung viel Zeit genommen wird, und den aus der individuellen Entwicklung und dem Interesse des einzelnen Schülers erwachsenden ergänzenden Leistungen (dem Additum) unterschieden werden. Damit kann für alle eine verlässliche Basis für das weitere Fortschreiten im Unterrichtsstoff geschaffen und zugleich die Möglichkeit eröffnet werden, neben den individuellen Interessen auch den unterschiedlichen Begabungen gerecht zu werden, so dass neben den Überforderungen einzelner Kinder auch der nicht länger hinzunehmenden permanenten Unterforderung besonders begabter Schüler/innen sinnvoll begegnet werden kann.

Leistung muss sich aber auch bei der Anwendung von allgemeinen und fachspezifischen Arbeitstechniken, die für die selbstständige geistige und praktische Arbeit erforderlich sind, bei der Übernahme von Verantwortung für das eigene

Lernen und das Lernen der Gruppe bei der Bereitschaft zur Verantwortung für den Mitschüler und andere Menschen sowie für Tiere und Pflanzen und in allen Bereichen des Zusammenlebens zeigen.

III. Die Vermittlung von Wissen und Können, das zum bewussten und verantwortungsvollen Leben in der Gesellschaft befähigt, ist zu allen Zeiten nur zu einem Teil von der Schule geleistet worden. Zur Zeit ist aber eine deutliche Verschiebung zu einer Dominanz des Lernens in außerschulischen Situationen im Gange. Deshalb muss die Schule die Kinder und Jugendlichen befähigen, das zufällig aufgenommene Wissen zu strukturieren und dabei zu bewerten, zu selektieren und zu vertiefen.

Traditionell tritt Didaktik bereits bei der Auswahl der Bildungsinhalte in Funktion und berücksichtigt dabei das Lernalter der Kinder, ihre geistige Aufnahmefähigkeit sowie die Bedeutung des Inhalts für das zukünftige Leben der Schüler. Dieses in den verschiedenen didaktischen Theorien mannigfach variierte Verfahren, das zugleich auch einen Filter darstellte, mit dem alle verwerflichen und „schwer verdaulichen" Inhalte zurückgehalten werden konnten, versagt in der grenzenlos offenen Gesellschaft vollkommen. Deshalb soll es nur noch bei der Auswahl von Kernbereichen angewendet werden. Im übrigen ist Didaktik kein vorgeschaltetes Verfahren mehr, sondern eine nachgehende Hilfestellung für den Lernprozess des Schülers.

Die kann nur begrenzt beim frontalen Fortschreiten der Klasse erfolgen und kann nicht auf völlig offene Gesprächssituationen und Arbeitssituationen mit kleineren Gruppen und einzelnen Schülern verzichten. Bereits durch das Verbalisieren von Erfahrenem, besonders auch der unterschiedlichen Erfahrungen, können Reflexionsprozesse eingeleitet, mit Sicherheit aber bedenkliches Halbwissen und Klischeevorstellungen deutlich gemacht werden. Die Aufgabe der Lehrkraft besteht hier nicht im Belehren, sondern im geduldigen Zuhören, im Fragenstellen, evtl. im Erschüttern des scheinbar Selbstverständlichen (Copei) und im „Verfremden" (Potthoff 1994), im Aufzeigen von Kristallisationspunkten, die das bruchstückhafte Wissen binden und weiterführende Fragen aufkommen lassen, oder im Hinweis auf Zusammenhänge mit dem Schulwissen.

IV. Allein schon aus den genannten Gründen sind kleine Klassen unverzichtbar. Eine Politik, die den Bedürfnissen kommender Generationen Rechnung tragen will, muss bedenken, dass die kommenden Generationen bereits in den Kindergärten, Schulen und Hochschulen sitzen und die zugedachte Hilfe jetzt brauchen, weil sich Entwicklungsprozesse bei Menschen nicht nachholen lassen und momentane Versäumnisse, die aus Sparsamkeitsgründen erfolgen, dereinst sehr teuer werden.

Vgl. dazu: Potthoff, Lernkartei Veränderte Kindheit - aktive Schule, Freiburg 1996

Potthoff, W., Gingas Erziehung oder Freiheit und Verantwortung in Elternhaus, Schule und Gesellschaft, Freiburg 1998

Freiarbeit

Die aktuelle Diskussion über eine reformpädagogisch orientierte kindgerechte Weiterentwicklung der Schule wird besonders unter dem Begriff „Freiarbeit" geführt. Dabei lassen sich folgende Grundformen von Freiarbeit unterscheiden:

1. Freie geistige Schularbeit

Im Jahre 1904 fordert Hugo Gaudig freie geistige Schularbeit als ein allen Unterricht durchziehendes Prinzip für alle Schularten und Altersjahrgänge. Um das zu ermöglichen, muss der Schüler selbstständig arbeiten und Arbeitstechniken beherrschen lernen, Gaudig sagt: Methode haben. (Vgl. Standortbestimmung bei Gaudig)
Das Gewinnen von Arbeitstechniken kann in Einschulungskursen (Petersen) oder im günstigsten Fall über „tastendes Versuchen" (Freinet) und Reflexion des eigenen Vorgehens (Arbeitsrückschau) erfolgen. Ziel ist, den Schüler frei zu machen von der Motivation durch den Lehrer, seiner Zielangabe, seiner Kontrolle der Arbeitsschritte und seiner Überprüfung des Gesamtergebnisses.
Der Schüler soll vielmehr sein Lernen selbst bestimmen, projektieren und beurteilen.
Freie geistige Schularbeit wird bei Unterrichtsgesprächen realisiert, bei denen die Lehrkraft in den Hintergrund tritt, aber auch bei freien Aufsätzen („freies Schreiben" bei Freinet) oder freier Lektüre. Sie hat ihren Platz aber auch in den kurzen Unterrichtsphasen, in denen die Lehrkraft die Schüler aus der methodischen Führung freigibt, damit individuelle sinnerschließende Lernakte möglich werden.

2. Materialgebundene Freiarbeit

Bei der materialgebundenen Freiarbeit steuert die Lehrkraft den Unterricht indirekt, indem sie mit vorgefertigten Unterrichtsmaterialien eine sehr anregende Lernumgebung gestaltet, aus der jeder Schüler das seinem individuellen Lernbedürfnis besonders entgegenkommende Material frei auswählen kann. Die didaktischen und methodischen Überlegungen, die bei der Vorbereitung des herkömmlichen Unterrichts für die ganze Klasse angestellt werden, gehen nun in die Gestaltung der Selbstbildungsmaterialien ein, die Aufforderungscharakter haben, das Lernziel erkennen lassen, Lernen mit vielen Sinnen und auf alternativen Wegen anregen sowie die Kontrolle der einzelnen Lernschritte und des Gesamtergebnisses durch den Schüler ermöglichen.
Materialgebundene Freiarbeit, bei der die Schüler ihr Arbeitstempo, die Pausen, die Zahl der Wiederholungen selbst bestimmen können, eignet sich zum Üben und Wiederholen, aber auch zum selbstständigen Erarbeiten neuer Lerninhalte.

Sie verdrängt nicht den herkömmlichen Unterricht, sondern ist eine Ergänzung der traditionellen Unterrichtsformen.

Klassische Formen und situative Varianten der materialgebundenen Freiarbeit

a) Freie Stillarbeit

Bei der klassischen Stillarbeit verteilt der Lehrer die Aufgaben und überprüft die Ergebnisse. Es werden Arbeitsmittel und verschiedene Arbeitsmethoden eingesetzt, die den unterschiedlichen Lernmöglichkeiten der Kinder entgegenkommen und relativ selbstständige Schülerarbeit ermöglichen.

Die Freie Stillarbeit, wie sie an vielen Schulen katholisch-kirchlicher Trägerschaft praktiziert wird, entspricht am ehesten Montessoris Gedankengängen von der indirekten Erziehung mit Hilfe vorgefertigter Materialien. Die Lehrkraft gestaltet eine „vorbereitete Umgebung", in der nach gründlicher Beobachtung für jedes Kind das Arbeitsmaterial bereitsteht, das es in seiner augenblicklichen Entwicklungsphase braucht. Es geht bei dieser selbstständigen Arbeit nur sekundär um das Erreichen eines schulischen Lernziels. Viel wichtiger ist der Arbeitsprozess, der u. U. mehrfach wiederholt wird, bis Könnerschaft erreicht ist und dadurch beim Kind ein Entwicklungsschritt erfolgt. Da die Entwicklung in individuell unterschiedlichen Schüben erfolgt und unterschiedlich viel Zeit in Anspruch nimmt, ist diese Form der Freiarbeit zwangsläufig eine Einzelarbeit und kann deshalb Stillarbeit sein. (Vgl. Montessori, Das kreative Kind)

Die in der Gegenwart im Marchtaler Plan, der in der Diözese Rottenburg für die Schulen in katholischer Trägerschaft die Arbeitsgrundlage bildet, verankerte „freie Stillarbeit", die sich stark an der Montessori-Pädagogik orientiert, vermittelt zwischen der am kindlichen Interesse orientierten Freiarbeit und einer Lehrerführung.

b) Kommunikative Freiarbeit

Bei der Kommunikativen Freiarbeit wird den Anregungen besonderer Wert beigemessen, die in den Fragen, Ideen, Vermutungen und skeptischen Äußerungen eines Lernpartners liegen können. Der Zwang, dem Partner gegenüber die eigenen Denkprozesse ins Wort heben zu müssen und sich ihrer dabei bewusst zu werden, kann das Lernen sehr intensivieren. Von ebenso großer Bedeutung ist es aber, bei der gemeinsamen Arbeit aufeinander Rücksicht nehmen zu müssen, gemeinsam Lernstrategien zu entwickeln, sich gegenseitig zu korrigieren, zu kooperieren. Bei der Kommunikativen Freiarbeit, bei der die Gruppengröße zwei bis vier Schüler beträgt, kann es, auch wenn sehr leise gesprochen wird, natürlich nicht so leise sein wie in der Freien Stillarbeit. Historisch betrachtet knüpft die Kommunikative Freiarbeit an Petersens Vorstellungen an, der die Entwicklung des Individuums im Rahmen der Gemeinschaft ermöglichen wollte und dabei in enger Verwandtschaft zu Freinets pädagogischen Absichten steht. (Vgl.: Petersen, Der Kleine Jena-Plan)

Vielen Lehrkräften erscheint es günstig, wenn die Schüler/innen in der jeweiligen Lernsituation selbst entscheiden können, ob sie allein oder zusammen mit anderen arbeiten wollen.

c) Sachbezogene Freiarbeit

Freiarbeit in der Schule kann Elemente der Freien Stillarbeit und der Kommunikativen Freiarbeit z. B. in der Weise aufgreifen, dass bei einem zweistündigen Freiarbeitsblock mit 30 Minuten Einzelarbeit in Form der Freien Stillarbeit begonnen und daran anschließend zur Kommunikativen Freiarbeit übergegangen wird oder am Anfang der Freiarbeitsphase ein Pflichtprogramm steht, das von allen Schülern bearbeitet werden muss. Entscheidend wird aber die relativ enge Bindung der Freiarbeit an die Lehrplanvorgaben sein müssen. Von den Lehrplanstoffen her ist zu entscheiden, ob sie besser in selbstständiger Einzelarbeit, Partner- oder Kleingruppenarbeit gelernt und geübt werden können oder ob der lehrergeführte Unterricht angebracht ist. Aufgrund der Entscheidung darüber, ob Überblickswissen vermittelt werden soll, Fakten angeeignet werden müssen, Einblick in Sachverhalte gewonnen, Meinungen gebildet, Gelerntes gefestigt etc. werden soll, wird Material für die Einzel-, Partner- oder Kleingruppenarbeit bereitgestellt.

d) Offene Freiarbeit

Wie Freiarbeit in einer Klasse gestaltet wird, kann sich zwar an historischen oder neu entwickelten Modellen orientieren, richtet sich aber letztlich nach der Situation in der Klasse, nach dem Fach, der speziellen Thematik, der Selbstständigkeit der Schüler/innen, ihrem Vorwissen, der Beherrschung von Arbeitstechniken, den Entscheidungen der Lehrkraft. So kann die Lehrkraft, die während der Freiarbeitsstunde ja von der direkten Unterrichtsführung entlastet ist, mit einer kleinen Gruppe von Schülern, die direkte Lernhilfe brauchen, an der Tafel, im kleinen Gesprächskreis, am Modell etc. arbeiten, während das Gros der Klasse völlig selbstständig mit Hilfe von Selbstbildungsmitteln arbeitet. Die Lehrkraft kann ebenso tüchtigen Schülern Tipps für die Vertiefung oder Weiterführung des bearbeiteten Themas geben; denn Freiarbeit ist ja keine Methode speziell für die schwachen Schüler, sondern eine vorzügliche Möglichkeit zur Förderung jeder Begabung.

Selbstverständlich kann der Computer eingesetzt werden, wenn mit seiner Hilfe Sachverhalte besonders gut gelernt oder dargestellt werden können. Aber es werden während der Freiarbeitsphase im Regelfall nur zwei oder drei Computer bereitgestellt, so dass sie, wie alles, was in den Rahmen der Freiarbeit einbezogen wird, keine ungerechtfertigte Dominanz erhalten, sondern als Hilfsmittel für die Realisierung eigener Ideen oder für das Training noch nicht gut beherrschter unterrichtlicher Anforderungen dienen.

3. Lernzirkel

„Lernzirkel orientieren sich an einem bestimmten Themenbereich des Lehrplans, der für die Gestaltung der einzelnen Stationen in kleinere Abschnitte zerlegt wird. Alle Schüler arbeiten, obwohl sie zur selben Zeit mit unterschiedlichen Aufgaben beschäftigt sind, dennoch auf dasselbe Lernziel hin." (Knapp in Potthoff 1991, S. 64)
Im Klassenzimmer werden verschiedene Lernstationen aufgebaut (Stationenlernen), die didaktisch so aufbereitet sind, dass die Schüler die geforderte Arbeit einzeln oder in der kleinen Gruppe ohne direkte Hilfe des Lehrers leisten können. Die Struktur des Unterrichtsstoffes entscheidet darüber, ob die Stationen in einer bestimmten Reihenfolge oder in beliebiger Folge durchlaufen werden. Wenn es möglich ist, werden in einem inneren Zirkel die Stationen mit dem verpflichtenden Lernstoff (Fundamentum) und in einem äußeren Zirkel Stationen mit weiterführenden Lernstoffen (Additum) aufgebaut, die ein Lernen mit vielen Sinnen initiieren.
Die Arbeit mit Lernzirkeln (und Übungszirkeln) ist eine Weiterentwicklung des „free work" im Dalton-Plan der Helen Parkhurst (vgl. den Schlüsselbegriff „Dalton-Plan").

4. Wochenplanunterricht

Bei dem aus der Freinet-Pädagogik kommenden Wochenplanunterricht legen Lehrer (auf der Basis der Lehrplanforderungen) und Schüler (aufgrund ihrer Interessen und speziellen Lernbedürfnisse) gemeinsam fest, welche Lerninhalte im Verlauf einer Woche erarbeitet und geübt werden müssen. Die Verteilung der festgelegten Arbeitsaufgaben auf die einzelnen Wochentage und Unterrichtsstunden ist Sache des einzelnen Schülers, der bei der Erstellung seines individuellen Arbeitsplans durch den Lehrer beraten wird und der Klasse gegenüber am Ende der Woche Rechenschaft über seine Arbeit ablegt.
Beim Wochenplanunterricht können Stunden für freies Arbeiten vorgesehen werden, das dem spontanen Interesse der Schüler folgt. Andererseits wird in der Regel ein Teil der zur Verfügung stehenden Stunden für Fachunterricht oder lehrerorientierte Einführungsstunden reserviert.

Offener Unterricht

Die verschiedenen Freiarbeitsformen lassen sich auch unter dem Begriff **Offener Unterricht** subsumieren. Dabei kann die Öffnung des Unterrichts aus unterschiedlichen oder mehreren Gründen erfolgen:

ÖFFNUNG FÜR AUSSERSCHULISCHE ERFAHRUNGEN

ÖFFNUNG FÜR UNTERSCHIEDLICHE LERNKANÄLE

ÖFFNUNG FÜR INDIVIDUELLE INTERESSEN

ÖFFNUNG FÜR SELBSTERFAHRUNG

ÖFFNUNG FÜR TOLERANZ

ÖFFNUNG FÜR SCHÜLERAKTIVITÄTEN

Die Forderungen nach Öffnung des Unterrichts sind auch von unterschiedlicher Reichweite:

I. Eine generalisierende Forderung verlangt, das gesamte Unterrichtsgeschehen solle in der Form eines offenen Unterrichts gestaltet werden.

II. Eine von den Lernstoffen und Lernmöglichkeiten der Schüler/innen ausgehende Forderung meint, offener Unterricht und gebundene Unterrichtsphasen müssten sich aus Gründen der Effektivität ablösen und einander ergänzen.

III. Eine dritte Gruppe hält offene Phasen im grundsätzlich lehrergeführten Unterricht für unverzichtbar, damit die individuellen Lernprozesse zu höchstmöglichen Ergebnissen gelangen können. (didaktische Notwendigkeit)

Aus der Sicht des Lernvorgangs kann bei allen Freiarbeitsformen von einem **selbstbestimmten** und auch von einem **entdeckenden** Lernen gesprochen werden.

Literatur: Freinet, C., Die moderne französische Schule, Paderborn 1979
Kasper, H., Piecherowski, A. (Hg.), Offener Unterricht an Grundschulen, Ulm 1978
Knapp, A., Lernzirkel, in: W. Potthoff, Lernen und üben mit allen Sinnen - Lernzirkel in der Sekundarstufe, Freiburg 1996[3]
Krebs, H., Faust-Siehl, G., Lernzirkel im Unterricht der Grundschule, Freiburg 1997[2]
Montessori, M., Mein Handbuch, Stuttgart 1928
Petersen, P., Führungslehre des Unterrichts, Braunschweig 1959
Potthoff, W., Grundlage und Praxis der Freiarbeit, Freiburg 1995[5]
Potthoff, W., Lernkartei Veränderte Kindheit - aktive Schule, Freiburg 1996
Zimmermann, Heinz (Redaktion), Freies Arbeiten. Reformpädagogische Impulse für Erziehung und Unterricht in Regelschulen, Donauwörth 1994

Akademie für Reformpädagogik

Die seit 1988 in Freiburg bestehende Akademie für Reformpädagogik will Lehrerinnen und Lehrer zu einer vertieften Auseinandersetzung mit Fragen der klassischen und der aktuellen Reformpädagogik verhelfen. Der Freiburger Ansatz versteht sich als „Integrierte Reformpädagogik", bei der „pädagogische Bausteine" aus unterschiedlichen reformpädagogischen Strömungen zu zeit- und kindgemäßen Handlungsformen zusammengefügt werden.

Die Akademie für Reformpädagogik bietet ein Programm zur Verbesserung des Unterrichts durch neue Unterrichtsformen und zum Erwerb eines Akademie-Diploms in Reformpädagogik an. Es besteht aus vier Studienpaketen, die allein oder zusammen mit einem Partner / einer Partnerin bearbeitet werden können, und zwei Kontaktveranstaltungen.

Die Studienpakete enthalten Informationstexte, Hörkassetten, Lernkarteien sowie Selbstbildungsmaterial oder Halbfertigmaterial.

Studienpaket 1 / Schwerpunkte: Klassische Reformpädagogik; Öffnung des Unterrichts; Lernzirkel; Sinnesmaterial

Studienpaket 2 / Schwerpunkte: Gebundene und offene Unterrichtsformen; Methoden des offenen Unterrichts; materialgeleitete Freiarbeit

Studienpaket 3 / Schwerpunkte: Aspekte der Schulleistung; Leistung und Leistungsbewertung im offenen Unterricht

Studienpaket 4 / Schwerpunkte: Erziehung; Schulleben; Konfliktbewältigung

Die Kontaktveranstaltungen greifen die mit den Studienpaketen bearbeiteten Themen sowie fachspezifische Fragestellungen auf und zeigen außerdem Möglichkeiten zur Verbindung von intellektueller und praktischer Arbeit sowie zu musischem und künstlerischem Gestalten.

Anschrift: Akademie für Reformpädagogik, Kunzenweg 21, 79117 Freiburg
Internet: http://members.aol.com/Pottakade

LERNWERKSTÄTTEN

Werkstatt-Begriff

Mit dem Zurückdrängen der handwerklichen Produktion durch die industrielle Massenfertigung seit dem 19. Jahrhundert ging die Zahl der Werkstätten als Fertigungsorte für Gebrauchsgüter drastisch zurück. Parallel dazu erfuhr und erfährt der Begriff „Werkstatt" eine deutliche Erweiterung. Zunehmend wird dieser Begriff nicht mehr nur für den Fertigungsort für manuelle, durch einfache Maschinen unterstützte Arbeit verwendet, sondern auch für manche Bereiche überwiegend geistiger und künstlerischer Tätigkeit. Der Schritt dahin war kurz; denn als Werkstatt wurde auch im Bereich manueller Arbeit nur selten ein Raum für stupides Anfertigen verstanden, sondern ein Handlungszusammenhang, der einem für alle in einer räumlichen Gemeinschaft Tätigen erkennbaren Ziel verpflichtet war, das sich kreativ den speziellen Bedürfnissen der Abnehmer anpasste, auf bestmögliche Qualität ausgerichtet war und künstlerischen Ansprüchen genügen wollte.
In den 20er Jahren spricht Otto Karstädt von der „Wunderwerkstatt" der Dichter, an die er seine Schüler heranführen will (in Lorenzen, S. 89). Wir sprechen heute von der „Schreibwerkstatt", einer „Werkstatt für Komponieren der Schüler", einer „Werkstatt für Kunst", einer „Zukunftswerkstatt", um nur einige der neueren Werkstattbegriffe zu nennen. Wenn uns solche Begriffe begegnen, meinen wir zu wissen, dass an diesen Orten unter einem bestimmten Sinnhorizont praktisch gearbeitet wird, und nehmen an, dass den Beteiligten dort Selbstständigkeit zugestanden wird und Kreativität erwünscht ist. Hinzu kommen nun seit einigen Jahren Werkstätten für Schüler/innen und Lehrpersonen. So finden sich im Gefolge der Freinet-Pädagogik innerhalb der Gruppe der Schuldrucker an Schulen und vereinzelt auch an Hochschulen und Lehrerfortbildungseinrichtungen Druckwerkstätten, deren Zielstellung mit der Wortwahl klar definiert ist.

Lernwerkstatt oder Lehrwerkstatt

Der heute gebräuchliche Begriff „Lernwerkstatt" sagt wenig über die Absicht und die Struktur der Einrichtung aus. Lernen kann bekanntlich selbstbestimmt oder fremdbestimmt sowie in unterschiedlichen Lernarten und Sozialformen erfolgen. So variieren denn auch Art und Qualität der in der Bundesrepublik von staatlichen oder privaten Organisationen und auch von Einzelpersonen gegrün-

deten Lernwerkstätten in kaum zu überbietender Weise.
Odenbach schreibt in seinem Büchlein über „Die deutsche Arbeitsschule" (Braunschweig 1963, S. 57): „Schon in den zwanziger Jahren hat man darauf hingewiesen, dass die Einführung der Handarbeit in den Unterricht noch keineswegs die Überwindung der 'passiven' Schule bedeutet. Auch die manuelle Tätigkeit kann in den Formen eines mechanischen Drills organisiert werden, also ohne die Beteiligung eines planenden, schließenden und sich verifizierenden Denkens beim Schüler."
Diese auf den Schulunterricht bezogene Befürchtung muss heute leider auf eine Gruppe von Lernwerkstätten bezogen werden.
Die einen sagen „Lernwerkstatt" und meinen angeleitetes Basteln, die anderen sagen „Lernwerkstatt" und meinen die kreative geistige und praktische Auseinandersetzung mit den Problemen des selbstständigen Lernens unter Einbeziehung aller Sinne.
In guten Lernwerkstätten stehen einige Gerätschaften für die praktische Arbeit bereit. Das dominierende Merkmal ist aber das „tastende Versuchen" (Freinet), das Selberfinden, Versuch und Irrtum sowie Erfahrungsaustausch. Es sind Werkstätten, in denen nicht die oftmals in zäher schülerbezogener Arbeit entwickelten Materialien tüchtiger Lehrerinnen und Lehrer einfach „abgekupfert" werden und oberflächliche schnelle „Produktion" angestrebt wird, sondern voller Stolz etwas Eigenes erdacht und entwickelt wird. Hier wird aus der eigenen Erfahrung im Umgang mit den Kindern und den Arbeitsmitteln, im gemeinsamen Tun und im Gespräch mit anderen gelernt, wie das wohl am besten in der Freinet-Pädagogik gelungen ist.

Lernwerkstätten der klassischen Reformpädagogik

Es sind die Lehrer der kleinen Schulen, von denen Freinet die Veränderung der bestehenden Schule erwartet, um eine „vielseitige Schulwerkstätte für die manuelle, geistige und künstlerische Arbeit entstehen zu lassen, die den ganzen tätigen Menschen der neuen Gesellschaft von morgen bildet" (Freinet, S. 60).
Dabei ist Freinet nicht so naiv zu meinen, man könne einfach alles Bisherige beseitigen und etwas ganz Neues an seine Stelle setzen. Vielmehr will er das Alte schrittweise weiterentwickeln, wie es überall als Gesetz der Natur zu erkennen ist, die in der Evolution auch an keiner Stelle völlig neu anfangen konnte.
Um die enge Verzahnung von geistiger und praktischer Arbeit zu erreichen, dürfen die Arbeitsräume nicht zu weit vom Ort der geistigen Auseinandersetzung des Kindes mit Sachverhalten entfernt sein, weil sonst die Gründlichkeit der Durchdringung leidet und nach Freinets Ansicht die praktische Arbeit leicht als etwas weniger Wertvolles abgewertet wird. Also werden die Arbeitsateliers nach Möglichkeit direkt an den Klassenraum angegliedert, so

dass die Kinder jederzeit Zugang zu ihnen haben. Nur für Arbeiten, die eine größere Lärmbelästigung verursachen können, werden gesonderte Räume vorgesehen.
Im Grunde sind aber nicht nur die Ateliers „Werkstatt". Der Klassenraum mit den Ateliers, die ganze Schule ist in diesem Sinne Werkstatt für manuelle, geistige und künstlerische Arbeit. „Unsere Schule wird eine Werkstatt sein, ein Arbeitsfeld, auf dem jeder Arbeiter sich in seinem Element findet, überzeugt davon, dass er auch seinen Baustein, und sei er noch so bescheiden, mit zum Gelingen des Werkes beitragen kann, dessen geistige Durchdringung dann nur noch die majestätische Krönung des Ganzen darstellen wird" (a.a.O., S. 116).
Das hatten mehrere Pädagogen vor Freinet ganz ähnlich gesehen. So hatte Lietz bereits in seinem Buch Emlohstobba gesagt, dass in der Kunst der Verbindung von körperlicher und geistiger Tätigkeit, von Werkstätte, Natur und Schulstube das ganze Geheimnis der Erziehung besteht" (nach Jörg, S. 154). Werkstätten aus der reformpädagogischen Bewegung sind Lernwerkstätten, ohne dass das eigens betont würde. Bei Lietz, Freinet werden zwar Arbeitstechniken vermittelt, ohne die qualifiziertes Arbeiten nicht möglich wäre. Aber diese Vermittlung geht bereits von eigenen „tastenden Versuchen" (Freinet) der Lernenden, von Versuch und Irrtum aus, und im Mittelpunkt der Arbeit steht das kreative Neuschaffen, die Idee zum eigenen Werk, das Selbst-Herausfinden.

Didaktische Werkstätten - Pädagogische Werkstätten

In Bereichen der Lehrerbildung wird lieber von didaktischen Werkstätten als von Lernwerkstätten gesprochen. Tatsächlich darf es ja bei der Lehrerausbildung niemals nur um das Vermitteln von Arbeitstechniken und Methoden gehen. Am Anfang stehen immer die Fragen nach dem Was und dem Wozu sowie die Bedürfnisse und Interessen der Lernenden. Eine Lernwerkstatt, die solche Fragen ausklammert, bleibt mit ihren Tätigkeiten völlig an der Oberfläche. Und es genügt auch nicht, dass die didaktische Fragestellung irgendwann in einer Vorlesung oder einem Seminar allgemein angesprochen wurde. In der Lernwerkstatt müssen die didaktischen Fragestellungen bei jeder einzelnen Entwicklungsarbeit neu aktualisiert und auf die Besonderheit der jeweiligen Situation hin ausgelegt werden. Das setzt gründliches Denken und Handeln der Beteiligten voraus.
Dass die Verbindung von theoretischer Zielorientierung, didaktischer Entscheidung sowie intellektuellem und praktischem Lernen aber keineswegs immer in Hämmern, Sägen und Folieren einmünden muss, hatte in den zwanziger Jahren bereits die Gaudig-Schule mit ihrem Ziel der „freien geistigen Schularbeit" unter Beweis gestellt. Gründlich reflektiertes praktisches Lernen kann sich ja auch bei der Textinterpretation und Textproduktion, bei physikalischen, chemischen und biologischen Versuchen, im musischen Gestalten, im Fremdsprachenunter-

richt etc. ereignen und damit genau die Strukturen treffen, die eine gute Lernwerkstatt ausmachen müssten. Dazu kann es hilfreich sein, den Gedanken des praktischen Lernens aufzunehmen, wie er mit Unterstützung der Robert-Bosch-Stiftung besonders von einer Arbeitsgruppe an der Universität Tübingen formuliert und ausgeprägt worden ist mit zahlreichen Ansätze für praktisches Lernen in Deutsch, den Fremdsprachen, der Mathematik und den Naturwissenschaften. (Vgl. z. B. Gidion u. a. (Hg.), Gestalten der Sprache; Edelhoff/Liebau (Hg.), Über die Grenze; Münzinger/Liebau (Hg.), Proben auf's Exempel; Potthoff, Freies Lernen - verantwortliches Handeln.) Hier deutet sich an, was Lernwerkstatt sein müsste: Didaktische Werkstatt, Pädagogische Werkstatt. Diese Werkstatt mag dann, wie es an wenigen Stellen bereits erfolgt, ein ganzes Studienseminar umspannen. Sie kann sich in Studium und Lehrerfortbildung aber auch immer wieder auf Zeit ereignen, wenn Lehrende und Lernende sich gemeinsam im ernsthaften Bemühen handelnd mit Sachverhalten auseinandersetzen: in Seminaren zur Unterrichtsplanung, in den Didaktiken der Fächer, bei Projekten und empirischen Untersuchungen etc.

Wo die Arbeit in den Werkstätten für Lehrerinnen und Lehrer die didaktischen Fragen nach den Zielen des Unterrichts, der Struktur des Stoffes, der Lernfähigkeit und dem Interesse der Kinder ausklammert, verkümmern die Lernwerkstätten zu Bastelstuben für Lehrkräfte, die lediglich ihr natürliches Aktivitätsbedürfnis befriedigen wollen. Aber es ist nicht hinzunehmen, dass auf diese Weise „der Geist aus der Schule herausgehandwerkert" wird, wie es bereits in den 20er Jahren einige Reformpädagogen befürchteten. Es geht also gar nicht in erster Linie um den Raum, sondern um eine Denkrichtung, die intellektuelles und praktisches Arbeiten als zusammengehörig versteht und das wechselseitige Sich-Anregen aller Beteiligten meint. In diesem Sinne wird dann hoffentlich auch in der Schule, ganz im Sinne der Reformpädagogen, nicht ein Raum die Bezeichnung „Lernwerkstatt" tragen, sondern die gesamte Schule in einem erheblichen Teil ihrer Arbeit Lernwerkstatt sein.

Literatur: Edelhoff/Liebau (Hg.), Über die Grenze, Weinheim u.a. 1988
Freinet, C., Die moderne französische Schule, Paderborn 1979
Gidion u.a. (Hg.), Gestalten der Sprache, Weinheim u. Basel 1987
Kasper, H., Lernwerkstätten an Hochschulen - neue Hoffnungsträger für die Lehrerbildung, in: Grundschule 5/1994
Kerschensteiner, G., Begriff der Arbeitsschule, Leipzig u.a. 1928
Lorenzen, (Hg.), Die Kunsterziehungsbewegung, Bad Heilbrunn 1966
Müller-Naendrup, B., Lernwerkstätten an Hochschulen. Ein Beitrag zur Reform der Primarstufenlehrerbildung, Frankfurt a. M. 1997
Münzinger/Liebau (Hg.), Proben auf's Exempel, Weinheim 1987
Odenbach, K., Die deutsche Arbeitsschule, Braunschweig 1963
Potthoff, W., Freies Lernen - verantwortliches Handeln, Freiburg 1994
Potthoff, W., Lernen und üben mit allen Sinnen - Lernzirkel in der Sekundarstufe, Freiburg 1996

Lernwerkstätten

1920 Laboratorien (Facharbeitsräume) bei Helen Parkhurst
oder, falls zu wenig Platz vorhanden ist: Gegenstandswinkel
Helen Parkhurst gibt in ihrem „Dalton-Plan" den Schüler/innen die Möglichkeit, nach freier Wahl in Fachräumen zu arbeiten (free work), die mit fachspezifischem Selbstbildungsmaterial ausgestattet sind.

1923 Druckwerkstatt bei Célestin Freinet
Freinet führt an einer kleinen Landschule in Südfrankreich die Schuldruckerei ein. Die Kinder schreiben, setzen und drucken „freie Texte" aus ihrem Erlebnisbereich.

1926 „werkplaats" (Werkstätte) durch Kees Boeke in Bilthoven bei Utrecht gegründet. (Vgl. S. 165)

1929 Wunderwerkstatt der Dichter Otto Karstädt fordert das Nachschaffen der Dichtung, „das Weiterausspinnen, das eigene Gestalten in Bild, Wort, in Spiel, Reigen, Melodie, Tanz und selbstersonnenen Zwiegesprächen."

Gegenwart:

1964 Arbeitskreis der Schuldrucker (von Freinet-Pädagogen in Deutschland gegründet)

1968 Laborschule Bielefeld als Curriculumwerkstatt gegründet

Schreibwerkstatt
Für die Schreibwerkstatt wird kein eigener Raum benötigt. Für die Anregung zum Schreiben können aber Beispiele (Anagramme, Limeriks, Sammlungen selbst verfasster Geschichten etc.) oder Materialien bereitgelegt werden.

Lernwerkstatt als Lehrwerkstatt und Bastelwerkstatt:
Herstellung von Unterrichtsmaterialien nach Vorlage und Anweisung

Pädagogische Werkstatt / Didaktische Werkstatt
Verbindung von theoretischer Zielorientierung, didaktischer Entscheidung, intellektuellem und praktischem Lernen - fachspezifisch oder fächerübergreifend in allen Lernbereichen

COMPUTER UND INTERNET IN DER FREIARBEIT

Multimedia und Freiarbeit

Neben dem vorgefertigten Freiarbeitsmaterial, dem Limographen, der Handdruckpresse und der alten Schreibmaschine kann während der Freiarbeitsstunden natürlich auch der Computer als Arbeitsmittel bereitgestellt werden. Aber ebenso wie bei allem Unterrichtsmaterial, das in der Schule verwendet wird, müssen auch beim Computereinsatz sorgfältig die Fragen nach der Affinität zum Lerngegenstand und den erzieherischen Absichten der Unterrichtseinheit sowie der Phase im Lernprozess abgeklärt werden, wo das Computerprogramm sinnvoll zum Einsatz kommen kann, die Frage nach dem didaktischen Ort also und dem Alter der Kinder. Wirtschaft, Hersteller und Verkäufer von Computern sowie Hersteller und Verkäufer der Lernsoftware haben verständlicherweise die völlig andere Fragerichtung: Welche Lernstoffe lassen sich über Computerprogramme vermitteln? Die Antwort darauf ist, nicht zuletzt nach den Erfahrungen der Schulen mit dem behavioristisch orientierten Unterricht vergangener Jahrzehnte, leicht zu geben: Sämtliche. Tasten drücken können ja schließlich nach einiger Schulung sogar Affen und andere Tiere, weshalb also nicht auch bereits jüngere Kinder? Jedes Lernziel lässt sich programmieren und mit Ton und Bild anreichern, auch die ungeeignetsten oder verwerflichsten Inhalte
Aber: Brauchen Kinder - und besonders die jüngeren - nicht ein Lernen mit allen Sinnen, vielfältige Erfahrungen im Umgang mit ihrer Umwelt, die Spannung bei der Durchführung und das Erfolgserlebnis nach einem gelungenen Experiment, das Ausleben ihres Bewegungsdrangs?
Ganz anders als bei Kinder- und Jugendbüchern, bei denen die meisten Lehrkräfte wertvolle Anregungen und Hilfen für die Auswahl geben können, kennen sie sich, wie auch die Beamten in Ministerien und Schulbehörden, bei dem breiten Angebot an Computer-Software nicht aus. Sie haben bereits Mühe, geeignete Lernprogramme für ihre Fächer zu finden und dabei hinter technischer Raffinesse und grellen Farben und Tönen die Qualität der Inhalte auszumachen. Sie ahnen (wie auch die meisten Eltern) kaum, was am Nachmittag und Abend von den Jungen und Mädchen an Software konsumiert wird, reicht doch die Bandbreite der auf die Festplatten geladenen oder von CDs abgespielten werbewirksam aufgemachten Angebote von guten Sachinformationen und Kreativität fördernden kommunikativen Spielen über Autorennen zu einer riesigen Fülle an

Spielen, bei denen Angreifer mit einem gewaltigen Waffenpotenzial vernichtet werden müssen, also zu einer Art verwerflicher vormilitärischer Ausbildung.
In der Computerentwicklung gilt es als bedeutender Fortschritt, dass mit dem neuen Medium nicht mehr nur Texte und Grafiken angefertigt und gedruckt werden, sondern auch gesprochene Sprache und Musik aufgenommen und wiedergegeben und Videos gezeigt werden können.
Tatsächlich bietet der Computer vorzügliche Möglichkeiten bei der Textproduktion, indem eingegebene Texte problemlos geändert, ergänzt, verschoben, in graphisch schöner Form gestaltet und sauber ausgedruckt werden können, wenn das Lesen längerer Texte am Bildschirm natürlich anstrengender ist als das Lesen im Buch.

Positive Aspekte und Defizite von Multimedia

+ Bei geeigneter multimedialer Software können Lernende Aufgaben auswählen, die für ihren individuellen Lernfortschritt geeignet sind.

+ Die Arbeitsergebnisse können mit Hilfe des Computerprogramms ohne Eingreifen der Lehrperson überprüft werden.

+ Aufgaben können beliebig oft wiederholt werden.

+ Der Lernfortschritt kann in individuellem Tempo erfolgen.

Gegenüber dem Lernen mit allen Sinnen bei Freiarbeit, Lernzirkelarbeit etc. zeigen sich bei den gegenwärtigen Angeboten von Multimedia Defizite:

Multimedia bietet keine oder durch die Struktur des Computers stark eingeschränkte Möglichkeiten

- zum „tastenden Begreifen" und Wahrnehmen mit allen Sinnen

- beim entdeckenden Lernen oder im Experiment

- zum Produzieren der gesprochenen Sprache

- für Bewegung bei Theater, Tanz und Spiel

- für gefühlsbetontes Erleben in der größeren Gemeinschaft

- zum Produzieren von Kunstwerken in vielfältigen Techniken

- zur Bewegung beim Holen und Bringen von Materialien, wie es zur Abfuhr von Aggressionsstaus wichtig ist

- zum Entwickeln des Du-Sinns in der Arbeitsgruppe

Von den meisten Lehrkräften werden Bild, Film und Ton seit Jahrzehnten bei geeigneten Unterrichtseinheiten einbezogen. Ein Vorteil von Multimedia liegt jedoch in der einfach zu handhabenden Vermittlung der unterschiedlichen Informationsweisen über ein einziges Medium, vor allem aber in der Möglichkeit, Grafiken, Bilder und Geräusche selbst produzieren und bearbeiten zu können. Die Einschränkung, dass das Computerangebot wegen der geringen Bildschirmgröße nicht für den Klassenunterricht taugt, kann für zahlreiche Unterrichtsbereiche als Vorteil betrachtet werden, weil das Medium zur Differenzierung zwingt und prinzipiell jedem Schüler und jeder Schülerin Aufgaben mit geeignetem Schwierigkeitsgrad angeboten werden können, bei denen jederzeit Selbstkontrolle der eigenen Leistung möglich ist.

Das Internet nutzen

Der größte Vorteil des Computers und damit zugleich die besondere Herausforderung an die Schule liegt im leichten Zugang zu der riesigen Wissensfülle dieser Welt im Internet. Diese für jeden an jedem Ort verfügbare Informationsmenge erlaubt es schließlich, sich im Unterricht auf die grundlegenden Fakten und Strukturen der Wissensbereiche sowie die Methoden des Wissenserwerbs und der Wissensverarbeitung zu beschränken, was wegen der gewonnenen Zeit außerordentlich gründlich und vertiefend erfolgen kann.
Während die meisten Schüler mit dem Computer und den Multimediaprodukten ohne schulische Anleitung umgehen können und sich in einem offenen Unterricht gegenseitig mit den Verfahrensweisen vertraut machen, müssen die Methoden einer sinnvollen Internet-Nutzung eingeschult werden, wenn es nicht bei einem oberflächlichen Surfen bleiben soll.
Die Probleme sind gewaltig und widersprüchlich. Einerseits erfolgt mit dem Internet erstmals eine Demokratisierung der gesamten Wissenschaft. Es gibt keine Lektoren, besserwisserische Gremien oder „Päpste", die über die Qualität der auf der Homepage eingestellten Beiträge zu befinden haben. Wer sich an der Universität bei einer Preisverleihung übergangen fühlt, vom Verlag abgelehnt wurde oder einfach seine Darstellung für gut oder wichtig findet, lädt seine Seiten ins Internet und verschafft sich (in den meisten Ländern der Welt) selbst die Öffentlichkeit, die ihm andere verwehren wollen.
Andererseits steht damit unübersichtlicher als je zuvor wissenschaftlich Fundiertes neben tradiertem und neuem Aberglauben, ausgewogene Meinung neben bösartiger Polemik, gekonnte sprachliche Formulierung neben primitivem Gestammel, hohe Werte und Normen unübersichtlich neben Verführung, Hass und Niedertracht.
Um hier gezielt helfen zu können, müssen die Lehrkräfte selbst über die Strategien und Grenzen der verschiedenen Suchmaschinen informiert sein. Vor allem aber müssen sie im Gespräch mit der Klasse thematisieren, wie die im Internet

gefundenen Informationen zustande gekommen sind und kritisch auf Richtigkeit und Qualität hin überprüft werden können. Hier kann freie geistige Schularbeit im Sinne Gaudigs in zeitgemäßer Form beginnen.
Die Schüler/innen müssen lernen, beim Einstieg ins Internet wie bei Projekten von eigenen Problemstellungen auszugehen und sich die zur Lösung der Fragestellungen geeigneten Informationen über die unterschiedlichen Strategien der Informationsgewinnung zu beschaffen: durch offene und standardisierte Befragung, Experimente, Durchstöbern von Bibliotheken, Nachschlagen in Schulbüchern oder selbst angelegten Archiven und aus dem gewaltigen Angebot der Web-Seiten des Internet. Das kann z. B. in Aktivitätsspiralen erfolgen, die Schüler/innen zu selbst bestimmtem Lernen und Handeln über einen längeren Zeitraum anregen, bei der Informationsbeschaffung der gesamten Klasse für ein neues Unterrichtsthema oder wenn alle Schüler/innen allein oder gemeinsam mit einem Partner Experten für einen bestimmten Lernbereich sind, wenn für bestimmte Artikel der Schülerzeitung gründlich recherchiert werden muss oder für individuelle Jahresarbeiten spezielle Informationen gesucht werden.

Das neue Umfeld

Was während der Zeit der klassischen Reformpädagogik - und teilweise davor - von den sensiblen Naturen erahnt, erspürt und gewusst war, tritt heute für jeden sichtbar zutage, nachdem unkritischer Fortschrittsglaube es lange Zeit verdeckte. Die Skepsis gegenüber der Vorstellung von unbegrenztem Wirtschaftswachstum wächst ebenso wie die Ablehnung eindimensionaler Forschung, die den Kontext und die Folgen unberücksichtigt lässt. Weltweit nimmt ganzheitliches ökologisches Denken zu, verbunden mit dem Bewusstsein einer globalen Vernetzung. Die mehr ganzheitliche Sicht der Welt führt zu interdisziplinärer Zusammenarbeit. Die Überzeugung wächst, ohne eine Wiedereinsetzung von Werten die Zukunft nicht meistern zu können. Das führt zu einer Rückbesinnung auf Kant, Pestalozzi, Sokrates und Gandhi (Kern / Wittig) und insgesamt auf das Potenzial ganzheitlicher, interkultureller und humaner Denkansätze der klassischen Reformpädagogik.
Solches Denken wird jedoch von dogmatischen Eiferern und Lehrpersonen pervertiert, die ihre Schüler/innen mit Heilsbotschaften indoktrinieren. Überlagert wird es von starken gesellschaftlichen Kräften, die nicht das an methodische Fähigkeiten gebundene dynamische Wissen, sondern das Quantum des statischen Wissens als Garant für die Wettbewerbsfähigkeit des Staates betrachten
Literatur:
Capra, F., Wendezeit. Bausteine für ein neues Weltbild, München 1988
Club of Rome, Zukunftschance Lernen, hrsgg. von A. Peccei, Wien u. a. 1979
Kern, P., Wittig, H.G., Notwendige Bildung. Studien zur Pädagogischen Anthropologie, Frankfurt u.a. 1985

ERGÄNZENDES BIOGRAPHISCHES VERZEICHNIS

Bernfeld, Siegfried (1892 - 1953)
B. ist zunächst Mitglied des linken Flügels der österreichischen Jugendbewegung. Er versucht Psychoanalyse und Marxismus zu vereinigen, was von beiden Seiten scharf abgelehnt wird. Dieser Ansatz beeinflusst jedoch nach seinem Tode die antiautoritäre Bewegung der 70er Jahre.
1919 gründet er das „Kinderheim Baumgarten" für 300 proletarische Kinder als jüdische Schulgemeinde. Dabei versucht er, pädagogische Vorstellungen von Gustav Wyneken, Berthold Otto und Maria Montessori zu einer Synthese zu bringen. Damit beeindruckt er Martin Buber, dessen Sekretär er 1920 wird.
Schriften: Bernfeld, S., Sisyphos oder die Grenzen der Erziehung (1925) Frankfurt a. M. 1967
Bernfeld, S., Antiautoritäre Erziehung und Psychoanalyse I/II, Darmstadt 1969

Blonskij, Pavel Petrovic (1884 - 1941)
Der sowjetrussische Reformpädagoge Blonskij bezieht in seinen Entwurf einer sozialistischen Arbeits- und Produktionsschule Ideen von Comenius, Fröbel und Pestalozzi ein, gründet ihn aber auf dem Ansatz Deweys und auf dem Marx'schen Arbeitsbegriff. Danach üben sich Kinder und Jugendliche in zweckmäßigen Tätigkeiten und schaffen für die Menschheit nützliche Gegenstände.
Blonskij schreibt: „Die Arbeitserziehung ist die Erziehung des Menschen zum Beherrschen der Natur." - „Das Wesentliche der Arbeitserziehung besteht darin, dass das Kind allmählich von den Werkzeugen und der Arbeitstechnik Besitz ergreift." - „Die Arbeitserziehung setzt (in der entwickelten Gesellschaft P.) notwendig die Kollektivarbeit voraus, mit anderen Worten, die Arbeitsgemeinschaft." Damit erfüllt die Arbeitsschule zugleich gesellschaftliche Erziehung. (Zit. nach Reble, Die Arbeitsschule, S. 160 ff.)
„Arbeitserziehung (besteht) darin, dass sich das Kind planmäßig und organisiert in einer zweckmäßigen Tätigkeit übt, durch welche aus gegebenen Gegenständen Gegenstände geschaffen werden, die für die Menschheit nützlich sind, d. h. Gebrauchswert besitzen. Indem das Kind eine Arbeitserziehung genießt, entwickelt es sich als ein Wesen, das die Natur in den Dienst der Bedürfnisse des Menschen zu zwingen versteht. Die Arbeitserziehung ist die Erziehung des Menschen zum Beherrscher der Natur. Das Ziel der Arbeitserziehung besteht darin, im Kinde die Fähigkeit zu entwickeln, aus Gegenständen und Naturkräf-

ten für die Menschheit nützliche Gegenstände zu schaffen. Das Wesentliche der Arbeitserziehung besteht darin, dass das Kind allmählich von den Werkzeugen und der Arbeitstechnik Besitz ergreift. Die Methode der Arbeitserziehung besteht in der planmäßig organisierten Übung des Kindes in einer Arbeitstätigkeit. Der Sinn der Arbeitserziehung ist die Erziehung eines starken Menschen, der im Besitze der Waffen der Herrschaft über die Natur ist und sie dem Nutzen und den Bedürfnissen der Menschheit unterwirft....
Letzten Endes ist die Arbeit jedes Kindes nur ein Teil der allgemeinen Kollektivarbeit und es stellt selbst nur einen Teil eines Arbeitskollektivs dar."
(Blonskij, P. P., Die Arbeitsschule, Berlin-Fichtenau 1921, S. 9 ff.)
Blonskij findet, dass Kerschensteiners Arbeitsschule mit ihrer Betonung der manuellen Arbeit eine veraltete Handwerks-Arbeitsschule darstellt, die den Anforderungen der industriellen Entwicklung nicht gerecht wird. Blonskij führt die Kinder in zunächst spielerischer Form von einfachen Formen der Handarbeit bei häuslichen Arbeiten und Arbeiten in der Werkstatt im Vergleich von Handarbeit mit primitivem Werkzeug und Arbeitsgängen einfacher Maschinen zu den Arbeitsabläufen industrieller Arbeit. Das erfolgt in einem Unterricht, bei dem die Schüler sich den Gegenständen aus möglichst vielen Perspektiven nähern und bei ihrer Bearbeitung unterschiedliche Aktivitäten ausführen. Jeder hat sich dazu ins Kollektiv einzuordnen und muss Anweisungen befolgen lernen, selbst aber auch als „Kommandant" Anweisungen geben können.
Literatur: P. P. Blonskij, Die Arbeitsschule, (1918) hgg. von Horst E. Wittig, Paderborn 1973

Buber, Martin (1878 - 1965)

Der jüdische Religionsphilosoph Martin Buber gibt der reformpädagogischen Bewegung in den zwanziger Jahren, als Teile von ihr einseitig und oberflächlich geworden sind, neuen Tiefgang. Zur Entfaltung der schöpferischen Kräfte im Kinde sagt er 1925 in Heidelberg auf der internationalen Konferenz der Reformpädagogen: „Freimachung von Kräften kann nur eine Voraussetzung der Erziehung sein, nicht mehr. Wir dürfen es allgemeiner fassen: es kommt der Freiheit zu, den Boden herzugeben, auf dem sich das wahre Leben errichtet, aber nicht auch das Fundament." Hinzutreten müssen die konkreten Aufgaben der jeweiligen Lebenssituation, die den Menschen im Horizont eines Verantwortungsbewusstseins in Freiheit binden.
Buber erinnert uns daran, dass das Menschengeschlecht in jeder Stunde neu anfängt. Diese neugeborenen „schon bestimmten und doch noch bestimmbaren Menschen", diese „zehntausend Antlitze, von denen keins bisher erschaut worden war, mit zehntausend noch ungewordenen, werdebereiten Seelen", das ist die immer wieder auftauchende Neuung, die „urgewaltige Potentia, die unversiegt strömende Möglichkeit" (Buber 1953, S. 12) und demnach die immer wieder gegebene Chance zu einer Reform vom Ursprung aus.

Buber sieht die Menschen als Individuen, die mit unterschiedlichen Möglichkeiten zu ihrer Selbstverwirklichung ausgestattet sind. In jedem Menschen liegt von allem Anfang an ein „Urhebertrieb", der seine Entwicklung vorantreibt. Der Mensch empfindet diese ursprüngliche Kraft in Deutlichkeit, wo er Verursacher ist, im diffusen Sich-selbst-fühlen ebenso wie bei strengen denkerischen Prozessen. Wo durch den Menschen aufbauende Werke entstehen, realisiert er diese Kraft, und der Mensch kann sich ein Stück weit in seinen Möglichkeiten erfahren. Der Urhebertrieb lässt sich nicht auf das bloße „Haben" reduzieren, sondern erscheint ähnlich selbstlos wie das Spiel.

Muss der Mensch nicht außerordentlich individualistisch werden, wenn in der Erziehung so sehr auf Kräfte abgehoben wird, die im Einzelnen liegen? Wir haben festgestellt, dass der Mensch sich als Verursacher sehen will, weil er beim Herstellen (oder Zerstören) ein Stück seiner eigenen Möglichkeiten erfährt. Ja, der Mensch kann sich ganz wesentlich im Vollzug eines Werkes erfahren, das er schafft oder an dem er mitschafft. Und doch kann er das, was seine Menschlichkeit im Tiefsten ausmacht, erst im anderen Menschen erfahren. Wer sich mit dem anderen einlässt, auf ihn zugeht, ihm hilft, ihn anhört, ihn zu verstehen versucht, ihm verzeiht, realisiert Möglichkeiten seines Menschseins. (nach: Potthoff, W., Grundlage und Praxis der Freiarbeit, Freiburg 1995[5], S. 13 ff.)

Literatur: Buber, M., Reden über Erziehung, Heidelberg 1953
Buber, M., Das dialogische Prinzip, Heidelberg 1984[5]
Röhrs, H. / Meyer, E., Die pädagogischen Ideen Martin Bubers, Wiesbaden 1979

Cohn, Ruth (*1912)

Die in Berlin geborene jüdische Psychologin flüchtet 1933 nach Zürich und wandert 1941 mit ihrem Mann und ihrem Kind nach Amerika aus. Seit etwa 25 Jahren lebt und arbeitet sie in der Ecole d'Humanité in Goldern.

Ruth Cohn lässt sich in Zürich in der Psychoanalyse ausbilden und arbeitet in New York als Kinder- und als Gruppentherapeutin. Nach der Berührung mit Strömungen der humanistischen Psychologie entwickelt sie in den fünfziger Jahren des 20. Jahrhunderts ihre Themenzentrierte Interaktion (TZI), die besonders in Schulen und in der Lehreraus- und -fortbildung starke Verbreitung findet.

Die als TZI bezeichnete Gesprächsführung versucht eine Balance von Gruppe, Individuum und Thema mit dem Umfeld herzustellen und zeichnet sich durch das respektvolle Miteinander aller Gruppenmitglieder aus.

Von Ruth Cohn wurden gegründet:
Institut für TZI-Ausbildung und Praxis
Workshop Institute for Living-Learning (WILL)

Comenius, Johann Amos (1592 - 1670)

Einerseits kann sich die moderne Reformpädagogik durchaus auf Forderungen des großen Pädagogen Comenius besinnen, der im Gedankenaustausch mit den bedeutenden europäischen Gelehrten seiner Zeit stand, im Kirchen- und Schuldienst der Böhmischen Brüdergemeinde wirkte und in den Wirren des 30-Jährigen Krieges vielfach den Wohnsitz wechseln und Verfolgungen erleiden musste. Hatte er doch in seiner Didactica magna gefordert, soweit es nur möglich ist, alles den Sinnen zu vergegenwärtigen, „das Sichtbare dem Gesicht, das Hörbare dem Gehör, das Wohlriechende dem Geruch, das Schmackhafte dem Geschmack, das Berührbare dem Tastsinn: und dass, wenn sich etwas mit mehreren Sinnen zugleich erfassen lässt, es mehreren zugleich entgegengetragen werde..." (Comenius in Gärtner, S. 124 f. , S. 125).
Andererseits hat gerade Comenius aber auch den Grundstein für einen straff geführten Klassenunterricht mit gleichmäßigem Fortschreiten aller Schüler gelegt, der nach der weiteren Straffung durch die Herbartianer zu jener Gängelung der Schüler führt, gegen die zu Beginn des 20. Jahrhunderts die Reformpädagogen opponieren. Comenius schreibt z. B.: „Die Kunst des Lehrens erfordert also nichts als eine kunstgerechte Anordnung von Zeit, Stoff und Methode. Können wir die richtig treffen, so ist es nicht schwerer, eine beliebig große Schülerzahl alles zu lehren, als mit Hilfe der Werkzeuge, über welche die Buchdruckerkunst verfügt, täglich tausend Bogen mit zierlicher Schrift zu bedecken; oder mit Hilfe der Archimedischen Maschine Häuser, Türme und andere Lasten fortzurücken; oder mit einem Schiff den Ozean zu überqueren und in die neue Welt zu fahren. Alles wird ebenso leicht und bequem gehen wie die Uhr, wenn sie von ihrem Gewicht richtig reguliert wird."
Comenius vollzieht mit seinem aus heutiger Sicht klugen und zugleich fragwürdigen Ansatz immerhin den Schritt von der Gelehrtenbildung, an der nur ein verschwindend geringer Teil der Bevölkerung partizipiert, zu einer Volksbildung, die nach Erfindung des beweglichen Letternsatzes in der Buchdruckkunst jeden befähigen soll, wenigstens das Wort Gottes selbst lesen zu können. Lesen zu lehren ist sicherlich die wichtigste Aufgabe am Beginn des aufkommenden Informationszeitalters. Die in der Gegenwart ins Unermessliche gestiegene Informationsflut selektieren, bewerten und für persönliche und berufliche Zwecke nutzbar machen zu lehren, ist die keineswegs gelöste wichtige Aufgabe der heutigen Zeit.
Literatur: Comenius, Große Didaktik, Übersetzt und herausgegeben von A. Flitner, Düsseldorf und München 1954

Copei, Friedrich, (1902 - 1945)

Friedrich Copei tritt mit seiner Schrift „Der fruchtbare Moment im Bildungsprozess" am Ende der klassischen reformpädagogischen Epoche hervor, in der die euphorische Forderung, bei der Schulbildung ganz von den spontanen Kräften des Kindes auszugehen, einer realistischen Betrachtungsweise gewichen ist. Copei versucht einerseits nachzuweisen, dass jede Methode scheitern muss, „die mit dem bloßen Überliefern von Selbstverständlichkeiten in Stoff und Methode die Basis für echte schöpferische Leistung gegeben zu haben glaubt." Zugleich stellt er aber auch fest: „Ebenso muss aber gegenüber der Realität auch jene Auffassung versagen, die an ein freies Strömen schöpferischer Einfälle und Kräfte ohne Bemühen und ohne Formung glaubt und darum sich mit dem Wecken von Lebendigkeit begnügt. Äußere Lebendigkeit ist nicht immer gleichbedeutend mit innerer, geistiger Lebendigkeit. Der Erkenntnisprozess wird ohne planmäßige straffe Vorbereitung und Zucht der Prüfung nicht über die ersten vagen Intuitionen hinauskommen." Und weiter: „Die Erkenntnis, die im fruchtbaren Momente aufleuchtet, ist nur wie das Aufleuchten einer Leuchtrakete über einem dunklen Gelände, das für einen Augenblick das ganze Feld in allen Einzelheiten und deren Zusammenhang unter sich überblicken lässt und dann verlischt, alles wieder in Dunkel hüllend. Wird der Augenblick nicht festgehalten, so vermag nichts das Bild zurückzurufen und in der Seele bleibt nur ein verschwommener Eindruck." (S. 68)

DER FRUCHTBARE MOMENT IM BILDUNGSPROZESS

1. PHASE: SUCHEN UND FRAGEN
AUSEINANDERSETZUNG MIT DER FÜLLE DES BEOBACHTUNGSMATERIALS
ERSCHÜTTERUNG DES SELBSTVERSTÄNDLICHEN / FRAGEHALTUNG

2. PHASE: DURCHDENKEN DES PROBLEMS
GRÜNDLICHE, ANSTRENGENDE GEISTIGE ARBEIT BIS ZUR ERSCHÖPFUNG

3. PHASE: PHASE DER RUHE,
IN DER MAN SICH NICHT MIT DEM PROBLEM BESCHÄFTIGT

4. PHASE: PLÖTZLICH AUFTRETENDE ERKENNTNIS
„SPRUNG ÜBER DEN GRABEN"

5. PHASE: STADIUM DER EINGLIEDERUNG,
IN DEM SICH DIE FÜLLE DES WISSENS UNTER DER NEU AUFBLITZENDEN ORDNUNG ORGANISIERT

Die von Copei untersuchten Vorgänge werden aus philosophischer und psychologischer Sicht in Annäherung mit den Begriffen „Aperçu", „Aha-Erlebnis" oder „Einsicht gewinnen" umschrieben.

Literatur: Copei, Der fruchtbare Moment im Bildungsprozess, Heidelberg 1950[2]

Decroly, Ovide (1871 - 1932)
Decroly, ein belgischer Arzt und Pädagoge, schafft, ähnlich wie Maria Montessori, ein auf empirischer Grundlage aufgebautes Erziehungsmodell, das ganz von den Bedürfnissen des Kindes ausgeht. Dabei legt er in seinem Arbeitsunterricht, der ohne Fächerung als Gesamtunterricht durchgeführt wird, die Dreiheit „Beobachten, Denken, Ausdrücken/ Mitteilen" zu Grunde. Die großen Stoffkreise dieses Unterrichts (Wohnung und Kleidung, Ernährung, Schutz vor Witterung, Lebenssicherung gegen Feinde) wiederholen sich in einem 4-Jahres-Rhythmus. Nachdem Decroly seine Erziehungsmethode zunächst in einem privaten Kinderheim für geistig behinderte Kinder entwickelt, gründet er 1907 für gesunde Kinder in Brüssel die „Ecole pour la vie par la vie". Die Methode-Decroly breitete sich auch in Deutschland, der Schweiz und Österreich aus.
Literatur: Hamaïde, A., Die Methode Ovide Decrolys, Weimar 1928

Ferrière, Adolphe (1879 - 1960)
Ferrière gehört zur Gruppe der Arbeitsschulpädagogen. Allerdings findet er den Ausdruck „Arbeitsschule" zu unklar, weil mit ihm nicht zwischen mechanischer und produktiver Arbeit unterschieden wird, und verwendet lieber den Begriff „L'école active".
Ferrière will eine „spontane, persönliche und produktive Aktivität" fördern und sieht sich dabei in einer Reihe mit Montaigne, Locke, Rousseau, Pestalozzi, Fichte und Fröbel, die das Wesen des Kindes allerdings nur erahnen konnten. Ferrière, der seine ersten reformpädagogischen Erfahrungen in Lietz'schen Landerziehungsheimen gesammelt hatte, setzt hingegen auf wissenschaftliche Erkenntnisse der Experimental-Psychologie, die er selbst vertiefen hilft, als er von Claparède als Professor für Pädagogik und Soziologie an das Institut J. J. Rousseau nach Genf berufen wird.
„Man muss also das Kind unbedingt im Konkreten leben lassen, muss seinen Verstand langsam durch unablässigen Kontakt mit den Dingen wecken, muss das Kind unausgesetzt auf sichtbare und greifbare Gegenstände hinlenken. Sein Betätigungsbedürfnis wird dabei befriedigt. Und diese Betätigung zieht Wirkungen und Gegenwirkungen nach sich, aus denen sich dann natürliche Gesetze entwickeln, die das einzige sind, was den Geist bildet, was den Fortschritt zeitigt. Der logische Schluss, der sich also aus obigem ergibt, ist der: Man muss den Kindern Gelegenheit geben, mit ihrem Körper und mit ihren Händen zu arbeiten. Dies war der erste Gedanke der Schöpfer der Tatschule." (Schule der Selbstbetätigung, S. 146)
Die Schüler müssen „die Welt der Natur und die Welt des Menschen beobachten, um Dokumente zu sammeln. Was wird man zu diesem Zweck besichtigen? Fabriken, Werkstätten, Läden aller Art Gas-, Wasser- und Elektrizitätswerke, Telephonanlagen, Eisenbahnen - ich führe ganz willkürlich an - Krippen, Krankenhäuser, Volksküchen, die geographisch bedeutsamen Punkte eines Landes,

seine historischen Denkmäler, Museen aller Art, besonders ethnographische, und vor allem die Natur selbst mit all ihren Pflanzen und Tieren: Dies ist das große Kinderbuch, aus dem man, um das Kind zum Lernen anzuregen, die Seiten herauswählen muss, die es begreifen kann." (a. a. O., S. 196) Die Arbeitsergebnisse von solchen Besichtigungen oder Exkursionen sowie von Untersuchungen der Schüler lässt Ferrière zusammen mit Zeichnungen, Fotografien, Zeitungsausschnitten etc. in „Dokumentensammlungen" festhalten, die immer wieder ergänzt, neu geordnet und schließlich zu einem „Lebensbuch" ausgestaltet werden. Im gemeinsamen Gesamtunterricht werden die sich aus den Beobachtungen und Sammlungen ergebenden Fragen erörtert und durch Nachschlagen in Fachbüchern und Lexika vertieft.
Literatur: Ferrière, A., Schule der Selbstbetätigung oder Tatschule, Weimar 1928

Fichte, Johann Gottlieb (1762 - 1814)
Fichte schlägt eine völlige Veränderung des Erziehungswesens vor, um in den Kindern und Jugendlichen eine Leidenschaft zum Guten zu wecken und ihre Selbsttätigkeit zu fördern. Er meint, das könne nur in völlig eigenständigen Erziehungsgemeinschaften mit eigener Verfassung gelingen, die nicht den verderblichen Einflüssen der Gesellschaft ausgesetzt seien. Diese kleinen Erziehungsgemeinschaften sollen sich die Gebrauchsgüter des täglichen Lebens selbst schaffen und sich wirtschaftlich weitgehend selbst erhalten, so dass Jungen und Mädchen unabhängig vom Wohlstand ihrer Eltern aufgenommen werden können.
Mit solchen Vorstellungen nimmt Fichte, der selbst aus einfachen Verhältnissen kommt, Theologie studiert, mit Pestalozzi Verbindung hat, Kants Philosophie kennen lernt und seine eigene Philosophie besonders in der Schrift „Grundlage der gesamten Wissenschaftslehre" darlegt, den Gedanken der Produktionsschule, aber auch Ideen der späteren Landerziehungsheimbewegung vorweg.
Literatur: Bäumer, G., Fichte und sein Werk, Berlin 1921
Michel, P., Die Idee der Selbsttätigkeit bei Fichte, Leipzig 1928

Fischer, Aloys (1880 - 1937)
Fischer vertritt eine empirische und deskriptive Pädagogik, die sich der pädagogischen Psychologie und der pädagogischen Soziologie als Hilfswissenschaften bedient. Da der Kern des Pädagogischen (der „erzieherische Wille") aber nicht mit dem der Hilfswissenschaften identisch ist, muss die Pädagogik den Phänomenen in der Erziehungswirklichkeit und des Erziehungsgeschehens empirisch mit einem eigenen philosophisch-pädagogischen Frageansatz begegnen. Fischers Forderung eines erfahrungswissenschaftlichen Vorgehens in der Pädagogik gibt der Erziehungswissenschaft wichtige Anstöße.
Eine Gelenkstelle dazu ist das von Fischer an der Universität München gegrün-

dete Pädagogisch-Psychologische-Institut. Aber auch seine Zeitschriften „Arbeitsschule" und „Erziehung" und seine außerordentlich intensive Zusammenarbeit mit den Lehrerverbänden beeinflussen den Weg zur akademischen Lehrerbildung und die Weiterbildung der seminaristisch ausgebildeten Lehrerschaft zwischen 1920 und 1933 sehr positiv. Fischers enge Freundschaft mit Kerschensteiner führt immer wieder zu Gesprächen über den Ausbau des Münchener Schulwesens durch Kerschensteiner und über reformpädagogische Fragen. Der ältere Kerschensteiner fühlt sich durch Fischers feinsinnige Analysen pädagogischer Sachverhalte bei der Abfassung seiner theoretischen Schriften ebenso angeregt wie durch die Gespräche und den Briefwechsel mit Eduard Spranger.
Von den nationalsozialistischen Machthabern wird Fischer 1937 auf Grund der Nürnberger Gesetze zwangsemeritiert. Er stirbt kurze Zeit später an einem Magenleiden. Seine jüdische Frau kommt im Konzentrationslager Theresienstadt um.
Literatur: Aloys Fischer, Ausgewählte pädagogische Schriften, besorgt von Karl Kreitmair, Paderborn 1961

Flitner, Wilhelm (1889 - 1990)

Wilhelm Flitner, ein Schüler Reins und Vertreter der an Dilthey orientierten geisteswissenschaftlichen Pädagogik, steht in enger Verbindung zur Jugendbewegung, ist Leiter der Volkshochschule Jena, gibt zusammen mit Hermann Herriegel, Eugen Rosenstock u. a. der Volksbildung starke Impulse und zeigt gegen Ende der klassischen reformpädagogischen Phase in seinen Schriften deren Entwicklungsschübe und die Strukturen ihrer unterschiedlichen Bestrebungen auf. Flitner ist zunächst Privatdozent in Jena und lehrt dann als Professor in Kiel und Hamburg.

Nach der Gewaltherrschaft in Deutschland ist Flitner Mitverfasser der Tübinger Beschlüsse von 1951, die mit ihren Forderungen zur Überwindung der Stofffülle den Beginn einer inneren Schulreform darstellen. Flitner stellt 1955 in seinem Aufsatz „Der Kampf gegen die Stofffülle: Exemplarisches Lernen, Verdichtung und Auswahl" fest: „Exemplarisches Lernen ist überall da möglich, wo der bildende Wert einer Schuldisziplin oder eines Studiengebietes in der Methode bzw. in der Struktur liegt, nach der es aufgebaut ist." (Gerner, S. 20) Er schließt sich Wagenscheins Aussagen über exemplarisches Lernen in den Naturwissenschaften an und stellt die Grenzen des Verfahrens in anderen Unterrichtsfächern heraus. Für den Bereich des Geschichtlichen muss das exemplarische Arbeiten, das Fixpunkte, „Oasen", schaffen kann, durch „Verdichtung" ergänzt werden, mit deren Hilfe der Zusammenhang hergestellt und die Struktur des Geschehens sichtbar gemacht werden kann. Für die Grammatik, den Literatur- und Fremdsprachenunterricht, wo Verdichtung nicht möglich ist, steht „die Auswahl der

Gegenstände, in die sich die Jugend vertiefen soll", im Vordergrund.
Flitner legt immer wieder dar, dass es bei der Schulbildung nicht um das Wissen gehen darf, sondern um die grundlegenden Inhalte, um die Substanz.
Literatur: Flitner, W., Die vier Quellen des Volksschulgedankens, Stuttgart 1963
Flitner, W. / Kudritzki, G. (Hg.), Die deutsche Reformpädagogik. Ausbau und Selbstkritik, Düsseldorf und München 1962
Gerner, B. (Hg.), Das exemplarische Prinzip, Darmstadt 1970

Freire, Paulo (1921 - 1997)

Paulo Freire wird vor allem durch seine Alphabetisierungskampagnen bekannt, mit denen er unzähligen jungen und erwachsenen Menschen in den Slums und Landarbeitersiedlungen Brasiliens zum Lesen und Schreiben verhilft. Seine Pädagogik geht immer von der Lebenssituation seiner größtenteils sozial benachteiligten Schüler aus, versucht bei jedem Einzelnen die Einheit von Denken und Handeln zu entwickeln, die Entmündigung durch die Lehrkraft zu vermeiden und ist damit immer eminent politisch. Von den Diktatoren verfolgt, findet er beim Weltkirchenrat in Genf eine Basis, von der aus er Alphabetisierungskampagnen in Nicaragua und afrikanischen Staaten organisieren kann, die ehemals portugiesische Kolonien gewesen waren.
In Europa werden besonders die Sozialarbeit und die außerschulische Jugendbildung durch Freire beeinflusst.
Literatur: Freire, P., Pädagogik der Unterdrückten. Bildung als Praxis der Freiheit, Reinbek bei Hamburg 1973
Freire, P., Dialog als Prinzip. Erwachsenenalphabetisierung in Guinea-Bissau, Wuppertal 1980

Fröbel, Friedrich (1782 - 1852)

Die Gruppe der Reformpädagogen, die ihre Pädagogik „vom Kinde aus" gestaltet, knüpft auch an Überlegungen Friedrich Fröbels an, der bereits 1817 im thüringischen Keilhau eine Erziehungsanstalt gründet. Fröbel fundiert seine Erziehungstheorie auf christlicher Grundlage mit heute noch beachtenswerten Überlegungen zur Entwicklung des Kindes und zur Bedeutung von Arbeit, die er als etwas Heiliges versteht, und Spiel bei diesem Prozess. Alle inneren Kräfte des Menschen sollen sich äußern, d. h. der Mensch muss gestalten können. Zugleich muss alles von außen Herandringende im Innern verarbeitet werden, wobei sich diese Schwerpunkte in den Entwicklungsphasen verschieben. Fröbel befasst sich besonders mit der Entwicklung des Kleinkindes, für das er sogenannte „Spielgaben" entwickelt, die in ihrer geometrischen Schönheit zum Spiel anregen und die Kategorien für die Welterfassung grundlegen. Dabei denkt er nicht, wie später Maria Montessori, an ein systematisches Einüben und Schulen der einzelnen Sinne, sondern an völlig freies Spiel. 1840 gründet Fröbel den „Allge-

meinen Deutschen Kindergarten" und 1850 ein Seminar zur Ausbildung von Kindergärtnerinnen.
Literatur: Diel, E., Unverlierbare Werte der Fröbel-Pädagogik, München 1981
Heiland, H., Fröbel und die Nachwelt. Studien zur Wirkungsgeschichte Friedrich Fröbels, Bad Heilbrunn 1982

Gansberg, Fritz (1871 - 1950)
Im Sinne der Kunsterziehungsbewegung will der Bremer Lehrer Gansberg die Schaffensfreude und Gestaltungskraft der Kinder wecken. Dazu schreibt er Lesetexte, die - im Gegensatz zum traditionellen Lesebuch - die Lebenswirklichkeit der Kinder erfassen und Vorbilder für den freien Aufsatz der Schüler sind, für den er immer wieder plädiert.
Literatur: Gansberg, F., Schaffensfreude, 1905
Streifzüge durch die Welt der Großstadtkinder, 1909
Neubert, W., Das Erlebnis in der Pädagogik, Göttingen 1925

Geheeb-Cassirer, Edith (1885 - 1982)
Edith Geheeb-Cassirer, Tochter des jüdischen Fabrikanten, Stadtrats von Berlin-Charlottenburg und späteren Ehrenbürgers von Berlin, ist die zweite Frau Paul Geheebs und gründet zusammen mit ihm und mit der finanziellen Unterstützung ihrer wohlhabenden Eltern 1910 die Odenwaldschule und nach der durch die Nazi-Diktatur bedingten Emigration in die Schweiz 1934 in der Nähe von Genf die Ecole d'Humanité, die seit 1946 in Goldern-Hasliberg arbeitet. Neben den pädagogischen Aufgaben übernimmt Edith Geheeb-Cassirer die wirtschaftliche Leitung der Institution.
Literatur: Cassirer, E. (Hg.), Die Idee einer Schule im Spiegel der Zeit, Heidelberg 1950

Haase, Otto (1893 - 1961)
Otto Haase ist zunächst Lehrer an Hermann-Lietz-Schulen und Direktor der Pädagogischen Akademien Frankfurt/Oder und Elbing. Nach 1945 ist er als Leiter des niedersächsischen Kultus-Referats Lehrerbildung maßgeblich am Aufbau selbstständiger Pädagogischer Hochschulen in Niedersachsen beteiligt.
Haase stellt neben den Gesamtunterricht, den er im Sinne Berthold Ottos und Johannes Kretschmanns versteht (s. dort), das Vorhaben, bei dem in gemeinsamer Arbeit der Klasse Ernstsituationen bewältigt werden. Vorhaben erwachsen (wie bei Adolf Reichwein) aus dem Unterricht und dem gesamten Schulleben, werden von Lehrern und Schülern gemeinsam geplant und bis zur Vollendung des Werks ausgeführt. Die einzelnen Schüler/innen bringen sich je nach Interesse und Leistungsvermögen in die gemeinsame Aufgabe ein.
Literatur: Kretschmann / Haase, Natürlicher Unterricht, Wolfenbüttel 1948

Key, Ellen (1849 - 1926)
Die schwedische Frauenrechtlerin und Schriftstellerin Ellen Key, die auch als Lehrerin in Stockholm und in Arbeiterinnen-Kursen als Volksbildnerin tätig ist, gibt der aufkommenden reformpädagogischen Bewegung im Jahre 1900 mit ihrem aufrüttelnden Buch „Das Jahrhundert des Kindes", in dem sie die damalige Erziehungspraxis in Elternhaus und Schule geißelt und neue Erziehungsideen verkündet, starke Impulse. Ihre Erziehungsideen, die eng an Rousseau anknüpfen, ganz von der Natur des Kindes ausgehen und in der Forderung gipfeln, das Kind natürlich und ohne jeden Zwang aufwachsen zu lassen, sind trotz ihrer Einseitigkeit in der gegenwärtigen pädagogischen Diskussion hoch aktuell.
„Das Kind nicht in Frieden zu lassen, das ist das größte Verbrechen der gegenwärtigen Erziehung gegen das Kind. Dahingegen wird eine im äußeren sowie im inneren Sinne schöne Welt zu schaffen - in der das Kind wachsen kann, es sich darin frei bewegen zu lassen, bis es an die unerschütterliche Grenze des Rechts anderer stößt, das Ziel der zukünftigen Erziehung sein." (Ellen Key 1992, S. 78) In dieser reinen Form ist die Forderung des „Wachsenlassens" während der klassischen Reformpädagogik nur in Ellen Keys Schriften nachzuweisen, darüber hinaus am ehesten noch bei Neill und Korczak. Die meisten praktizierenden Pädagogen dieser Epoche haben auch die Notwendigkeit des „Führens" beachtet. Schon Wilhelm Flitner hat darauf hingewiesen, dass die frühen Reformer das „Nicht-Eingreifen" des Erziehers immer nur auf eine bestimmte Sphäre bezogen haben, „die neben sich eine andere hatte, in der die Führerschaft und das Eingreifen des Erziehers um so wirksamer sein sollten." (W. Flitner, Theorie des pädagogischen Weges, Weinheim und Berlin 1950, S. 79) Montessori steuert durch das vorstrukturierte Material in der vorbereiteten Umgebung. Bei Petersen sind es die durchaus straff geführten „Kurse", die der Sicherung des grundlegenden systematischen Wissens dienen, Gaudig führt die Schülerinnen, wenn nötig, damit sie auf jeden Fall die Methoden des Arbeitens beherrschen lernen - und er sagt auch: „Uns kann durchaus nicht an einer Jugend liegen, die sich bei ihrer Arbeit von den individuellen Neigungen bestimmen lässt und so z. B. der wissenschaftlich bedingten Lage der Schwerpunkte und der Angriffspunkte der Arbeit nicht gerecht wird. Die Erfahrung zeigt zudem, dass die Fragen, denen der Schüler anfangs ein starkes persönliches Interesse entgegenbrachte, dies Interesse bald verlieren, weil er die von diesen Fragen geforderte Arbeitsform und Arbeitsenergie nicht zu übersehen vermochte, und dass andererseits Fragen, die zunächst mit objektiver Kühle aufgenommen wurden, sehr bald wegen ihres Wissenschaftscharakters und der diesem Charakter entsprechenden Arbeitsweise das persönliche Interesse erwecken." (Gaudig, Die Schule im Dienste der werdenden Persönlichkeit I, Leipzig 1922, S. 17)

Literatur: Key, E., Das Jahrhundert des Kindes, Berlin 1902. Neu hgg. mit einem Nachwort von Ulrich Herrmann, Weinheim und Basel 1992

Köhler, Elsa
Elsa Köhler tritt nach einer langjährigen Tätigkeit an höheren Schulen als Mitarbeiterin der sogenannten Wiener Schule mit bedeutsamen pädagogisch-psychologischen Arbeiten hervor. Peter Petersen übernimmt Elemente ihres „Schaffensunterrichts", der die Forderung von Gruppenarbeit mit der Möglichkeit individueller Arbeit verbindet, in seinen Jena-Plan. Später erforscht Elsa Köhler in Jena gemeinsam mit Peter und Else Petersen systematisch pädagogische Situationen. Die gute wissenschaftliche Qualität der pädagogischen Tatsachenforschung im Jena-Plan geht zu einem erheblichen Teil auf ihre Mitarbeit zurück.
Literatur: Petersen, P. / Petersen, E., Die pädagogische Tatsachenforschung, hgg. von Th. Rutt, Paderborn 1965

Lichtenstein - Rother, Ilse (1917 - 1991)
Die starke Durchdringung des heutigen Grundschulunterrichts mit kindgerechtem reformpädagogischem Gedankengut ist in erheblichem Maße Ilse Lichtenstein-Rother zu verdanken. Bereits auf ihrer ersten Dozentur für Praktische Pädagogik richtet sie in Osnabrück ein Institut für Arbeitsmittel ein. Ihren stärksten Einfluss auf die Gestaltung des Grundschulunterrichts übt sie mit ihren Schriften aus, besonders mit ihrem 1954 erscheinenden „Schulanfang", einem Buch, das nach den Erweiterungen in den zahlreichen weiteren Auflagen auch heute noch richtungsweisend ist. Ilse Lichtenstein-Rother bringt auch in ihrer Lehrtätigkeit an den Pädagogischen Hochschulen Bielefeld und Münster und zuletzt an der Universität Augsburg sowie als Mitarbeiterin im „Deutschen Bildungsrat" ihre reformpädagogischen Thesen in die Diskussion ein und bezieht dabei besonders das wissenschaftliche Fundament der Lehre und die didaktischen Aufgaben des Unterrichts auf die „erzieherisch-pflegerische Förderung" des einzelnen Kindes.
Literatur: Lichtenstein-Rother, I., in Zusammenarbeit mit Liselotte Nerlich, Schulanfang. Pädagogik und Didaktik der ersten beiden Schuljahre, Frankfurt a. M. u. a. 1969[7]
Lichtenstein-Rother, I., Jedem Kind seine Chance. Individuelle Förderung in der Schule, Freiburg, Basel, Wien 1980
Lichtenstein-Rother, I., Zusammen lernen - miteinander leben. Soziale Erziehung in der Schule, Freiburg, Basel, Wien 1981

Lichtwark, Alfred (1852 - 1914)
Lichtwarks Denken zeigt sich in einem Aufsatz, den er 1901 in der Zeitschrift „Die Deutsche Schule" veröffentlicht. Darin schreibt er u. a.:
„Wir haben uns darauf besonnen, dass der Mensch nicht nur der denkende Träger eines Gedächtnisses ist, als den ihn die herrschende Praxis der Erziehung überwiegend behandelt, sondern ein fühlendes Wesen von Fleisch und Blut."
Lichtwark meint dann, dass es an der Zeit sei, „die wesentlich mechanische Be-

handlung des Gedächtnisses zu ergänzen" und fragt sich, wie das zu schaffen sei.

„Wie die Dinge heute liegen, können die Lehrer allein die bevorstehende Arbeit nicht leisten oder sie doch nur nach Überwältigung langer - zu langer - Zeiträume bezwingen. Es hat sich bei der praktischen Tätigkeit in Hamburg von selbst ergeben, dass die Mitarbeit von Fachleuten der Spezialgebiete gesucht wurde.

Wie das vor sich gegangen, mag eine kurze Übersicht über die Entwickelung der 'Lehrervereinigung für die Pflege der künstlerischen Bildung' in Hamburg darlegen.

Die Vereinigung trat 1896 zusammen. Tatsächlich hatte sie bereits seit Jahren bestanden und gewirkt. Organisation und Name wurden erst angenommen, als die Weiterarbeit ohne diese sich als unbequem und hier und da als unmöglich herausgestellt hatte.

Den ersten Anstoß zum Zusammenschluss ergab die gemeinsame Arbeit bei den Übungen in der Betrachtung von Kunstwerken, die von der Kunsthalle für Lehrer und Schüler seit 1888 veranstaltet wurden. Das Ergebnis war, dass für die Schule im Prinzip der Unterricht in der Kunstgeschichte aufgegeben und dafür die Betrachtung des einzelnen Kunstwerks zugrunde gelegt wurde. Kunstgeschichte wurde nur so weit hereingezogen, wie die eigne Beobachtung des etwas reifern Schülers reichte.

Wie in der bildenden Kunst mit dem Direktor der Kunsthalle und dem Direktor des Museums für Kunst und Gewerbe, wurde in der Musik mit dem Direktor der Philharmonischen Konzerte, Prof. Barth, Berührung gesucht und gefunden. ...

Als es sich darum handelte, den Zeichenunterricht, dessen Reform in der wissenschaftlichen Richtung vor einem Menschenalter von Hamburg ausgegangen war, jetzt nach der Seite der künstlerischen Empfindung auszubauen, begaben sich die Lehrer und Lehrerinnen, die den Trieb in sich fühlten, nach dieser Richtung zu wirken, in die Lehre bei einem Künstler, Arthur Siebelist, um bei ihm nach künstlerischer Methode zeichnen und malen zu lernen. ...

Es kommt an dieser Stelle nicht auf das Einzelne, sondern nur darauf an, das Prinzip zu kennzeichnen, nach dem die Hamburger Lehrerschaft, die aus pädagogischem Bedürfnis den Dingen genaht ist, sich sachlich Rat geholt hat bei den eigentlichen Fachleuten."

Im Folgenden schreibt Lichtwark dann:

„Die Ergebnisse dieser ersten Versuche sind noch nicht auf allen Gebieten von gleichem Belang. Je schwieriger der zu bewältigende Stoff, desto langsamer führen die ersten Versuche voran. Mit dem Gesamtergebnis können die Mitglieder der Lehrervereinigung, die so viele Anregungen zu geben und zu verarbeiten hatten, in Anbetracht des kaum fünfjährigen Bestehens der Vereinigung, wohl zufrieden sein, glaube ich; denn es ist bereits so viel Gehalt und Form gewonnen, dass jeder deutsche Lehrer in seinem Gewissen dazu Stellung nehmen muss.

In aller Kürze möge jetzt noch der wesentliche Inhalt der gewonnenen Grund-

sätze angedeutet werden. Es wird sich nicht um die Beseitigung vorhandener und ebenso wenig um die Einführung neuer Unterrichtsgegenstände handeln - daran herrscht ja kein Mangel sondern um eine Vertiefung und Bereicherung der vorhandenen Stoffe und Methoden. Überall ist die unmittelbare Berührung mit den Dingen anzustreben. Das Gedächtnis darf nicht nur als ein mechanisches Werkzeug zur Bewältigung toten Stoffes ausgebildet werden, sondern ist vielmehr als eine lebendige Kraft im Dienst des prüfenden und vergleichenden Verstandes zu erziehen. Als solche kann es ohne Gefahr weit mehr als bisher belastet werden, und es wird mit spielender Leichtigkeit und Freudigkeit ungeahnte Aufgaben bewältigen. Das Ziel des Unterrichts besteht nicht bloß und nicht in erster Linie in der Mitteilung des Stoffes, sondern in der Gewöhnung an eine zwingende Methode zu beobachten und nachzudenken. Es muss das Bedürfnis erweckt werden, vor jeder neuen Erscheinung zu versuchen, wie weit die unmittelbare Beobachtung und die vorsichtige Anwendung des vorhandenen Wissens führt, und erst wenn diese Mittel erschöpft sind, nach Hilfe von Menschen und Büchern zu suchen. Aller Unterricht sollte eine Anleitung sein, der Welt selbstständig und unabhängig gegenüberzutreten und in befestigter Gewohnheit das erarbeitete Wissen zum Erwerb neuer Kenntnisse zu benutzen. In jedem Augenblick muss alles Wissen zur Verfügung stehen. Das wird am sichersten erreicht, wenn es von der ersten Stunde an einem Können dient.
Können ist die höchste Macht. Verstehen und selbstständig untersuchen können, mitzuempfinden und nachzuempfinden vermögen, geht über alles mechanische Wissen weit hinaus."
Und schließlich mahnt Lichtwark:
„Eins aber darf nie vergessen werden: die Kinder sind ein heiteres Geschlecht. Sie leben noch heute in einer glückseligen Welt, die Jahrtausende hinter uns liegt, in einem goldnen Zeitalter. Was sie packen soll, was ihnen lieb werden soll, muss heiter sein. Und alles, was ihnen geboten wird, muss ihnen lieb werden. Das ist die beste Schule, in der bei der ernstesten Arbeit am meisten gelacht wird."
Literatur: Lichtwark, A., Übungen in der Betrachtung von Kunstwerken, Berlin 1922[15-18]

Litt, Theodor (1880 - 1962)
Während der Integrationsphase der reformpädagogischen Bewegung nimmt Theodor Litt kritisch zu „künstlerischen Improvisationen" im Unterricht Stellung und betont die Forderungen der Sache im Hinblick auf den Bildungsprozess der heranwachsenden Menschen. Besonders in seinem pädagogischen Hauptwerk „Führen oder Wachsenlassen. Eine Erörterung des pädagogischen Grundproblems" (1927) stellt er die positiven Momente des Wachsenlassens für die Zukunft der Kinder und Jugendlichen heraus und weist zugleich darauf hin, dass andererseits auch das Hineinführen der Heranwachsenden in die Geistes-

welt unverzichtbar ist. Wenn eines der beiden Grundprinzipien „den ganzen Sinn der Erziehung" aussprechen will, wird das ausgewogene Verhältnis einer sinnvollen Erziehung zerstört, das sich in den Begriffen Führen und Wachsenlassen ausdrückt.
Theodor Litt, der Altphilologie und Geschichte studiert, ist Lehrer am Gymnasium, für kurze Zeit am Preußischen Kultusministerium tätig und ab 1919 Professor für Philosophie und Pädagogik in Bonn und Leipzig. Durch das NS-Regime wird er 1937 vorzeitig emeritiert und ab 1941 mit Redeverbot belegt. Nach 1945 wird Litt in Leipzig wieder als Professor tätig, wechselt aber 1950 aus politischen Gründen nach Bonn, wo er bis 1952 lehrt.
Literatur: Litt, Th., Führen oder Wachsenlassen. Eine Erörterung des pädagogischen Grundproblems, (1927) Stuttgart 1967
Litt, Th., Das Bildungsideal der deutschen Klassik und die moderne Arbeitswelt, Bochum 1962
Litt, Th., Naturwissenschaft und Menschenbildung, Heidelberg 1968[5]

Luserke, Martin (1880 - 1968)

Martin Luserke ist nach einem Studium der Mathematik und Philologie kurze Zeit Lehrer am Lietz'schen Landerziehungsheim Haubinda und geht, als Paul Geheeb 1906 die Freie Schulgemeinde Wickersdorf gründet, mit Gustav Wyneken und anderen Lehrern dorthin. Nach dem Ausscheiden von Geheeb, der ab 1909 die Odenwaldschule aufbaut, übernimmt Luserke die Leitung in Wickersdorf und fördert selbst besonders das Laienspiel. Nach Kriegsdienst und Gefangenschaft und einer Phase, in der Gustav Wyneken die Leitung in Wickersdorf übernommen hatte, gründet Luserke und ein Gründerkreis 1924 die „Schule am Meer" auf Juist. Hier kommt es zum Bau einer Halle mit Bühne, die als Beispielstätte für das Laienspiel dient.
1934 wird die „Schule am Meer" jedoch aus politischen und wirtschaftlichen Gründen geschlossen. Luserke lebt nun als freier Schriftsteller und schreibt Romane, Sagen und Legenden. Die Spieltätigkeit nimmt er erst 1946 mit einem Lehrauftrag für Spiel an der Meldorfer Gelehrtenschule wieder auf. Bis zu seinem Tode 1968 wird Martin Luserke durch zahlreiche Auszeichnungen geehrt.

Makarenko, Anton Semjonowitsch (1888 - 1939)

Makarenko bemüht sich bereits von 1905 bis 1920 unter dem Einfluss Maxim Gorkis als Lehrer, den Unterricht an russischen Schulen kindgemäßer zu gestalten und dazu auch reformpädagogische Anregungen des Auslandes aufzunehmen, als er nach der Revolution die Aufgabe bekommt, hungernde, umherstreunende, verwahrloste, gewalttätige Jugendliche wieder an das Leben in der Gesellschaft heranzuführen. In seiner „Gorki-Kolonie" (1920 - 1928) führt der

Weg dahin über gemeinschaftsgebundene körperliche Arbeit im Kollektiv (Holzfällen, Herstellen von Schuhen), immer auch mit dem Versuch, Ziele und Art der Ausführung im Gespräch mit den Jugendlichen einsichtig zu machen. Makarenko schafft in der „Gorki-Kolonie" und später in der „Dzerzinskij-Kommune" (1928 - 1935) straffe Strukturen. Es werden Abteilungen mit jeweils einem Kommandanten gebildet, jedoch auch „Einsatzabteilungen" für zeitlich begrenzte Aufgaben, so dass auch eine gewisse Dynamik entsteht.
Bei Makarenko erhalten die Jugendlichen während ihrer 10-jährigen Volksschulzeit neben dem Unterricht eine Berufsausbildung („halbe Arbeit - halber Unterricht")
Literatur: Makarenko, A. S., Werke, Berlin 1968
A. S. Makarenko, Ausgewählte pädagogische Schriften, besorgt von E. Wittig, Paderborn 1961

Nohl, Herman (1879 - 1960)
Von Herman Nohl, einem Vertreter der von W. Dilthey ausgehenden geisteswissenschaftlichen Pädagogik, erfährt die reformpädagogische Bewegung zahlreiche Impulse und mit seiner Schrift „Die pädagogische Bewegung in Deutschland und ihre Theorie" zugleich Deutung. Nohl steht der Jugendbewegung nahe und befasst sich mit Fragen der Sozialpädagogik, zu deren Theoriebildung er entscheidend beiträgt, sowie mit Anliegen der Frauenbildung. Er gründet 1918 mit Rein und Weinel die Volkshochschule Jena, von der starke Impulse auf das sich ausbreitende Volkshochschulwesen ausgehen.
In den dreißiger Jahren des 20. Jahrhunderts bringt Hermann Nohl das Verhältnis von Erzieher und Zögling auf die Formel vom „pädagogischen Bezug". Er stellt sich dabei in die Tradition Schleiermachers und folgt den Überlegungen seines akademischen Lehrers Wilhelm Dilthey, der um 1890 gefordert hatte, das Verhältnis des Erziehers zu seinem Zögling als Phänomen hinzustellen und klar zu beschreiben, damit die Pädagogik als Wissenschaft eine Basis erhalte. Wenn Dilthey auch formuliert, dass Erziehung sich jeweils in einem Verhältnis zwischen dem einzelnen schon gebildeten und einem noch auszubildenden Menschen, zwischen einem Älteren und einem Jüngeren konkretisiere, begreift er Erziehung doch in ihrer Gesamtaufgabe als Funktion der Gesellschaft.
Hermann Nohl sagt deutlich, die pädagogische Einwirkung gehe stets von einem reifen Menschen, einem Selbst, aus, damit ein werdender Mensch zu „seiner Form komme".
Ohne die Intention des Erziehers, den Unmündigen auf seinem Weg zur Mündigkeit zu begleiten, ihn an bestimmte kulturelle und soziale Aufgaben heranzuführen, ihm zu helfen, ist der pädagogische Bezug nicht denkbar. Erforderlich ist aber auch, dass der Heranwachsende die größere Mündigkeit des Erziehers, seine Autorität, anerkennt und die Hilfestellung akzeptiert.
Der pädagogische Bezug ist immer der Gefahr des Missbrauchs ausgesetzt, in-

dem das Vertrauen des Heranwachsenden für Zielsetzungen des Erziehers missbraucht wird, die nicht im Interesse des jungen Menschen liegen.
Die einseitige Intentionalität (vom Erzieher auf den Zögling) wird während der reformpädagogischen Epoche nur von einem Teil der Erzieherschaft voll akzeptiert. Die Frauen und Männer der „Bewegung vom Kinde aus", Ellen Key, Maria Montessori, Berthold Otto, Janusz Korczak u. a., fordern hingegen die Zurücknahme der Erzieher-Intentionen zugunsten der vitalen Kräfte des Kindes, die sich nach ihrer Annahme bei genügend Freiraum intuitiv Bahn brechen. Im Gegensatz zu Nohl sehen sie das Kind auch nicht als „werdenden Menschen", sondern bereits als ganze Persönlichkeit, die nun freilich weitere Stufen ihrer Selbstwerdung durchlaufen muss.
Nohl, seit 1920 Professor in Göttingen, wird 1937 von den nationalsozialistischen Machthabern entlassen.
Literatur.: Nohl, H., Die pädagogische Bewegung in Deutschland und ihre Theorie, Frankfurt a. M. 1949[3]
Herman Nohl, Ausgewählte pädagogische Abhandlungen, Paderborn 1967

Oestreich, Paul (1878 - 1959)

Paul Oestreich begründet von Berlin aus den „Bund entschiedener Schulreformer" und legt 1921 den Entwurf zu einer „elastischen Einheitsschule" vor, den er jedoch selbst nicht verwirklichen kann.
Oestreichs „Elastische Einheitsschule" ist eine Gesamtschule mit engem lebenspraktischem Bezug. „Solche elastische Lebensschule wäre eine Lebensgemeinschaft, in der Körper und Geist tätig und allseitig ausgebildet werden, in der die Kunst als Eindruck, Schau und Schaffen das Gefühl reinigt und zu reicher seelischer Aufnahmebereitschaft eröffnet, in der der junge Mensch in das wirkliche Leben in seinen typischen Grundelementen (Landwirtschaft: Gartenbau, Feldbestellung, Viehzucht; Handwerk, Kunstgewerbe, Industrie; Geldwesen, Handel, Genossenschaftswesen; Haushaltung, Hygiene, Pflege; Recht, Gericht, Verwaltung; Nachrichtenwesen, Zeitung; Erholung: Sport, Feier, Musik, Theater; Volksbildung: Bücherei, Lesehalle, Vortragswesen usw.) ... zu Erfahrungen gestellt wird." (Oestreich, S. 47 f.) Diese Schule ist auch Produktionsschule, die sich durch ihre eigene Produktion wenigstens teilweise selbst erhält.
Paul Oestreich wird 1933 aus dem Schuldienst entlassen. Nach 1945 ist er als Schulrat in Berlin tätig.
Literatur: Oestreich, P., Die elastische Einheitsschule. Lebens- und Produktionsschule, Berlin 1923[2] (1921)

Paul, Jean (Johann Paul Friedrich Richter / 1763 - 1825)

Die reformpädagogische Bewegung „Vom Kinde aus" hat in ihrem Kern einen Vorläufer bei dem Schriftsteller und Pädagogen Jean Paul mit seiner „Didaktik vom Kinde aus". Seine idealistisch-romantische Erlebnispädagogik geht von

aufwühlenden Begegnungen und Erschütterungen aus, von denen das Fühlen und Handeln der Heranwachsenden immer wieder neu angestoßen und zu Erlebnisdurchbrüchen geführt wird. Solche nicht verfügbaren schöpferischen Prozesse stehen im Gegensatz zu der Vorstellung von einem von Stufe zu Stufe führenden organischen Wachsen und Reifen, wie es die Vertreter der deutschen Klassik beschrieben haben.
Literatur: Paul, J., Levana oder Erziehungslehre, besorgt von K. G. Fischer, Paderborn 1963 (1806)

Rousseau, Jean Jacques (1712 - 1778)

Es ist müßig darüber zu streiten, von welchem Hauptwerk Rousseaus die größere Wirkung ausgegangen ist, vom „Contrat social" (1762) die politische, sozialreformerische mit ihrem großen Einfluss auf die Reformideen der Französischen Revolution oder von seinem Erziehungsroman „Emile ou de l'éducation" (1762) die umwälzend pädagogische. Die Reformer der Aufklärung und sämtliche Reformer der pädagogischen Bewegung der zwanziger Jahre des 20. Jahrhunderts berufen sich bei ihren Entwürfen für eine kindgerechte Erziehung auf Rousseau, der 1712 in Genf geboren wird und später in und bei Paris lebt, oder beziehen indirekt die Gedankengänge dieses bedeutenden Philosophen und Pädagogen des Aufklärungszeitalters ein.

Wenn einzelne seiner Gedanken auch von Montaigne oder Locke vorgedacht waren, ist sein Appell, die Kinder nicht auf vorgegebene Ziele hin, sondern nach ihren Anlagen und Fähigkeiten zu erziehen, ihre Rechte, ihre Freiheit und Menschenwürde zu achten, doch einmalig bündig. Auch heute noch sollte jeder, der von Erziehung und insbesondere von Reformpädagogik redet, wenigstens den „Emil" gelesen haben, aus dem hier einige Zitatstellen folgen:

„Alles ist gut, wie es aus den Händen des Schöpfers kommt; alles entartet unter den Händen des Menschen: Der Mensch zwingt ein Land, die Erzeugnisse eines anderen hervorzubringen, einen Baum, die Früchte eines anderen zu tragen. Er vermengt und vertauscht das Wetter, die Elemente und die Jahreszeiten. Er verstümmelt seinen Hund, sein Pferd, seine Sklaven. Alles dreht er um, alles entstellt er. Er liebt die Missgeburt, die Ungeheuer. Nichts will er haben, wie es die Natur gemacht hat, selbst den Menschen nicht. Man muss ihn, wie ein Schulpferd, für ihn ... dressieren; man muss ihn nach seiner Absicht stutzen wie einen Baum seines Gartens." (Seite 9)

„Halten wir unerschütterlich daran fest, dass die ersten Regungen der Natur immer richtig sind. Es gibt keine Ur-Verderbtheit des Herzens. Es gibt darin kein einziges Laster, von dem man nicht sagen könnte, wie und woher es hineingekommen ist. Die einzige natürliche Leidenschaft ist die Selbstliebe oder im weiteren Sinn die Eigenliebe. Diese Eigenliebe an sich und in Bezug auf uns ist gut und nützlich, und da sie nicht notwendig Beziehung zu anderen hat, ist sie in dieser Hinsicht von Natur aus indifferent. Sie wird nur durch ihre Anwendung

und die Beziehungen, die man ihr gibt, gut oder böse. Bis die Vernunft, die der Führer der Eigenliebe ist, erwacht, darf das Kind nichts tun, weil andere es sehen oder hören, oder mit einem Wort, nichts aus Rücksicht auf andere tun, sondern nur das, was die Natur von ihm verlangt: dann wird es nur recht tun." (S. 7)
„Die erste Erziehung muss also rein negativ sein. Sie darf das Kind nicht in der Tugend und in der Wahrheit unterweisen, sondern sie muss das Herz vor Laster und den Verstand vor Irrtümern bewahren. Wenn es euch gelingt, nichts zu tun und zu verhindern, dass etwas getan werde, den Zögling gesund und stark bis ins zwölfte Lebensjahr zu bringen, selbst wenn er links von rechts nicht unterscheiden kann, so würde sich nun sein Geist von der ersten Lektion an der Vernunft öffnen. Nichts würde den Erfolg eurer Bemühungen verhindern, da er ohne Vorurteile und Gewohnheiten ist. Bald wäre er unter euren Händen der weiseste Mensch. Ihr habt mit Nichtstun begonnen und endet mit einem Erziehungswunder." (S. 72 f.)
„Noch aus einem anderen Grund will ich Emil auf dem Land erziehen, fern vom Bedientengesindel, den schlechtesten Menschen nach ihren Herren; fern von der Sittenlosigkeit der Städte, deren Firnis sie für Kinder so verführerisch und ansteckend macht, während die Laster der Bauern, nackt und roh, eher abschrecken als verführen, wenn man sie nicht nachzuahmen wünscht.
Auf dem Dorf ist der Erzieher viel mehr Herr der Dinge, die er seinen Zöglingen zeigen will. Sein Ansehen, seine Reden, sein Vorbild hätten einen Einfluss wie niemals in der Stadt. Da er jedem nützlich ist, so würde sich jeder bemühen, ihn sich zu verpflichten, seine Achtung zu erwerben, und sich dem Zögling gegenüber so zu benehmen, wie der Erzieher es sich tatsächlich wünscht. Wenn man seine Laster auch nicht aufgibt, vermeidet man doch das öffentliche Ärgernis, und das genügt bereits für unseren Zweck." (S. 75)
Literatur: Rousseau, J. J., Emil oder Über die Erziehung, Paderborn u. a. 1985

Scharrelmann, Heinrich (1871 - 1940)

Der Bremer Lehrer Scharrelmann steht der Kunsterziehungsbewegung nahe und wird durch seine Bücher zur Methodik eines schulischen Erlebnisunterrichts (z. B. „Die Technik des Schilderns und Erzählens", 1919) und durch seine Berni-Bücher sehr bekannt, in denen er die Erlebnisse eines Großstadtjungen beschreibt. Wo sich im Raum der Schule Erlebnismöglichkeiten für die Kinder ergeben, plädiert Scharrelmann für einen Gelegenheitsunterricht. Im Wesentlichen versucht er jedoch, „Bildungserlebnisse" zu schaffen, indem er Unterrichtsstoffe kindgerecht und spannend und nicht selten unnachahmlich gut novellistisch erzählt (didaktischer Impressionismus).
Scharrelmann muss wegen seiner Unterrichtsmethode 1909 aus dem Schuldienst ausscheiden und lebt bis 1919 als freier Schriftsteller und Privatlehrer. 1920 wird er Schulleiter, tritt aber bereits 1926 aus religiösen Gründen in den Ruhestand.

Literatur: Scharrelmann, H., Herzhafter Unterricht, Hamburg 1902
Scharrelmann, H., Die Technik des Schilderns und Erzählens, o. O. 1921

Scheibner, Otto (1877 - 1961)

Scheibner studiert Psychologie bei W. Wundt, J. Volkelt und F. Krueger, wird Lehrer an höheren Mädchenschulen, später einer der wichtigsten Mitarbeiter Gaudigs und schließlich Professor für Pädagogik in Jena und Erfurt. Er systematisiert die Idee der Arbeitsschule und bezieht dazu psychologische und biologische Kriterien ein, die er zum Teil aus eigenen Untersuchungen gewinnt.

Scheibner analysiert das gesamte Unterrichtsleben und erkennt die „phänomenologischen Elemente oder Stücke des Unterrichts", die wie Zeit, Ort, Lehrer und Schüler, Lehrstoff, Fertigkeiten und besondere Vorfälle das Unterrichtsgeschehen bedingen.

Literatur: Scheibner, O., Arbeitsschule in Idee und Gestaltung, Heidelberg 1962[5] (1928)

Spranger, Eduard (1882 - 1963)

Eduard Spranger, einer der führenden Vertreter der geisteswissenschaftlichen Pädagogik, trägt auch zur Grundlegung und Klärung des exemplarischen Prinzips Entscheidendes bei. Er schreibt:

„Nirgendwo geht es beim Lehren ohne das Vereinfachen. Das 'Einfache' ist aber wieder auf jedem Unterrichtsgebiet etwas anderes. ... Beim Anhören von Musik, wenn man sie eigentlich 'verstehen' will, kommt es darauf an, immer wiederkehrende Themata oder Melodien oder Leitmotive herauszuhören, auch wenn sie sich in der Verwebung zu einem musikalischen Ganzen stark verwandeln. Ja gerade ihr Identischbleiben in der Verwandlung muss erfasst werden; sonst wird nur ein unbewältigtes Durcheinander von Klängen gehört.

Ähnlich ist es, wie jeder weiß, etwa mit dem Anschauen der Natur. Sie arbeitet mit Gestalten und mit Teilvorgängen, die immer wiederkehren, jedoch in zahllosen Variationen. Ähnlich ist es auch mit der Menschenwelt und der menschlichen Kultur. Einige einfache Sinnelemente gehen durch alles hindurch. Man findet sie nicht, wenn man bei Teilen stehen bleibt, die bloße 'Stücke' sind. Überall muss man auf die Sinnzusammenhänge achten, deren gliedhafte Bestandteile eine bestimmte Sinnfunktion ausüben. ... Der wahre Erzieher hat einen Sinn gerade für einfache Linien, Gestalten und Motive. Er muss aber zuvor in sich selbst durch ein solches 'Heraussehen' Ordnung geschaffen haben, ehe er anderen auf ihrem Bildungswege behilflich sein kann.

Bisweilen ist es auch erlaubt, sog. reine 'Fälle' zu konstruieren. Wenn es dem Denken des Menschen möglich ist, das Aufbaugesetz eines Gebildes oder eines Geschehens zu ergründen, dann ist ein Höchstfall von Einsicht erreicht. Denn wo der Gedanke und die Sache sich beinahe decken, fast identisch werden, da ist der wichtigsten Wesensbestimmung der Wahrheit Genüge getan. Man sieht

dann die Sache gleichsam von innen; sie ist völlig durchleuchtet; der Optimalfall des Erkennens und Verstehens, die Evidenz, ist erreicht. ... der Kern ist freigelegt. Nur wo dies gelingt, ist eigentlich 'exemplarisches Lehren' und 'exemplarisches Lernen' möglich. Denn hier steht wirklich ein Fall für alle. Es ist das genaue Gegenteil des 'paradigmatischen Lehrens und Lernens'. Sucht man nämlich Beispiele (Paradigmata) für eine Erfahrungsregel, so geht man von dem vorweggenommenen Gesetz in die Fülle der vorkommenden Tatsachen hinaus und findet es mehr oder weniger bestätigt. Der reine Fall aber ist der Triumph des Gedankens über das Gewirr des Erfahrbaren." (Spranger, Der geborene Erzieher, S. 24 f.)
Literatur: Spranger, E., Der geborene Erzieher, Heidelberg 1960²
Klafki, W., Das pädagogische Problem des Elementaren und die Theorie der kategorialen Bildung, Weinheim 1959
Eine detaillierte „Orts- und Wesensbestimmung des Exemplarischen" findet sich in der Schrift von Hans Scheuerl „Die exemplarische Lehre", Tübingen 1958

Specht, Minna (1879 –1961)

Minna Specht gehört zu den bedeutendsten Frauen in der Landerziehungsheimbewegung. Sie ist zunächst Erzieherin in einer Familie des hinterpommerschen Landadels und Lehrerin an verschiedenen Mädchenschulen. Während des 1. Weltkrieges ist sie Mitbegründerin des sozialistischen „Internationalen Jugendbundes" und äußert sich in mehreren Schriften zu Frauen- und Jugendfragen.
Seit 1918 arbeitet sie im Landerziehungsheim Haubinda und übernimmt 1929 die Leitung der Walkenmühle. 1933 geht sie mit Kindern, deren Eltern emigrieren mussten oder im Untergrund gegen das Naziregime kämpfen, zunächst nach Dänemark und anschließend nach England ins Exil, wo sie unter den zeitbedingt schwierigen Umständen die in der Walkenmühle begonnene sozialistisch orientierte Erziehung fortsetzt.
Von 1946 bis 1951 leitet Minna Specht die Odenwaldschule.

Wagenschein, Martin (1896 - 1988)

Wagenschein, der mehrere Jahre als Physiklehrer an der Odenwaldschule arbeitet, nimmt in mehreren Büchern und Zeitschriftenaufsätzen in bildhafter Sprache zum exemplarischen Lernen Stellung. Er fordert, ein zentrales Thema so sehr zu vertiefen, dass dabei grundlegende Erkenntnisse für das Ganze des Faches (und darüber hinausgehend) gewonnen werden. Dabei muss beim „Einstieg" - ähnlich wie Copei das sieht - eine Fragehaltung und auch ein Entdeckerwille gewonnen werden, der das selbstständige Suchen und Forschen des Lernenden vorantreibt. Wagenschein empfiehlt, ohne Rücksicht auf Fächergrenzen von den Phänomenen auszugehen, Vorhandenes in seiner genetischen Entwicklung zu betrachten, um die Kinder an den Lösungsversuchen der Vergangenheit

zu beteiligen, und Mut zur Gründlichkeit zu haben.
Wer sich eingehender mit den Möglichkeiten des exemplarischen Lernens befassen will, kann an Wagenscheins Schriften nicht vorbeigehen, die nicht nur für die Lehrer naturwissenschaftlicher Fächer außerordentlich anregend sind.
Literatur: Wagenschein, M., Ursprüngliches Verstehen und exaktes Denken (1965),
Wagenschein, M., Verstehen lehren. Exemplarisch, sokratisch, genetisch, Weinheim 1969
An der Ecole d'Humanité in Goldern /Schweiz befindet sich ein Wagenschein-Archiv
(Hannelore Eisenhauer, Postfach 134, CH-6085 Hasliberg Goldern)

Wertheimer, Max (1880 - 1943)

Die Untersuchungen Max Wertheimers in Frankfurt über Phänomene des Bewegungssehens bilden den Anfang der Gestalttheorie und werden von ihm an der Berliner Humboldt-Universität und nach seiner Berufung als Ordinarius an die Universität Frankfurt dort fortgesetzt. Wertheimer erkennt Gestaltqualitäten, bei denen das Ganze jeweils verschieden ist von der Summe seiner Teile, nicht nur im optischen Bereich, sondern entdeckt akustische Gestalten und auch gestaltete Denkverläufe, Verhaltensfolgen und Willenshandlungen.

Nach seiner Emigration in die Vereinigten Staaten, die mit ihm nach 1933 fast alle Gestaltpsychologen vollziehen, veröffentlicht er Arbeiten zum produktiven Denken, bei dem er ein Umstrukturieren des Erlebnisfeldes erkennt. Diese Arbeiten haben erheblich dazu beigetragen, reformpädagogische Schulerfahrungen theoretisch zu begründen.

Literatur: Wertheimer, M., Produktives Denken, Frankfurt 1957

PERSONENREGISTER

Aebli 88
Ahrens 16
Albert 143 145
Andreesen 74
Apelt-Döpp-Vorwald 114
Aristoteles 7 35 102 146
Baden-Powell 11 16
Baillet 127
Barlach 34
Barth, K. 33
Barth, Pr. 204
Bastian 159
Bauer 74
Bäumer 16 198
Becker, C. H. 135
Becker, G. 170
Becker, H. 79
Becker, K. E. 151
Behr 58 166
Benn 34
Berendt 34
Bergson 65 88
Bernfeld **192**
Bernhard 68
Beyer 141 142
Bjerg 166
Blendinger 120
Blonskij 19 21 53 **192 f.**
Blüher 16
Boehncke 127 131 132
Boeke **165** 187
Böhm 87
Bondy 43
Booz-Ebert 123
Bossing 158
Bracher 12 16
Breuer 15
Brinkmann 163
Britsch 23

Burckhardt 9
Buber 23 25 29 88 192 **193 ff.**
Capra 149 191
Cézanne 34
Chiout 26
Chott 161
Claparède 197
Cohn 85 **194**
Comenius 62 65 192 **195**
Copalle 16
Copei 68 176 **195** f. 212
Dalcroze 34
Darwin 91
Dauzenroth 95
Decroly 38 112 128 134 143 **197**
Deißler 105
Deußing 61
Dewey 10 37 46 114 139 143 145 **156 f.** 163 192
Dietrich 29 69 74 81 109
Dietz 25
Dilthey 29 145 146 199 207
Döblin 34
Domeyer 154
Döpp-Vorwald 109 118
Dörpfeld 163
Dreikurs 105
Dubach-Donath 152
Eberwein 68
Ehrenfels, von 36
Ehrhardt 166
Elbe 30
Enders 118
Erdberg von 17
Erler 141
Essinger 43

Eucken 73
Eymann 150
Falska 94
Fauser 52
Feidel-Mertz 43 44
Feltre 77
Ferrière 19 134 143 **197 f.**
Fichte 8 39 40 45 77 121 197 **198**
Fintelmann 52
Fischer, A. 43 65 116 **198 f.**
Fischer, H. 60
Fischer, K. 13
Fischer, K. G. 209
Flitner, A. 52 195
Flitner, W. 14 17 27 29 37 38 71 143 **199 f.** 202
Freinet, C. 23 27 29 33 36 38 46 52 92 93 98 99 104 106 113 **126 - 134** 168 170 171 177 179 180 182 183 184 f. 186 187
Freinet, E. 127 131
Freire **200**
Freisler 43
Freud 88 101 106
Freudenthal-Lutter 118
Frey 139 159 161
Friedmann 43
Friedrich 68
Fröbel 8 37 77 112 192 197 **200 f.**
Gandhi 191
Gansberg 22 33 45 93 **146 201**
Gärtner 195

214

PERSONENREGISTER

Gaudig 19 21 25 29 36 37 46 47 49 53 60 **63** - **72** 93 112 115 128 129 177 185 191 202 211
Gauguin 34
Geheeb 24 40 43 45 59 74 79 **80** - **85** 106 124 125 153 162 163 206
Geheeb-Cassirer 24 81 85 **201**
Geissler 85
Gerber 16
Gerner 145 199 200
Gideon 186
Goethe 8 35 37 40 121 149
Götsch 34
Götze 10 11
Grohmann 33 34
Grundtvig 17 137 165
Gudions 161
Gurlitt 12 13 16 22 65
Haase 25 60 139 **201**
Hahn 7 40 43 45 74 76 79 82 99 **119** - **125** 146 162
Hall 10
Halm 84
Hamaïde 197
Hampel 95
Harless 81
Hartlaub 35
Heckel 34
Hegel 84
Heidenreich 16
Heiland 91 201
Heimpel 95
Heisenberg 31
Hell 45 46 83 84

Hellbrügge 91 f. 110
Helmers 61
Hennig 127 131 132
Hentig, von 163 167 170
Herbart 22 36 46 69 195
Herder 8 35 40 65 82
Hermann 202
Hesse 121
Hitler 42 43
Hofer 39
Hoffmann-Fölkersamb 13
Höller 60
Holtstiege 87
Huguenin 81
Humboldt, von 8 35 40 65 213
Hurrelmann 170
Itard 8 91
James 10 156
Jannasch 25
Jaspers 29 31 32 34
Jensen 11
Jöde 15 26 34
Joost 60
Jörg 127 129 130 132 185
Junge **148** f.
Kade 26 118
Kaiser, A. u. K. 158 161
Kaiser, F.-J. 161
Kandinsky 33 34
Kant 82 191 198
Karsen 24 f.
Karstädt 11 33 183 187
Kasper 182 186
Kern, A. 145 147
Kern, E. 145

Kern, P. 191
Kerschensteiner 10 11 19 21 25 26 37 **47** - **55** 63 70 72 115 129 157 186 193 199
Kerstiens 102
Key 7 9 22 30 35 36 37 40 46 65 93 100 173 **202** 208
Kilpatrick 139 143 **157 f.**
Kindermann 20
Kirchner 34
Kittel 15
Klafki 27 143 212
Klee 33 34
Klopstock 77
Kluge 95 99
Knapp 180 182
Kneipp 13
Knoll 120
Koffka 36
Köhler, E. 116 **203**
Köhler, W. 36
Koitka 127
König **155**
Köppen 120
Koppmann 136
Korczak 7 24 36 40 43 **94** - **100** 105 148 202 208
Kraft, H. 103
Kraft, P. 114
Kramer 44 87
Kreitmair 57 58 60 129 199
Kretschmann 25 60 **139** 143 201
Krick 26 109 118
Krueger 36 145 147 211

PERSONENREGISTER

Kudritzki 29 200
Kutzer 74
Lahmann 13
Lamszus 11
Lane 101
Langaard 13
Langbehn 31 34 39
Lasker-Schüler 34
Lassahn 114
Laubis 161
Laun 127 128 129 132
Lazarus 56 61
Lenzen 136
Lichtenstein 97 138
Lichtenstein-Rother 26 123 **203**
Lichtwark 10 11 12 37 39 108 **203 ff.**
Liebau 186
Lietz 18 25 39 45 **73** - 79 83 125 162 185 197 201 206
Lifton 95 97
Ligthart **148**
Lindenberg 152 154
Litt **205 f.**
Locke 59 197 209
Lorenz 88
Lorenzen 30 31 34 183 186
Luserke 34 80 84 **206**
Lüthi 85
Makarenko 24 **206 f.**
Mann, G. 39 f.
Mann, H. 34
Manzke 166
Marc 33 f.
Martin 111 114
Marx 32 137 192
Maslow 36

Matisse 34
Meißner 74
Meng 81
Metzger 36
Meumann 141
Meyer 115 194
Mieskes 109 118
Miller 42 44
Modersohn-Becker 39
Montessori 22 24 25 27 29 35 36 37 40 43 44 45 46 61 65 66 **86 - 93** 104 110 111 113 162 163 168 171 178 182 192 197 200 202 208
Müller, L. 64 68 **69 f.**
Müller, O. 150 151
Müller-Naendrup 186
Münch **32 f.**
Münzinger 186
Mussolini 43 f.
Muth 92
Negt 166
Neill 91 93 98 **101 - 107** 113 132 202
Nerlich 203
Neubert 201
Nietzsche 8 9 40 77 82
Nohl 16 17 30 37 **207 f.**
Nolde 34 39
Nunn 65 88
Odenbach 184 186
Oelkers 30
Oestreich 19 21 53 150 **208**
Oswald 87 89 90 91
Otto 9 22 25 35 36 38 40 **56 - 62** 68 69 93 100 111 ff. 128 129 139 145 192 201 208

Oy 90
Parkhurst 66 134 **163 f.** 180 187
Paul 8 **208 f.**
Peccei 191
Peirce 10 156
Perger 122
Pestalozzi 7 20 27 35 37 43 52 62 65 92 100 121 137 139 148 151 191 192 197 198
Petersen, E. 26 109
Petersen, P. 23 25 26 27 36 37 40 45 66 93 106 **108 - 118** 132 143 162 167 168 177 179 182 202 203
Piaget 89 92
Piecherowski 182
Platon 7 45 120 121
Plessing 123 125
Potthoff, J. 50
Potthoff, W. 116 122 f. 159 161 163 170 176 180 182 186 194
Prießnitz 13
Prinz Max v. Baden 119
Prohaska 122
Rauch 36
Rawson 165
Reble 19 30 48 53 192
Reddie 9 18 39 45 73 79
Reich 101
Reichwein, A. 15 17 38 42 43 44 60 **135 - 140** 145 146 159 201
Reichwein, R. 140
Rein 17 39
Rembrandt 34 39

PERSONENREGISTER

Richards 157
Richter 73
Riemeck 118
Rilke 12 34 37 39
Rist 52 154
Rodin 39
Rogers 36
Rohden 13
Röhrs 30 120 194
Roos 95
Rößger 141
Roth 88 144
Rousseau 7 8 9 20 22 30 36 37 45 62 65 77 84 103 197 202 **209 f.**
Ruppert 136
Rutt 109 117 203
Sahrhage 76
Salomon 25
Salzmann, Ch. 67
Salzmann, Ch. G. 20 77
Sander 145
Schäfer 81 84
Scharrelmann 11 22 33 45 46 93 **146** 147 **210 f.**
Scheibe 30
Scheibner 19 30 64 70 **211**
Scheuerl 32 34 212
Schiller 9 40 82
Schleiermacher 96 97 138 163 207
Schmidt-Rottluff 34
Schmieder 128 129
Schneider, P. 52 151 154
Schneider, W. 115
Schreiner 151
Schulz-Benesch 87 89 90 91
Schwarz 120 123
Schwerdt 69 164 165
Seeberger 103
Séguin 8 91
Seiler 143 ff.
Seitz 143
Sieber 141
Signac 39
Skiera 109 118
Slotta 109 115 117
Sokrates 191
Spanhel 60
Specht 25 **212**
Spranger 27 71 143 199 **211 f.**
Sprenger 102 103
Steiner 13 15 149 **150 ff.**
Steinhaus 164
Steinthal 56 61
Stern 35
Sternheim 34
Stevenson 157
Storm 11
Strindberg 34
Tillich 33
Thomae 35 f.
Tolstoi 12 16 37
Trakl 34
van Gogh 34
Vester 175
Vogel 141
Vreugdenhils 118
Vries 88
Wagenschein 27 38 71 85 143 144 199 **212 f.**
Washburne 134 **164 f.**
Wedekind 34
Wehle 48 51
Weinel 17 207
Weizsäcker 27
Werfel 34
Wertheimer 36 145 **213**
Wild, M. u. R. **92**
Wilhelm 12 16
Willführ 118
Winnefeld 109
Wittig, H. E. 136 193 207
Wittig, H. G. 191
Wittmann 145 147
Wolgast 11
Wyneken 13 15 79 80 83 **84 f.** 125 163 192 206
Zehrfeld 127
Zeller 154 155
Ziehe 166
Zimmermann 159 161 182

SACHREGISTER
Schlüsselbegriffe („pädagogische Bausteine") sind fett gedruckt.

Abbotsholme 9 18 73 75 79 119
Absorbierender Geist 89
Achtung 85 95 97 99 100 137 155 210
Akademie für Reformpädagogik 182
Aktives Erkennen 147 f.
Aktives Lernen 175 f.
Alternativschule 162 168
Altersmundarten 60 f.
Anfänge der Sozialpädagogik 16
Anthroposophie 151
Arbeit 113
und Spiel 131 f.
Arbeit im pädagogischen Sinne 49
Arbeitsateliers 132 f.
Arbeitskreis Schuldruckerei 129
Arbeitsmittel 115 f. 26 70 111 118 178 184 188 203
Arbeitsrückschau 177
Arbeitsschulbewegung 19 - 21
Arbeitsschule 52 f.
Arbeitstechnik 66 71 113 115 117 139 175 177 179 185 192 193
Arbeitsvorgang 70
Atlantic College 123 f.
Aufklärung (Zeitalter) 8 59 209
Außenschau und Innenschau 49
autopraxia 65

Avantgarde 31 - 34
Bachanten 13
Bereitschaft 137
Bewegung „Vom Kinde aus" 22
Bildung 50 f.
Bildungsgefälle 111
Bildungsziele
siehe Erziehungsziele
Birklehof 18 123 125
Blauer Reiter 34
Boy-Scouts 11
Briefkasten 99
Bünde 12 ff. 24 27 44
Camphill-Bewegung 155
Casa dei Bambini 37 86
Chapel (Kapelle) 45 75 77 125
Charakterbildung 53 75 124
Computer und Internet in der Freiarbeit 188 - 191
Dalton-Plan 163 f.
Das neue Umfeld 191
Demokratische Selbstregierung 104 f.
Demokratisierungsphase 28 - 30
Deutsche Landerziehungsheime 18
Dichtung 10 11 187
Dienste 99 123 28 53 122 125
Direkte Erziehung 22
Disziplin 90 f. 104
Druckerei 129 f. 92 128 130 169 187

Ecole active 19
Ecole d'Humanité 82 f. 24 80 125
Eigentätigkeit 65 66
élan vital 7 65 88
Emigrationsphase 24 f.
Epochenunterricht 83 f. 153
Erfahrungslernen 170
Erlebnis 12 15 25 46 76 82 122 124 128 138 142 f. 146 148 165 187 196 201 208 f. 213
Erlebnistherapie 121
Erwachsenenbildung 15 17 23 34 37
Erziehungsmittel 74 105 121
Erziehungsschule 75 f.
Erziehungsziele / Bildungsziele 48 57 64 74 81 87 95 102 109 120 127 136 142
Erziehung zum Sein 92
Erziehung zur Selbstständigkeit 51 67
Eurythmie 151 f.
Exemplarisches Lernen 144 199 211 f.
Expedition 76 121 f.
Experiment 61 92 116 131 132 156 157 166 168 188 189 191
Experimentalismus 156
Fächerübergreifender Unterricht siehe: exemplarisches Lernen, Gesamtunterricht, Projekt

218

SACHREGISTER

Schlüsselbegriffe („pädagogische Bausteine") sind fett gedruckt.

Fahrt 12 13 15 124 135 146
Familienerziehung 75
Faschismus 24 **42 ff.**
Feier 113 f. 14 23 76 125 134 168 208
free work 163 f. 180 187
Freiarbeit 171 - 182
  Materialgebundene FA 177 f.
  Freie Stillarbeit 178
  Kommunikative Freiarbeit 178 f.
  Offene Freiarb. 179 f.
  Sachbezogene Freiarbeit 179
Freideutsche Jugend 14 f.
Freie geistige Schularbeit 177 21
Freie geistige Tätigkeit 65 Verfahren 69 f.
Freie Schulen 162 f.
Freie Texte 128 f.
Freiheit 103 8 15 31 36 87 89 103f. 107 121 146 154 163 176 193 200 209
Fremdbestimmung 66 f.
Friedenserziehung 36 41 87 91 94 202
Friedrichshof 105
Führen / Hinführen / Einführen 22 23 44 66 71 72 111 114 115 148 183 202 205 f. 207
Ganzheit / ganzheitlich 145 ff. 17 19 24 28 35 57 79 87 100 124 143 148 f. 159 166 191

Gemeinschaft 42 48 50 57 81 82 ff. 95 97 ff. 105 120 122 125 127 165 172 179 183 189
Gesamtunterricht 59 f. 142 f. 25 53 57 60 62 68 139 141 197 f. 201
Konzentrationsformen 144
Gespräch 112 23 46 58 ff. 68 f. 99 115 139 152 176 f. 179 184 187 190 194 207
Glocksee-Schule 166
Glück 102 f. 107
Gordonstoun 43 119 120 122
Gorkij-Kolonie 24
Gruppenarbeit 114 f. 23 27 54 69 f. 112 113 116 117 133 143 164 179 203
Gymnastik 10 11 13
Haubinda 18 73 77 80 206 212
Hauslehrerschule 58 f. 9 56
Hellerau 101
Hoher Meißner 14 f.
horme 88 65
Hygiene 13 81 208
Identität von Wort und Tat 37 f.
Impressionismus 33 210
Impulse 32 36 37 45 46 67 69 71 89 111 118 125 142 146 199 202 207

Individualität / Individuum 19 22 35 f. 40 f. 46 50 f. 64 f. 71 81 85 88 109 120 131 155 173 179 194
Indirekte Erziehung 22
Instrumentalismus 156
Integrationsphase 23 f.
Integrierte Erziehung 91 f.
Interkulturelle Erziehung 82 125
Internet nutzen 190 f.
Jena-Plan 23 37 **108 - 118** 143 153 203
Jugendbewegung 11-16 17 23 28 34 38 42 76 79 84 138 140 192 199 207
Jugendgerichtsbarkeit 24
Jugendkollektiv 24
Jugendkultur 15 84 f. 125 173
Jugendmusikbewegung 15
Jugendwohlfahrt 16
Kameradschaftsgericht 97 f.
Kapelle 75 45 77 125
Keilhau 8 77 200
Kibbuz 94
Kinderladen 103
Klassenkorrespondenz 133 f.
Klassenlehrersystem 152 f. 83
Koedukation 83
Kollegiale Selbstverwaltung 154

SACHREGISTER

Schlüsselbegriffe („pädagogische Bausteine") sind fett gedruckt.

Kosmische Erziehung 91
Kunsterziehungsbewegung 10 f. 34 143 186 201 210
Kurzschulen (Outward Bound) 122 f. 119 f.
Laborschule 167
Landerziehungsheimbewegung 18
Landerziehungsheime 15 18 24 38 40 43 f. 45 140 162 168 170 197 siehe auch: Geheeb, Hahn, Lietz
Landschulheim 76 18 30 43 76
Langemarck 15
Latenzphase 7 - 9
Lebensgemeinschaft 148 f.
Lebensreform-Bewegung 12 f.
Lebens- und Schulsituation 173 - 175
Lehrerfrage 67
Leichtathletische Pause 121
Leipziger Lehrerverein 141-149 21 19 53
Lernwerkstätten 183 - 187
didaktische / pädagogische Werkstatt 185 f.
Lernzirkel 180 28 71 72 161 168 186 189
Lichtwark-Schule 108
Loheland-Schule 13

Marchtaler Plan 178
Marxismus 32 192
Meißner-Formel 15
Menschheitsschule 82 f.
Methode des Schülers 66 f.
Montessori-Pädagogik 29 43 86 - 93 111 171 178
Montessori-Schulen 27 44 163
Multimedia und Freiarbeit 188 ff.
Nationale und internationale Tendenzen der Reformpädagogik 39 - 41
Nationalsozialismus 42 ff.
Naturheilkunde 13
Natürliche Methode 58
Natürlicher Unterricht 58 25 139 201
Neue anthropologische Vorstellungen 35 f.
Offener Unterricht 171 - 182 28
Outward Bound 122 f.
Pädagogik des vollen Lebens 148
Pädagogik-Kooperative 128 f.
Pädagogische Provinz 121
Pädagogische Situation 110 36 117 203
Pädagogische Tatsachenforschung 116 f.
Paradigmen-Wechsel 149
Parlament 98

Persönlichkeit 19 21 24 35 37 44 53 57 63 ff. 71 75 82 89 109 122 124 127 137 146 151 172 174 202 208
Petersen-Schulen 26 **108 - 118** 162
Pfadfinder 27 f.
Phase der großen Bewegungen 10 - 30
Polarisation der Aufmerksamkeit 89
Pragmatismus 156 10
Praktische Arbeit 52 82 124 175 184
Praktische Schulentwicklung durch Kerschensteiner 54
Produktionsschule 21 53 192 198 208
Projekt (Begriff) 157 ff.
Projekt (Schema) 160
Kleinprojekte 161
Projektunterricht 156 - 161
Rechte des Kindes 97
Reformpädagogik und Faschismus 42 - 44
Reformpädagogik und Religion 45 f. 106 31 40 75
Reformpädagogische Schulpläne 162 - 169
Religion 106
Restaurationsphase 25 - 28
Schulberichte 153
Schülerfirmen im **Schulstaat 168 ff.**

SACHREGISTER

Schlüsselbegriffe („pädagogische Bausteine") sind fett gedruckt.

Schülerfrage 67 f. 60 69
Schulgemeinde 84 f. 18
  45 f. 75 117 125 162 f.
  192 206
Schullandheim 76
Schulpforta 75 77 114
Schwellenphase 9 - 10
Sejm 98
Seelenpflege - bedürftig
  154
Selbstbestimmung 23 24
  95 167
Selbstbildungsmaterial 91
  130 177 182 187
Selbstregulierung 104
  166
Selbsttätigkeit 65 f. 8 19
  21 53 64 70 71 198
Selbstverwaltung 40 75
  97 127 163
Selbstverwirklichung 28
  35 121 194
Sensible Phasen 88
Sexualität 106
Sommerkolonien 100
Sozialpädagogik 15 16 24
  207
Spiel 105 f. 112 f. 8 12
  23 33 74 76 93 96 104
  116 131 f. 148 167 173
  187 ff. 194 200 206
Spontaneität 35 50 65 173

Sport 13 28 76 83 85 105
  112 124 134 208
Sprache 9 10 11 35 40
  60 f. 82 113 124 130
  152 167 185 f. 189 199
  212
Stammgruppen 110 f.
Stationen der Volks-
  hochschulbewegung
  17
Stationenlernen siehe
  Lernzirkel
Stillarbeit 178 ff.
Strafe 105 97 104
Summerhill 101 - 107
Tafel 98
Tastendes Versuchen
  131
Tatschule 19 197 f.
Techniken / Arbeitstech-
  niken 66 71 113 115
  117 139 175 177 179
  185
texte libre 128 f.
Toleranz 59 41 181
Trüpersche Erziehungsan-
  stalt 77 80
Tugenden 138 55 120
  210
Tvind-Schule 165 f.
Unterrichtsgespräch,
  freies 68 f. 46 60 112
  139 177

Urspringschule 18 45 83
  125
Urformen des Lernens
  und Sich-Bildens
  112 ff. 23
Verantwortlichkeiten
  130
Volksbildung 137 17 195
  199 208
Vorbehaltlose Liebe 97
Vorbereitete Umgebung
  89 f. 36 110 178
Vorbild 137 f. 12 33 34
  62 85 165 201 210
Vorhaben 138 f. 25 60
  145 149 159 161 201
Wachsenlassen 147 22
  139 202 205 f.
Waldorfpädagogik
  150 - 155
Wanderungen / Reisen
  76 f.
Wandervogelbewegung
  11 - 16
Werkplaats 165
Werkstattbegriff 183
Wickersdorf 15 43 80 83
  84 f. 206
Winnetka-Plan 164 f.
Wochenplanunterricht
  180 28 71 168

Willy Potthoff: **Gingas Erziehung
oder Freiheit und Verantwortung in Elternhaus, Schule und Gesellschaft**
Erzählte Ereignisse aus der Lebenswirklichkeit einer jungen Frau bilden die Ausgangspunkte für Reflexionen über den Umgang miteinander in Elternhaus, Schule und Gesellschaft. - Das Buch ist ein Plädoyer für die Rechte des Kindes. Es gibt Denkanstöße für den wichtigen Schritt von bloßer Pflichterfüllung zur Übernahme von Verantwortung und regt zum Nachdenken über Toleranz und Kritik an. Es fordert differenziertes Denken ein und ruft zum Aufbruch aus Lethargie, Routine und aus verkrusteten Ideologien auf.
224 Seiten kart., Freiburg 1998, ISBN 3-925416-18-8

Heidi Krebs/Gabriele Faust-Siehl: **Lernzirkel im Unterricht der Grundschule**
Heidi Krebs stellt das Verfahren der Lernzirkelarbeit auf dem Hintergrund einer veränderten Kindheit vor, zeigt den didaktischen Ort des „Stationenlernens" auf und erörtert die didaktischen und methodischen Aspekte, die in der Praxis zu beachten sind. Gabriele Faust-Siehl zeigt die Möglichkeiten von Selbsttätigkeit und Selbststeuerung der Lernenden bei der Arbeit in Lernzirkeln auf. Verschiedene Autoren geben mit praktischen Beispielen aus den unterschiedlichen Arbeitsfeldern der Grundschule Hilfen und Anregungen.
120 S. kart., Freiburg 1997 (2. Aufl.), ISBN 3-925416-07-2

Willy Potthoff: **Lernen und üben mit allen Sinnen -
Lernzirkel in der Sekundarstufe**
Die Lernfähigkeit von Kindern und Jugendlichen sowie ihre Bereitschaft zu einem intensiven selbstständigen Lernen können deutlich verbessert werden, wenn im Unterricht schülerorientiert gearbeitet und mehrkanalig gelernt wird. Dazu werden Anregungen gegeben. U. a. wird gezeigt, in welchen Lern- und Übungsphasen die ersten Schritte zur Öffnung des Unterrichts möglich sind und welche einfachen Formen einer systematischen Sensibilisierung der Sinne angewendet werden können. Modelle und Methoden der Lernzirkelarbeit werden vorgestellt und mit Lernzirkelbeispielen konkrete Hilfen für die tägliche Schularbeit gegeben. 160 S. kart., Freiburg 1996 (3. Aufl.), ISBN 3-925416-15-3

Jörg Potthoff / Willy Potthoff:
Freiarbeit und Lernzirkel im Mathematikunterricht der Sekundarstufe
Wer den Mathematikunterricht in der Sekundarstufe für möglichst alle Schüler seiner Klasse effektiv gestalten will, kann auf Formen des freien Arbeitens nicht verzichten. Das Buch beschreibt die lernfördernden Möglichkeiten selbstständiger Schülerarbeit im Mathematikunterricht, benennt den didaktischen Ort für Freiarbeit und Lernzirkelarbeit in diesem Unterrichtsfach, zeigt Einstiegsmöglichkeiten in die Freiarbeitsformen auf und gibt zahlreiche Beispiele für Selbstbildungsmaterialien und Lernzirkel.
120 S. kart., Freiburg 1995, ISBN 3-925416-12-9

**Beobachtung und Beurteilung der SchülerInnen
im offenen Unterricht**
Wer jede Schülerin und jeden Schüler im Unterricht möglichst optimal fördern will, muss zuvor den Wissensstand der einzelnen Kinder feststellen und ihr Arbeits- und Sozialverhalten, die von ihnen angewendeten Arbeitstechniken und ihre Konzentrationsfähigkeit und Ausdauer beobachten. Für solche Beobachtungen finden die Lehrkräfte während der freieren Unterrichtsphasen Zeit. Mit den Beobachtungstabellen der vorliegenden Schrift, die für eine Klasse mit maximal 32 Schülern ausreichen, werden die Lehrerinnen und Lehrer auf die wichtigsten Beobachtungspunkte aufmerksam und können knappe Eintragungen machen, die für die Beratung und Beurteilung der Kinder von Bedeutung sind. Für den Bereich der Überprüfung des Wissensstandes in einem Arbeitsbereich stehen Kopiervorlagen zur Verfügung, die entsprechend den Bedürfnissen des eigenen Unterrichts ausgefüllt werden können.
57 S. DIN-A4 quer mit Ringbindung, ISBN 3-925416-17-X

Willy Potthoff: Grundlage und Praxis der Freiarbeit
Das bekannte Standardwerk, das alle angeht, die sich um die Einführung und Weiterentwicklung der Freiarbeit bemühen, liegt inzwischen in der fünften Auflage vor. Die materialbezogene Freiarbeit wird im Ganzen des Schullebens dargestellt, in ihren einzelnen Aspekten praxisbezogen erörtert und zur Arbeit mit Lernzirkeln und Kleinprojekten in Beziehung gesetzt.
120 S. kart., Freiburg 1995 (5. Auflage), ISBN 3-925416-03-X

Lernzirkel „Wege zur Öffnung des Unterrichts"
Der Lernzirkel „Wege zur Öffnung des Unterrichts" ist für Lehrkräfte konzipiert, die ihren Unterricht schülergerecht gestalten wollen und dafür nach praktischen Anregungen suchen. An jeder der 11 Stationen des Lernzirkels wird über einen speziellen Öffnungsschritt informiert und außerdem zu einer kleinen praktischen Übung animiert. Die eigene Leistung kann mit den Kontrollblättern der Service-Station verglichen oder im Gespräch mit einem Kollegen / einer Kollegin besprochen werden. Der Lernzirkel eignet sich für Einzel- oder Partnerarbeit und kann gleichzeitig von mehr als 20 Personen bearbeitet werden.
Themen (u. a.): Führen und Freigeben / Schüler als Experten / Freies Schreiben/ Alternative Interpretationsformen / Alternative Themen / Individualisieren mit Hilfe von Arbeitskarteien / Fundamentum und Additum
ISBN 3-925416-16-1

REFORMPÄDAGOGISCHER VERLAG JÖRG POTTHOFF
Haydnstraße 16a, 79104 Freiburg, Tel. 0761/56764, Fax. 0761/553677
Internet: http://members.aol.com/Pottreform, E-Mail: Pottreform@aol.com

Veränderte Kindheit - aktive Schule (Lernzirkel für Lehrergruppen)
Das Lernzirkelpaket enthält
- die Arbeitskartei „Veränderte Kindheit - aktive Schule", die grundlegende Informationen zum Thema vermittelt, Vorschläge zur Aktivierung des Unterrichts anbietet und zur Diskussion anregt,
- 1 Kassette mit Tipps „gestandener" Lehrkräfte für kleine Verbesserungen der Unterrichtssituation,
- das Gespräch zwischen zwei Lehrerinnen über traditionellen und offenen Unterricht, das zum Weiterdiskutieren anregen kann,
- das Selbstbildungsmaterial „Farben-Trio" für Konzentrationsübungen,
- verschiedene Beispiele für Konzentrationsübungen,
- Vorschläge für vertrauensbildende Spiele,
- Halbfertigmaterial für Zuordnungsarbeiten, Kopiervorlagen, Stationenkarten.
Das Material eignet sich für Gruppen von 2 - ca. 30 Teilnehmern.
ISBN 3-925416-14-5

Lernzirkel „Arbeitsformen des selbst organisierten Lernens"
Das Lernzirkelpaket ermöglicht es Gruppen bis zu etwa 30 Teilnehmern, sich in selbstständiger Arbeit mit den wichtigsten Grundlagen und Grundfragen des selbst organisierten Lernens bekannt zu machen. An 20 Lernstationen werden u. a. zu folgenden Arbeitsbereichen Informationen gegeben und Übungen angeboten: Arbeitsrückschau, Lernen durch Lehren, Konzentrationsübungen, Lerner-Lerner-Dialog, Freies Schreiben, Verfremdung.
ISBN 3-925416-21-8

Kartei: Methoden des offenen Unterrichts
In der umfangreichen Kartei „Methoden des offenen Unterrichts" werden Begründungszusammenhänge für die Grundformen des schülerorientierten Unterrichts aufgezeigt, zahlreiche Methoden beschrieben, dazu viele praktische Beispiele vorgestellt und in Graphiken und Merksätzen die wichtigsten Merkmale der Methoden zusammengefasst.
203 Karteikarten DIN-A5, ISBN 3-925416-19-6

Der Reformpädagogische Verlag Jörg Potthoff bietet zahlreiche Materialien für die selbstständige Arbeit der Schüler/innen in offenen Unterrichtsformen an. Einen Überblick darüber geben die beim Verlag kostenlos erhältlichen **Kataloge** „Materialien für Freiarbeit, Differenzierung und Übung in der Sekundarstufe I" (Kl. 5 - 10) u. „Materialien für Freiarbeit in der Grundschule".
Das komplette Angebot von Büchern, Lernzirkeln und Materialien finden Sie auch im Internet unter: http://members.aol.com/Pottreform.

REFORMPÄDAGOGISCHER VERLAG JÖRG POTTHOFF
Haydnstraße 16a, 79104 Freiburg, Tel. 0761/56764, Fax. 0761/553677